■ 精品课程配套教材
■ 校企合作优秀教材
■ 21世纪应用型人才培养"十三五"规划教材

总主编　韦小兵

PEISONG ZUOYE GUANLI YU XINXIHUA

配送作业管理与信息化

主　编　张　睿
副主编　李艳珍　高　帆　吴鹏华
　　　　李　宁　同勤学　孙　静

湖南师范大学出版社

图书在版编目(CIP)数据

配送作业管理与信息化 /张睿主编. —长沙:湖南师范大学出版社,2015.7
ISBN 978-7-5648-2215-6

Ⅰ.①配… Ⅱ.①张… Ⅲ.①物流配送中心-运营管理高等学校-教材 Ⅳ.①F253

中国版本图书馆 CIP 数据核字(2015)第 183724 号

配送作业管理与信息化

主编:张睿

◇全程策划:凌永淦

◇组稿编辑:杨君群

◇责任编辑:仇红方　柳　丰

◇责任校对:蒋　婷

◇出版发行:湖南师范大学出版社

　　　　　　地址/长沙市岳麓山　邮编/410081

　　　　　　电话/0731.88853867　88872751

　　　　　　传真/0731.88872636

　　　　　　网址/http://press.hunnu.edu.cn

◇经　　销:全国新华书店 北京志远思博文化有限公司

◇印　　刷:北京百善印刷厂

◇开　　本:787mm×1092mm　1/16

◇印　　张:14.5

◇字　　数:324 千字

◇版　　次:2015 年 8 月第 1 版　2015 年 8 月第 1 次印刷

◇书　　号:ISBN 978-7-5648-2215-6

◇定　　价:32.00 元

高等院校教育

教材研究与编审委员会

前　言

信息化是现代配送企业的核心，只有通过信息化，才能使配送企业在共同的平台上分工协作，才能使企业内各部分运作井然有序，才能使供应链上各企业无缝化衔接，从而达到物流上准确、快速、低成本的高要求，以适应现代企业在供应链上的全面竞争。

信息化的配送通过感知技术确定配送状态，通过反应处理，以信息流引领配送作业，以作业流引领物流，以物流调节生产，最后实现资金流的有效循环，为企业赢得效益，并形成竞争优势。本教材正是为适应配送信息化的新要求而编写的，以配送工作流程、信息处理流程为主线，精选学习项目，一方面让学生熟悉和掌握配送各环节作业流程，并能完成配送相关作业，另一方面学会配送各环节作业的信息处理，了解配送信息化的最新发展，能从系统整体角度出发，指导和优化实际作业。

本书一共设置九个项目，项目一 配送管理与信息化概述，介绍配送及管理的基本概念，配送的发展，信息化现状与趋向；项目二介绍配送信息化的最新发展，智能物流与物联网的研究与应用；项目三至项目七安排配送各项作业及信息化，对应配送基本作业与信息化操作，具体包括：订单管理与信息化，备货作业管理与信息化，配货作业管理与信息化，配载与送货作业管理及信息化，退货作业管理与信息化；项目八安排配送管理与信息化，对应配送管理岗位及相关工作与信息化操作，包括配送客户关系管理与信息化，配送计划管理与信息化，配送成本管理与信息化，配送绩效管理；项目九配送行业专题面向学生就业与职业发展，选取了快速消费品、生鲜农产品与冷链、医药产品、家电产品、烟草五个各具特色的行业，希望学生通过项目学习，能够掌握配送各环节单项作业技能与综合管理技能，以及对应的信息化操作技能，使得自己的综合职业能力得到训练和提高。

在无锡职业技术学院校本教材的基础上修改完成的，由无锡职业技术学院工商管理系张睿老师担任主编并编写项目一至项目六，李艳珍、高帆、吴鹏华、李宁、同勤学、孙静担任副主编并编写项目七至项目九，本书由韦小兵担任总主编，期间得到了学校及其他同仁学校的帮助和支持，在此深表感谢。

由于作者对于项目化教改的经验有限，书中难免有疏漏与不足，恳请读者不吝指教，批评指正。

编者

2015 年 7 月

C目 录
ontents

项目一　现代物流配送与信息化概述

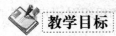 **教学目标**

知识目标

1. 了解配送中心概况。并深刻理解配送中心在经济领域中的重要地位。
2. 理解信息技术及其发展对配送管理的促进和提高，了解配送管理信息化的新趋向。

能力目标

掌握配送、配送中心的基本概念、流程及各项功能。

任务一　配送与配送中心

一、配送中心的形成及发展

（一）配送及配送中心的概念

我国国家标准《物流术语》对配送中心的定义是：在经济合理区域范围内，根据用户的要求，对物品进行拣选、加工、包装、分割、组配等作业，并按时送达指定地点的物流活动。

配送中心主要是为了实现物流中的配送作业，而设立的一个专门从事配送作业中的一系列操作的场所。目前，国内外学者对配送中心的界定不完全相同。配送活动是在物流发展的客观过程中产生并不断发展的，这一活动过程伴随着物流活动的深入和物流服务社会化程度的提高，在实践中不断演绎和完善其经济机构。配送中心具有集货、分货、送货等基本职能，配送中心是物流中心的一种主要形式，是在实践中产生并发展的。其功能基本涵盖了所有物流的功能要素。它是以组织配送进行销售或供应，实行实物配送为主要职能的流通型物流节点。在配送中心，为了能做好送货的编组准备，需要进行零星售货、批量进货等种种资源搜集工作和备货等工作，因此配送中心也有销售中心、分货中心的职能。为了更有效、更高水平的送货，配送中心还有较强的流通加工能力。此外配送中心还必须执行备好货后送达客户的工作，这是与分货中心只管分货的重要区别。由此可见，配送中

1

心的功能是比较全面和完整的，或者说配送中心是销售中心、分货中心、加工中心功能的总和，兼有了"配"与"送"的功能。

对"配送中心"的定义，国内外学者有着不同的解释，日本《物流手册》将配送中心定义为："从供应者手中接收多种大量的货物进行倒装、分类、保管、流通加工和情报处理等作业，然后按照众多需求者的要求备齐货物，以令人满意的服务水平进行配送的设施。"

而我国的国家标准《物流术语》对配送中心的定义是：从事配送业务具有完善的信息网络的场所或组织，应基本符合下列要求：主要为特定的用户服务；配送功能健全；辐射范围小；多品种、小批量、多批次、短周期；主要为末端客户提供配送服务。

配送中心就是从事货物配备（集货、加工、分货、拣选、配货）和组织对用户的送货，以高水平实现销售和供应服务的现代流通设施。

配送中心是基于物流合理化和发展市场两个需要而发展的，是以组织配送式销售和供应，执行实物配送为主要功能的流通型物流结点。它很好地解决用户多样化需求和厂商大批量专业化生产的矛盾，因此，逐渐成为现代化物流的标志。

（二）配送中心的形成

产品的流通过程必须要经过原材料采购、生产阶段及销售阶段三个紧密相连的环节。

在原材料采购阶段，生产企业面对的是一个广阔的市场，他会在众多的供应商中寻求合作伙伴，尤其是跨国公司，他的原材料供应商甚至会分布在世界各地，在此过程中会不断的发生装卸搬运、入库保管、分拣包装和运输送货过程等。

在产品销售阶段，生产企业需要将所生产的产品分销往分布于各地的批发商、零售商或是最终客户，在此过程中发生的作业包括：产品在进入企业成品库的过程中所发生的搬运装卸、入库保管、流通加工、出库装车等作业，产品在送往分销商过程中的运输作业，以及在分销过程中发生的再次储存保管、最终送往末端客户运输或配送作业等的。在实际的运作过程中发生的相关物流作业次数会更多。

生产企业为了发挥核心竞争力，同时也为了降低物流成本，必然会寻找进行流通业务的专门组织——配送中心进行物流中的相关业务操作。因此配送中心是社会生产发展和社会分工专业化及现代化的必然结果。

（三）配送中心的发展

配送中心的发展大体上经历了三个阶段：

1. 初期阶段（第二次世界大战后到 20 世纪 60 年代末）

"二战"中美军凭借高效、快捷的"军事后勤"作业，有效地支援了盟军的作战，同时也促进了物流的形成。"二战"以后资本主义世界进入了经济发展的黄金时期，但是随之而来的是落后的物流作业不能保证经济发展的高速需求，居高不下的物流成本阻碍了生产力的进一步发展。据当时美国"20 世纪财团"的调查表明，"以商品零售价格为技术进行计算，流通费用所占的比例多达 59％，其中大部分为物流费"。由于流通结构分散和物流费用的上升，严重阻碍了生产的发展和企业利润率的提高。因此美国和日本企业把第二次世界大战中的"军事后勤"引入到了企业管理当中，不少公司或是由政府部门投资组织设立了新的流通机构，将独立、分散的物流统一、集中，推出了新型的送货方式，成立了配送中心。此时的配送制是一种粗放型、单一性的活动，规模小、活动范围小，配送货物的种类少，其主要的作用是作为促销的手段。据介绍 20 世纪 60 年代美国的许多公司将原来的老式仓库改造成了配送中心，使老式仓库减少了 90％多，这不仅减少了流通费用，而且节约了劳动成本。

2. 发展阶段（20 世纪 60 年代末至 80 年代初）

20 世纪 60 年代末，随着工业全球化的发展，企业在世界范围内的贸易往来日益增多，企业间的供应链变得更长、更复杂、更昂贵。特别是世界第一次能源危机后，能源价格飞涨，更加使得物流成本急剧增加。这就迫使生产制造企业开始致力于物流费用的节省方法的寻求，以提高自身产品的竞争力。因此物流进一步成为人们关心的焦点，这也推进了物流中心合理化进程的发展，这一时期配送的货物种类日渐增多，不仅包括种类繁多的产成品，也包括不少生产资料，而且配送服务的范围在不断扩大，同时，不少公司还开展了城际间和市内的集中配送、路线配送的措施，大大提高了物流的服务水平。这一期间曾经试行过一段时间的"共同配送"并且建立了相应的配送体系。

3. 成熟阶段（20 世纪 80 年代至今）

20 世纪 80 年代后期，受经济、环境、社会、科技水平等因素的影响，配送中心开始有了巨大的发展，配送逐步演化成为了以高新技术为支持的系列化、多功能的供货活动。这主要表现在：

（1）配送区域进一步扩大。例如，荷兰其货物的配送区域范围已扩大到了当时的欧共体各国。

（2）作业手段日益先进，普遍采用了自动分拣，光电识别等先进技术和手段，极大提高了作业效率。

（3）配送集约化程度逐渐提高。1986 年，美国 GPR 公司共有送货点 3.5 万个，但到 1988 年经过整合，送货点减少至 0.18 万个，减少幅度为 94.85％；美国通用食品公司用新建的 20 个配送中心取代了原有的近 200 个仓库，逐步以配送中心形成了规模经济优势。

（4）配送方式、配送手段日趋多样化。我国配送中心的发展，是随着我国市场经济的发展和加入 WTO 后面临的激烈竞争发生的，它客观上要求人们用科学的方式和方法组织各种经营活动。在此过程中出现了配送中的直送化、信息化、自动化、机械化等趋势，或者是将上述各种配送方式进行最优化的组合，以求有效地解决配送过程中、配送对象、配送手段的复杂化问题，从而寻求配送过程中的最大利益和最高效率。小批量速递配送、准时配送、分包配送、托盘配送、分销配送、柔性配送、往复式配送、巡回服务式配送、按日（时）配送、定时定路线配送、厂家到家门的配送、产地直送等配送方式正随着现代物流的发展在实践中不断优化。

三、 配送中心产生的背景

（一）生产数量大幅增加

1948 年，美国工业生产就占资本主义世界工业生产的 53％。1947 年，美国的贸易出口额就占资本主义世界出口贸易总额的32%左右。

（二）消费需求迅速膨胀，并呈现多样化

需要的生活日用品和娱乐产品数量多、质量好，并且根据自己的喜好不断变换需求花样，产品生命周期日益缩短，生产厂家积极开发新技术，不断研制新材料，设计出大量的新产品，极大地满足了消费者对产品的不断需求。

（三）科学技术的进步

计算机技术、通信技术、条型码技术、建筑技术、机械技术的发展。

企业界行为：推广即时生产方式，要求减少产品库存及后勤服务的费用，提高后勤服务质量，加深物流活动的社会化、专业化程度，降低生产成本，提高企业利润。有90%的日用工业消费品和20%的工业生产资料及绝大部分的农产品要通过批发渠道销售。

流通界状况：货流不畅、信息闭塞，生产者难以找到合适的中间商，中间商难以找到合适的生产者，商品流通系统的承载疏通能力不符合当时规模的商品流通量，商业网点分散，布局不合理、不协调，商品流通系统各要素的组合方式没有按照一定数量进行界定与搭配，流通渠道结构繁杂庞大，运输成本高，库存费用大。

对策：美国企业界把"战时后勤"的概念引入了企业的经营管理活动中，推行新的供货方式，将物流中的装卸、搬运、保管、运输等功能一体化和连贯化，改革不合理的流通体制，将原有的老式仓库改造成配送中心，统一了装卸、搬运等物流作业标准。不少公司还设立新的流通机构，将原来独立分散的物流活动统一起来，推出新型的送货方式。目前，美国30%以上的生产资料、50%~60%的日用工业品都是通过流通企业配送中心实施配送销售。

任务二　现代配送中心的地位、功能、类型及作业流程

一、配送中心的地位

配送中心是末端物流的结点设施与组织。它通过有效地组织配货和送货，使资源的最终端配置得以完成，其在流通中的经济地位十分重要。

（一）配送中心的衔接地位

在经济生活中，企业和用户始终存在着：产品品种、数量差异，产销空间差异，产销时间差异等诸多差异。

针对上述供需矛盾，配送中心利用自己的专门设施，集物流、商流、信息流为一体的完善功能，通过开展货物配送活动，把各种工业品和农产品直接运送到用户手中，客观上起到了生产和消费的媒介作用。同时，配送中心还可以集合产需双方多家用户的业务量，进行大量采购，大量配送，合理储存和合理运输，使供需企业的购货成本和销货成本得以大幅度降低。另外通过集货和储存货物，配送中心有起到了平衡供需的作业，有效地解决

4

了季节性货物的产需衔接问题。

（二）配送中心的指导地位

由于配送中心在物流系统中处于直接面对顾客的地位，因而它不仅承担直接对用户服务的功能，还根据客户的要求，起着指导全物流过程的作用。

处于营销渠道中的企业需要按需生产和销售，以满足消费者的需要为企业经营宗旨。为此供应商、生产者和中间商，在从事市场营销活动时，需要不断收集市场信息，指导正确的经营方向。但由于各自社会分工不同，各自在经营活动中的侧重点不尽相同。供应链企业侧重于上游原材料的供应工作，中游生产商侧重于保质保量地生产出产品，对最终消费者需求和产品的适销性了解不够深入。只有配送中心可利用其规模和物质上的优势以及在供需之间相互衔接上的特殊位置，为供应商和生产商提供相关的市场信息，帮助他们及时掌握市场需求的最新动态，指导其及时调整市场定位，按需供应，按需生产，按需经营。

二、 配送中心的功能

配送中心与传统的仓库、运输是不一样的，一般的仓库只重视商品的储存保管，一般传统的运输只是提供商品运输配送而已，而配送中心是重视商品流通的全方位功能，同时具有商品储存保管、流通行销、分拣配送、流通加工及信息提供的功能。

（一）流通行销的功能

流通行销是配送中心的一个重要功能，尤其是现代化的工业时代，各项信息媒体的发展，再加上商品品质的稳定及信用，因此有许多的直销业者利用配送中心，通过有线电视、或互联网等配合进行商品行销。此种的商品行销方式可以大大降低购买成本，因此广受消费者喜爱。例如在国外有许多物流公司的名称就是以行销公司命名。而批发商型的配送中心、制造商型的配送中心与进口商型的配送中心也都是拥有行销（商流）的功能。

（二）仓储保管功能

商品的交易买卖达成之后，除了采用直配直送的批发商之外，均将商品经实际入库、保管、流通加工包装而后出库，因此配送中心具有储存保管的功能。在配送中心一般都有库存保管的储放区，因为任何的商品为了防止缺货，或多或少都有一定的安全库存。商品的特性及生产前置时间的不同，则安全库存的数量也不同。一般国内制造的商品库存较少，而国外制造的商品因船期的原因库存较多，为2~3个月；另外生鲜产品的保存期限较短，因此保管的库存量出较少；冷冻食品因其保存期限较长，因此保管的库存量出比较多。

（三）分拣配送功能

在配送中心里另一个重点就是分拣配送的功能，因为配送中心就是为了满足多品种小批量的客户需求而发展起来的，因此配送中心必须根据客户的要求进行分拣配货作业，并以最快的速度送达客户手中或者是指定时间内配送到客户。配送中心的分拣配送效率是物流质量的集中体现，是配送中心最重要的功能。

（四）流通加工功能

配送中心的流通加工作业包含分类、磅秤、大包装拆箱改包装、产品组合包装、商标、标签黏贴作业等。这些作业是提升配送中心服务品质的重要手段。

（五）信息提供功能

配送中心除了具有行销、配送、流通加工、储存保管等功能外，更能为配送中心本身及上下游企业提供各式各样的信息情报，以供配送中心营运管理政策制定、商品路线开发、商品销售推广政策制定的参考。例如哪一个客户订多少商品，哪一种商品畅销，从电脑的 EIQ 分析资料中非常清楚，甚至可以将这些宝贵资料提供给上游的制造商及下游的零售商当作经营管理的参考。

三、 类型

（一）综合配送中心

综合配送中心是指集采购、储存、配货、加工、供应及销售为一体的大型配送组织。其类型主要有：

1. 区域配送中心

区域配送中心是指以较强的辐射能力和库存储备，向省（州）际、全国乃至国际范围的用户从事配送服务的配送中心。

特点：规模较大，配送的商品数量也较大，下一级的城市配送中心，也可以配送给营业所、商店、批发商和企业用户，虽然也从事零星的配送，但不是主体形式。

2. 城市配送中心

城市配送中心是以城市范围为配送区域的配送中心。

特点：直接配送到最终用户，采用汽车进行配送，与零售经营相结合。

3. 储存配送中心

储存配送中心是有很强储存能力的配送中心，具有库存形式集中，库存量较大的优势。

特点：大空间储存、大范围加工、大面积配送。例如瑞士 GIBA GEIGY 公司的配送中心有 4 万个托盘；美国赫马克配送中心有 163000 个货位。

4. 流通配送中心

流通配送中心基本上没有长期储存功能，是仅以暂存或随进随出方式进行配货、送货的配送中心。

特点：大量货物整进并按一定批量零出，采用大型分货机，货物在配送中心里只有暂存，大量储存则依靠一个大型补给仓库，主要指从事第三方物流的企业。

5. 柔性配送中心

这种配送中心不向固定化、专业化方向发展，而是向能随时变化、对用户要求有很强适应性、不固定供需关系、不断发展配送用户并改变配送用户的方向发展。

（二）专业配送中心

配送对象、配送技术是属于某一专业范畴，综合这一专业的多种物资进行配送；以配送为专业化职能，基本不从事经营的服务型配送中心。

1. 供应配送中心

供应配送中心是指专门为某个或某些用户组织供应的配送中心。

2. 销售配送中心

销售配送中心是指以销售经营为目的，以配送为手段的配送中心。

（1）一种是生产企业为本身产品直接销售给消费者的配送中心。

（2）一种是流通企业建立的配送中心，作为本身经营的一种方式以扩大销售。

（3）一种是流通企业和生产企业联合的协作型配送中心。

3. 加工配送中心

加工型配送中心以加工产品为主，由于加工多为单品种、大批量的产品，因此，对于加工型的配送中心，虽然进货量比较大，但是分类、分拣工作量并不太大，一般都不单独设立拣选、配货等环节。

（三）特殊配送中心

特殊配送中心是指某类配送中心进行作业时所经过的程序是特殊的，包括不设库存的配送中心和分货型配送中心。

四、 配送中心的作业流程

配送中心的特性或规模不同，其营运涵盖的作业项目和作业流程也不完全相同，但其基本作业流程大致可归纳如图 1-1 所示：

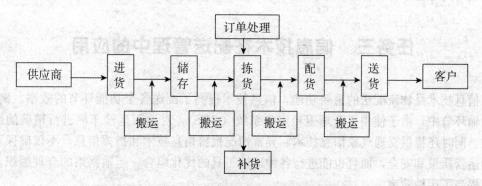

图 1-1 配送中心基本作业流程

由供应货车到达码头开始，经"进货"作业确认进货品后，便依次将货品"储存"入库。为确保在库货品受到良好的保护管理，需进行定期或不定期的"盘点"检查。当接到客户订单后，先将订单依其性质作"订单处理"，之后即可按处理后的订单信息将客户订购货品从仓库中取出的"拣货"作业。拣货完成一旦发觉拣货区所剩余的存量过低，则必须由储区来"补货"，当然，若整个储区的存量亦低于标准，便应向上游采购进货。而从仓库拣出的货品经整理后即可进行组装配货，然后司机便可将出货品装上配送车，将之送

7

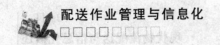

到各个客户点交货。

整个作业过程包括：

进货：进货作业包括把货品做实体上的接收，从货车上将其货物卸下，并核对该货品的数量及状态（数量检查、品质检查、开箱等），然后记录必要信息或录入计算机。

搬运：是将不同形态之散装、包装或整体之原料、半成品或成品，在平面或垂直方向加以提起、放下或移动，可能是要运送，也可能是要重新摆置物料，而使货品能适时、适量移至适当的位置或场所存放。在配送中心的每个作业环节都包含着搬运作业。

储存：储存作业的主要任务是把将来要使用或者要出货的物料做保存，且经常要做库存品的检核控制，储存时要注意充分利用空间，还要注意存货的管理。

盘点：货品因不断的进出库，在长期的累积下库存资料容易与实际数量产生不符，或者有些产品因存放过久、不恰当，致使品质功能受影响，难以满足客户的需求。为了有效的控制货品数量，需要对各储存场所进行盘点作业。

订单处理：由接到客户订货开始至准备着手拣货之间的作业阶段，称为订单处理，包括有关客户、订单的资料确认、存货查询、单据处理以及出货配发等。

拣货：每张客户的订单中都至少包含一项以上的商品，如何将这些不同种类数量的商品由配送中心取出集中在一起，此即所谓的拣货作业。拣货作业的目的也就在于正确且迅速地集合顾客所订购的商品。

配货：根据每个用户（企业）对于商品的品种、规格、型号、数量、质量、送达时间和地点等的不同要求，按合理的配送路径和装车要求对商品进行组配。

补货：补货作业包括从保管区域将货品移到拣货区域，并作相应的信息处理。

送货：将拣取分类完成之货品做好出货检查，装入合适的容器，做好标示，根据车辆趟次或厂商等指示将物品运至出货准备区，最后装车配送。

任务三　信息技术在配送管理中的应用

信息技术是物流配送的重要功能，信息技术提高了配送各个功能环节的效率。例如：在运输环节中，由于使用了全球卫星定位系统（GPS），对地面运输车辆进行精确的跟踪定位，同时还提供交通气象信息技术、异常情况报警信息技术和指挥信息，不仅确保了车辆的运营质量和安全，而且也能进行各种运输工具的优化组合、运输网络的合理编织，大幅度提高了运输效率。

信息技术提升物流系统的整体效益。由于使用了电子数据交换系统（EDI），使运输、保管、装卸搬运、包装等各环节功能之间实现了数据的快速、批量传送，特别是各部门、各种运输工具、各种类型单位之间的横向数据交换。这就把物流的各个环节功能有效地衔接和整合起来，发挥了物流系统整体和综合优势。

信息技术提升物流、商流、资金流的整体效益。由于有了互联网，充分利用事务处理系统（TPS）、管理信息系统（MIS）、决策支持系统（DSS）、销售时点信息系统（POS）

等信息系统，把生产企业、批发零售企业、供应商、分销商、物流企业、金融信贷企业等通过现代信息技术技术联系在一起，及时、准确、批量地交换有关数据，并使商流、物流和资金流有机地连接起来，提升了整体效益。

物流配送管理中常用的信息技术有：

1. 条形码和销售时点信息管理系统（POS）

货物的条码化是建立整合供给链的最基本条件，它是实现仓储自动化的第一步，也是作为 POS 快速准确收集销售数据的手段。货物的条码化可以是为公司内部系统使用的，也可以采用国际标准，与外部具有通用性。

2. 电子定货系统（EOS）和增值网（VAN）。

继续以零售商为例，当货物下降到重新订货水平时，电子定单由门店的 POS 系统自动下达到公司的主机，从所有门店来的定单周期性地由公司主机归集，然后由公司仓库或由供给商发送定单。这种大批量的能力对零售商和供应商都有利：零售商具有了较大的采购能力，供应商可以大批量地销售。VAN 是信息技术的基础设施，它可以支持 EOS 和公司的物流管理系统，使得从供应商到物流中心，最后到门店的整个供给链的活动能以电子形式交换信息。对地理范围分布广阔的零售商，卫星数据的连接是必需的。

3. 电子数据交换系统（EDI）。

EDI 在顾客与供应商之间双向通过计算机交换标准文件。要使计算机能够通话，必须建立自有的通信网或利用公共通信网（增值网），要使计算机相互"理解"，必须有网络接受的协议或句法，因为顾客与供应商使用的软件一般是不同的，必须把文件信息转换成标准格式或句法。

配送管理信息化是指配送企业运用现代信息技术对配送过程中产生的全部或部分信息进行采集、分类、传递、汇总、识别、跟踪、查询等一系列处理活动，以实现对货物流动过程的控制，从而降低成本、提高效益的管理活动。配送信息化是现代物流配送发展的必要条件和必然要求。

根据配送信息化系统的应用范围与广度，目前的配送物流行业 IT 应用系统大致划分为单点应用、流程优化、综合管理和公共平台四个层次。其中单点应用是针对个别功能的各种软件工具和单点系统的建设；流程优化是实施部门级别的信息系统建设；综合管理则是上升至企业级别，针对企业的综合管理；公共平台所要解决的问题是整个物流行业的信息化问题，只能由外部服务供应商或政府部门满足而非单独一家物流企业可以承担。

任务四　配送管理信息化的趋向

据不完全统计数据表明，目前，仅有少数规模较大的物流企业的信息化已经达到部门流程优化层次，占中国物流企业总数的 18％左右。达到企业综合管理信息化层次的物流企业则更少，仅占物流企业总数的 5％左右。还有为数众多的物流企业各项业务的开展均停留在人工操作水平。当前物流配送企业可以在以下方面发展趋势。

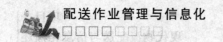
一、 信息实时采集化——RFID 技术

随着 RFID 技术的不断成熟，应用成本逐步降低以及在国内物流企业应用案例的增多，RFID 技术对物流企业业务处理效率的提升价值将日益凸显。

我们可以通过一个物流案例来了解 RFID 技术对物流信息化发展的影响：一家物流公司在每辆配送车辆上都安装了 GPS 定位系统，而且在每件货物的包装中嵌入 RFID 芯片，通过芯片，物流公司和客户都能从网络了解货物所处的位置和环境。同时在运输过程中物流公司可根据客户的要求，对货物进行及时的调整和调配，实时全程监控货物，防止物流遗失、误送等，优化物流运输路线，缩短中间环节，减少运输时间。通过货物上的芯片，装载时自动收集货物信息，卸货检验后，用嵌有 RFID 的托盘，经过读取的通道，放置到具有读取设备的货架，物品信息就自动记入了信息系统，实现精确定位，缩短了物流作业时间，提高物流运营效率，最终减少物流成本。利用智能物流技术，结合有效的管理方式，这家物流公司在整个物流过程中，能够对货物状态实时掌控，对物流资源有效配置，从而提供高效而准确的物流服务。

分析上面的案例我们知道，利用 RFID 可以实现货物供应链实时监控，保证库存高可见性。凭借 RFID 无光电应用特性，支持更多的自动读取，在缩减制造及分拨方面人员成本的同时保持高准确性。同时 RFID 实现了供应链流程和资产的透明化并通过电子标签操作人员了解产品的详细信息，这为改进决策、加快处理问题的速度打下了坚实的基础。

近年来，RFID 的成本已经大幅度下降，加之 RFID 无论在可靠性、避免污染、可见性、读取速度和空间方向性上都比现在的条形码具有优势，RFID 在未来将成为物流企业广泛应用的信息技术之一。

二、 以物联网为基础的物流智能化

物联网是一个基于互联网、传统电信网等信息承载体，让所有能够被独立寻址的普通物理对象实现互联互通的网络。在低价的无线射频识别器和感应器开始充斥市场，移动运营商不断增加数据访问的带宽，大量物联网软件陆续出现的情况下，物联网应用需求呈现强劲势态。

就物联网技术的部署现状而言，物联网技术使得很多行业进入新的市场，连入物联网的设备数量以指数级别增长，尤其在基建、能源、公用设施和零售业最为明显，其他也包括医疗、银行、保险和政府服务等等。而远程读表是物联网的第一个重要的应用，许多行业通过远程读表来降低人力成本，提高数据准确度，提升效率。此外，许多行业开始使用物联网能力实现远程设备监控和维护。可见，物联网已经悄无声息地融入到各行各业，潜移默化地影响着人们的生活。

可以预见的是，物联网应用市场前景一片光明。等到不久的将来，体积更小更便宜的专用的物联网芯片和技术以及自我调节的网络通信能力会出现，各行业将通过更精细的管理和数据降低生产和运营成本，提高效率。而随着物联网应用市场收入的递增，物联网需要部署大量的移动设备,越来越多的物体将连入移动网络,同时,为物联网服务的移动终端的品种和数量也将大幅增加。

专家们认为,经过过去几年的技术和市场的培育,物联网即将进入高速发展期。在物联网收益方面将实现:节约运营成本、增加收入来源、满足政府的各类政策规范、提高客户服务的满意度和实现贴身服务以及对资产的有效监控。同时,支撑物体相互通信的关键技术,例如 RFID、传感器、嵌入式天线及无线宽带网络逐渐成熟,并有融合趋势,保证了物联网的基本技术手段。在这个基础上,物联网技术呈现更小、更成熟、更便宜的特点,使得物联网应用可以广泛推广。随着物联网技术标准和通信协议业已成型和规范,以及可持续发展和绿色经济的要求给物联网提供了政策上的倾斜等这些契机和扶植,物联网必然呈欣欣向荣之态。

三、 客户服务专业化——CRM 技术

现阶段,我国物流企业与国外企业竞争的关键在于"客户服务",而服务的及时性与全面性将直接关系到一个企业的竞争实力。在客户服务要求逐步细化的今天,扩展客户服务领域,提高客户服务效率是各企业发展中的重点。

CRM 技术的出现,实现了基于客户细分的一对一营销。它按照客户细分情况有效的组织企业资源,培养以客户为中心的经营行为以及实施以客户为中心的业务流程,并以此为手段来提高企业的获利能力、收入以及客户满意度。

行业化、细分化是 CRM 的未来发展趋势。不同类型的 CRM 客户群,由于经营性质、行业、经营规模、发展阶段等属性的不同,会导致 CRM 需求特征差异较大,对 CRM 要求千差万别。因此面向不同行业提供各种细分化解决方案是 CRM 产品赖以生存的基础,不仅考验 CRM 设计水平,也检验 CRM 商的市场把握水平。

而即使同一个行业,由于经营的产品性质不同,经营规模不同,发展阶段不同,有着不同的销售模式和营销策略,比如会员制,大客户制,项目销售,标准销售等,这些均需要更细分化、专业强的 CRM 去配对管理;另外,不同企业有着不同的服务需求,有的需要定期的客户关怀,有的更多需要上门服务、送修服务,或是标准产品的退换货等,这就不能"通用化"简单处理,否则很难提供有深度的优质服务。

目前,在行业性的 CRM 解决方案上,多数 CRM 厂家只是按通用化项目式进行运作,很少也不情愿再投入研发将其发布成行业性的 CRM 产品。许多 CRM 商很少亲自到基层体验不同企业的实际需求,没时间认真分析它们强烈差异性,只通过客户的简单介绍,就在 CRM 通用性产品上做一些增增减减、缝缝补补的工作,以此来提供给客户。这种研发设计本身就没有真正实现以客户为中心的理念,有可能因设计人员在理解上的偏见而"差之毫厘,失之千里",很可能是客户今后升级过程中的主要障碍,为推广应用埋下隐患。

通过对市场的进一步划分,对行业的研究和把握,与其他技术如 ERP 和电子商务的功能的融合,在未来我们将使得 CRM 技术更加专业化和个性化。

随着经济的发展,制造业、商贸业、农业对物流与供应链建设越来越重视。激烈的市场竞争和顾客对产品和服务越来越高的要求,使得物流信息化越来越重要,各行各业都增

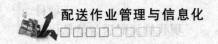

大对信息化的投入。在物流业的发展中，我们将在更广范围、更深层次应用和推广信息化技术。从而实现提高物流效率，提升服务质量，降低物流成本，推动国民经济又快又好发展。

四、利用数据分析优化系统运营——数据仓库和数据挖掘技术

数据仓库出现在 20 世纪 80 年代中期，它是一个面向主题的、集成的、非易失的、时变的数据集合，数据仓库的目标是把来源不同的、结构相异的数据经加工后在数据仓库中存储、提取和维护，它支持全面的、大量的复杂数据的分析处理和高层次的决策支持。数据仓库使用户拥有任意提取数据的自由，而不干扰业务数据库的正常运行。

数据挖掘是从大量的不完全的、有噪声的、模糊的及随机的实际应用数据中，挖掘出隐含的未知的对决策有潜在价值的知识和规则的过程 。一般分为描述型数据挖掘和预测型数据挖掘两种。描述型数据挖掘包括数据总结、聚类及关联分析等 ，预测型数据挖掘包括分类回归及时间序列分析等。其目的是通过对数据的统计分析、综合归纳和推理，揭示事件间的相互关系，预测未来的发展趋势，为企业的决策者提供决策依据。

物流企业建立数据仓库，并利用数据挖掘技术分析物流与供应链中的海量数据，有目的地服务于客户，降低库存，提高供应链管理效率，这是发展的大趋向。

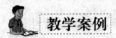 **教学案例**

上海联华生鲜食品加工配送中心物流配送运作

联华生鲜食品加工配送中心是我国国内目前设备最先进、规模最大的生鲜食品加工配送中心，总投资 6000 万元，建筑面积 35000 平方米，年生产能力 20000 吨，其中肉制品 15000 吨，生鲜盆菜、调理半成品 3000 吨，西式熟食制品 2000 吨，产品结构分为 15 大类约 1200 种生鲜食品；在生产加工的同时配送中心还从事水果、冷冻品以及南北货的配送任务。连锁经营的利润源重点在物流，物流系统好坏的评判标准主要有两点：物流服务水平和物流成本。联华生鲜食品加工配送中心是对这两个方面都做得比较好的一个物流系统。联华生鲜食品加工配送中心的软件系统，由上海同振信息技术有限公司开发。

生鲜商品按其秤重包装属性可分为：定量商品、秤重商品和散装商品，按物流类型分：储存型、中转型、加工型和直送型；按储存运输属性分：常温品、低温品和冷冻品；按商品的用途可分为：原料、辅料、半成品、产成品和通常商品。生鲜商品大部分需要冷藏，所以其物流流转周期必须很短，节约成本；生鲜商品保值期很短，客户对其色泽等要求很高，所以在物流过程中需要快速流转。两个评判标准在生鲜配送中心通俗的归结起来就是"快"和"准确"，下面分别从几个方面来说明联华生鲜配送中心的做法：

1. 储存型物流运作

商品进货时先要接受订单的品种和数量的预检，预检通过方可验货，验货时需进行不

同要求的品质检验，终端系统检验商品条码和记录数量。在商品进货数量上，定量的商品的进货数量不允许大于订单的数量，不定量的商品提供一个超值范围。对于需要重量计量的进货，系统和电子秤系统连接，自动去皮取值。

拣货采用播种方式，根据汇总取货，汇总单标识从各个仓位取货的数量，取货数量为本批配货的总量，取货完成后系统预扣库存，被取商品从仓库仓间拉到待发区。在待发区配货分配人员根据各路线各门店配货数量对各门店进行播种配货，并检查总量是否正确，如不正确向上校核，如果商品的数量不足或其他原因造成门店的实配量小于应配量，配货人员通过手持终端调整实发数量，配货检验无误后使用手持终端确认配货数据。

在配货时，冷藏和常温商品被分置在不同的待发区。

2. 中转型物流运作

供应商送货同储存型物流先预检，预检通过后方可进行验货配货；供应商把中转商品卸货到中转配货区，中转商品配货员使用中转配货系统按商品再路线再门店的顺序分配商品，数量根据系统配货指令的指定执行，贴物流标签。将配完的商品采用播种的方式放到指定的路线门店位置上，配货完成统计单个商品的总数量/总重量，根据配货的总数量生成进货单。

中转商品以发定进，没有库存，多余的部分由供应商带回，如果不足在门店间进行调剂。

3. 配送运作

商品分捡完成后，都堆放在待发库区，按正常的配送计划，这些商品在晚上送到各门店，门店第二天早上将新鲜的商品上架。在装车时按计划依路线门店顺序进行，同时抽样检查准确性。在货物装车的同时，系统能够自动算出包装物（笼车、周转箱）的各门店使用清单，装货人员也据此来核对差异。在发车之前，系统根据各车的配载情况出各运输的车辆随车商品清单，各门店的交接签收单和发货单。

商品到门店后，由于数量的高度准确性，在门店验货时只要清点总的包装数量，退回上次配送带来得包装物，完成交接手续即可，一般一个门店的配送商品交接只需要5分钟。

案例分析

这个案例告诉我们配送系统的构建十分重要，是保证服务水平和降低物流成本的关键，针对不同的商品和客户群需要设置不同的作业流程。

思考·讨论·训练

（1）结合案例介绍一下生鲜配送的特点。

（2）简单介绍不同类型生鲜的物流配送作业过程。

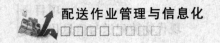

章节思考题

1. 如何认识配送中心?
2. 如何理解配送中心的地位?
3. 配送中心有哪些基本功能?
4. 综合配送中心与专业配送中心的区别。

项目二 基于物联网的智能配送信息技术介绍

教学目标

知识目标

1. 了解物流信息技术发展大背景，物联网及智能物流。
2. 了解基于物联网的智能配送系统架构及相关应用。

能力目标

1. 掌握 RFID 和物联网的基础知识。
2. 掌握基于物联网的配送管理设施设备及灵活应用。

任务一 物联网概述

物联网是未来互联网的组成部分，它可以被定义为有着自我配置能力的动态全球网络基础设施，这种自我配置能力是建立在标准和互操作性的通信协议基础上的，在这种动态全球网络基础设施中，物质的和虚拟的"物"都有自己的身份、物质属性、虚拟特性和可使用的智能接口，并无缝集成到信息网络。

在物联网中，我们预计"物"将成为商业、信息、社会过程的积极参与者，在社会过程中，物之间、物与交换数据之间、物与其对环境的信息"感觉"之间能够相互作用和沟通，同时，对"现实（物质）世界"事件进行自动反映，在不管是否有人为干预的情况下都能激发行动和提供服务。

在服务便利性方面，在考虑安全和隐私的情况下，接口与互联网上这些"智能物"相连。RFID 处于物联网的感知层，是物联网的核心技术之一，物联网的核心技术主要包括RFID 技术、无线传感网（WSN）技术、第四代移动通讯技术（4G）、无线数传网络平台（ZigBee）技术、超宽带（UWB）技术、云计算等。自 2009 年 8 月温家宝总理提出"感知中国"以来，物联网被正式列为国家五大新兴战略性产业之一，写入"政府工作报告"，物联网在中国受到了全社会极大的关注。

物联网的愿景是建立在标准通信协议基础上的，计算机网络、媒体网络（IOM）、服务网络（IOS）整合成一个共同的全球 IT 平台和无缝网络的物联网（IOT）。

　　下一代互联网将布局成公共（私人）的基础设施，并能动态地随着由"物"之间相互连接所创造的边缘点而扩展和改进。实际上，在物联网中，通信不仅仅发生在人与人之间，还发生在人和他们所处的环境之间。

　　通信将被更多的终端和数据中心所识别（如家庭数据中心、云计算等等），终端能够创建一个本地通信网络，也可以充当通信网络的桥梁，来扩展整个基础设施的能力，特别是在城市环境中。这可能产生对网络体系的不同的看法。未来的互联网将展现异质高水平（"物"－物质/实际、网络实体、网络功能、数字化和虚拟化、设备和器件模型、通信协议、认知能力等），功能方面完全不同的物，在技术和应用方面归属于相同的通信环境。

　　物联网将创造一个动态的网络，这个动态的网络中有着数十亿或者万亿无线识别的"物"相互连接，并整合如普适计算、智能环境这类概念的发展。物联网决定着普适计算和环境智能的前景，这是通过加强物之间的全面沟通和计算能力以及整合通信、识别和互动这些要素来实现的。通过不同的概念和技术组件：无处不在的网络、设备小型化、移动通信和业务流程的新模式，物联网使数字世界和物质世界连接在一起。

　　应用、服务、中间件、网络和终端将以全新的结构方式连接。我们要认识到：建立无处不在的全球网络的初期将存在商业和物质方面的挑战，相连的物和设备以交互方式进行双向网络连接的能力有限，物联网的建筑设计支持双向高速缓存和数据同步技术，同样也支持相连的物和设备的网络连接终端。这些可以用来监测物的位置、状况和状态，也能向它们发送请求和指示。

　　物联网将带来切实的商业利益，如资产和产品的高清晰度管理、提高产品生命周期管理和促进企业之间更好的合作，这些大多是通过物的独特识别系统以及搜索和发现功能的使用而实现的，这些功能使得物能够互动，并随着时间的推移建立一个关于活动和相互作用的个体生命史。

　　改进的传感器和设备能力也允许在网络边缘执行商业逻辑，使得一些现有的业务流程因性能、可扩展性和本地决策的提高而被分散。例如，算法可以用于通过对传感器（被用于监测病人的健康或车辆的状况）的实时数据监测来进行智能决策，以便发现问题或者发现状况恶化的早期征兆。

　　物联网让人和物在任何时候、任何地方相联，并且任何物和任何人可以通过任何路径/网络和任何服务相连。这意味着寻址要素，如汇合点、容量、集合（贮藏室）、计算机、通信和连接在人与物和/或物与物之间的环境中无缝对接，因此 A 和 C 元素都存在和被处理。

　　物联网意味着真实/物质、数字/虚拟世界之间的共生互动：物质实体有数字对应性和虚拟代

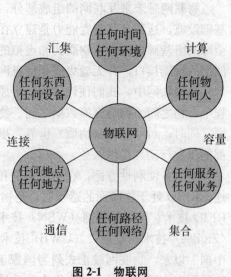

图 2-1　物联网

表性；物能进行环境感知，它们能够感知、沟通、互动、交换数据、信息和知识。无论是

相同的实体还是类似的实体，通过智能决策算法应用软件的使用，物质都能够进行适当的快速反应，这是建立在对物质实体最新信息收集和历史数据模式考虑基础上的。这些创造了新的机遇来满足业务需求，创造建立在实时物质世界数据基础上的新服务，洞察复杂的过程和关系，深入了解事件的处理情况，解决环境退化（污染、灾害、全球变暖等），监测人类活动（健康、运动等），改善基础设施的完整性（能源、运输等），解决能源效率问题（建筑德智能能源计算、车辆的有效消费等）。

来自个人、群体、社区、对象、产品、数据、服务、过程的任何物都可以通过物联网连接起来。在物联网里连接成为了一种商品，它以非常低的成本提供给所有人，而不是仅仅是为私人实体所拥有。在这种情况下，有必要创造刺激服务和智能中间件创造性的感知发展环境来理解和解释信息，确保免受欺诈和恶意攻击（作为互联网将不可避免地成长并越来越多地应用）并保护隐私。

根据这个愿景和网络基础设施中智能的使用，物能自主管理自己的运行情况，实施全自动化流程从而优化物流；它们能自动获取它们所需要的能量；当置身于一个新的环境中时它们能够进行自我配置，并且当面对其他物和无缝处理意外情况时能显示出"智能/认知"的行为。最后，它们可能会在自己生命周期结束的时候对拆卸和回收利用进行智能管理，这样有助于环境保护。

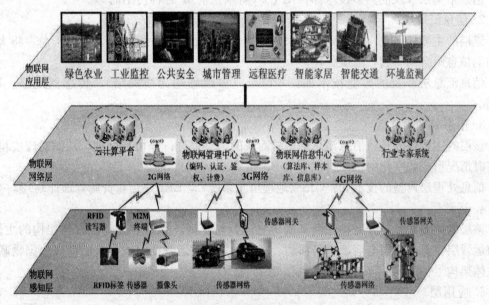

图 2-2 物联网的系统架构

物联网基础设施使智能对象（如无线电感应器、移动机器人等）、传感器网络技术和人类结合起来，但是使用不同的互操作性的通信协议，并实现了动态的多式联运/异构网络，也可以部署在交通不便或者远程空间（石油平台、矿山、森林、隧道、管道等）或部署在紧急情况、灾害情况中（地震、火灾、水灾、辐射区域等）。在此基础设施下，这些不同的实体或者"物"通过汇集资源和极大提高服务范围和可靠性来相互发现、探究并学习利用对方的数据。

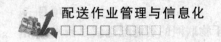

一、 物联网的体系特征

物联网的体系目前还未完全形成，需要一些应用形成示范，更多的传统行业的物联网应用后才能基本形成，但是，目前物联网的体系的雏形已经形成，物联网基本体系具有典型的层级特性，一个完整的物联网系统一般来说包含以下五个层面的功能：

1. 信息感知层

该层的主要任务是将大范围内的现实世界的各种物理量通过各种手段，实时并自动化地转化为虚拟世界可处理的数字化信息或者数据。

物联网所采集的信息主要有如下种类：

（1）传感信息：如温度、湿度、压力、气体浓度、生命体征等；

（2）物品属性信息：如物品名称、型号、特性、价格等；

（3）工作状态信息：如仪器、设备的工作参数等；

（4）地理位置信息：如物品所处的地理位置等；

信息采集层的主要任务是对各种信息进行标记，并通过传感等手段，将这些标记的信息和现实世界的物理信息进行采集，将其转化为可供处理的数字化信息。

信息采集层涉及的典型技术如：RFID（射频识别）、各种传感器等。

2. 信息汇聚层

该层的主要任务是将信息采集层采集到的信息，通过各种网络技术进行汇总，将大范围内的信息整合到一起，以供处理。

信息汇总层涉及的典型技术如：Ad-hoc（多跳移动无线网络），传感器网络，Wi-Fi 等。

3. 信息处理层

该层的主要任务是将信息汇总层汇总而来的信息，进行分析和处理，从而对现实世界的实时情况形成数字化的认知。

信息处理层典型的技术如：GIS（地理信息系统）、ERP（企业资源管理计划）。

4. 运营层

该层的主要任务是开展物联网基础信息运营与管理，是网络基础设施与架构的主体。目前运营层主要由中国电信、中国移动、广电网等基础运营商组成，从而形成中国物联网的主体架构.

5. 应用层

主要是物联网在各个行业的垂直应用层面，物流行业就是一个主要的应用行业。

二、 物联网的系统层级与核心技术

（一）感知层

感知层分为：传感器技术、射频识别技术、二维码技术、微机电系统，等等。

1. 传感器技术

传感技术同计算机技术与通信技术一起被称为信息技术的三大支柱。从仿生学观点来看，如果把计算机看成处理和识别信息的"大脑"，把通信系统看成传递信息的"神经系统"的话，那么传感器就是"感觉器官"。

传感技术是关于从自然信源获取信息，并对之进行处理（变换）和识别的一门多学科交叉的现代科学与工程技术，它涉及传感器（又称换能器）、信息处理和识别的规划设计、开发、研制/建造、测试、应用及评价改进等活动。获取信息靠各类传感器，它们有各种物理量、化学量或生物量的传感器。按照信息论的凸性定理，传感器的功能与品质决定了传感系统获取自然信息的信息量和信息质量，是高品质传感技术系统的构造第一个关键。信息处理包括信号的预处理、后置处理、特征提取与选择等。识别的主要任务是对经过处理信息进行辨识与分类。它利用被识别（或诊断）对象与特征信息间的关联关系模型对输入的特征信息集进行辨识、比较、分类和判断。因此，传感技术是遵循信息论和系统论的。它包含了众多的高新技术、被众多的产业广泛采用。它也是现代科学技术发展的基础条件，应该受到足够地重视。

微型无线传感技术以及以此组件的传感网是物联网感知层的重要技术手段。

2. 射频识别（RFID）技术

射频识别（Radio Frequency Identification，简称 RFID）是通过无线电信号识别特定目标并读写相关数据的无线通信技术。在国内，RFID 已经在身份证件、电子收费系统和物流管理等领域有了广泛的应用。

RFID 技术市场应用成熟，标签成本低廉，但 RFID 一般不具备数据采集功能，多用来进行物品的身份甄别和属性的存储，且在金属和液体环境下应用受限，RFID 技术属于物联网的信息采集层技术。

3. 微机电系统（MEMS）

微机电系统（Micro Electro Mechanical Systems，简称 MEMS）是指利用大规模集成电路制造工艺，经过微米级加工，得到的集微型传感器、执行器以及信号处理和控制电路、接口电路、通信和电源于一体的微型机电系统。

MEMS 技术近几年的飞速发展，为传感器节点的智能化、小型化、功率的不断降低制造了成熟的条件，目前已经在全球形成百亿美元规模的庞大市场。近年更是出现了集成度更高的纳米机电系统（Nano-Electromechanical System，简称 NEMS）。具有微型化、智能化、多功能、高集成度和适合大批量生产等特点。MEMS 技术属于物联网的信息采集层技术。

4. GPS 技术

GPS 又称为全球定位系统（Global Positioning System，简称 GPS），是具有海、陆、空全方位实时三维导航与定位能力的新一代卫星导航与定位系统。GPS 是由空间星座、地面控制和用户设备等三部分构成的。GPS 测量技术能够快速、高效、准确地提供点、线、面要素的精确三维坐标以及其他相关信息，具有全天候、高精度、自动化、高效益等显著特点，广泛应用于军事、民用交通（船舶、飞机、汽车等）导航、大地测量、摄影测量、

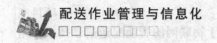

野外考察探险、土地利用调查、精确农业以及日常生活（人员跟踪、休闲娱乐）等不同领域。

GPS 作为移动感知技术，是物联网延伸到移动物体采集移动物体信息的重要技术，更是物流智能化、可视化重要技术，是智能交通重要技术。

（二）信息汇聚层

信息汇聚层分为：传感网自组网技术、局域网技术及广域网技术，等等。

1. 无线传感器网络（WSN）技术

无线传感器网络技术（Wireless Sensor Network，简称 WSN）的基本功能是将一系列空间上分散的传感器单元通过自组织的无线网络进行连接，从而将各自采集的数据通过无线网络进行传输汇总，以实现对空间分散范围内的物理或环境状况的协作监控，并根据这些信息进行相应的分析和处理。

WSN 技术贯穿物联网的三个层面，是结合了计算、通信、传感器三项技术相的一门新兴技术，具有较大范围、低成本、高密度、灵活布设、实时采集、全天候工作的优势，且对物联网其他产业具有显著带动作用。

2. Wi-Fi

Wi-Fi（Wireless Fidelity，无线保真技术）是一种基于接入点（Access Point）的无线网络结构，目前已有一定规模的布设，在部分应用中与传感器相结合。

Wi-Fi 技术属于物联网的信息汇总层技术。

3. GPRS

GPRS（General Packet Radio Service，通用分组无线服务）是一种基于 GSM 移动通信网络的数据服务技术。GPRS 技术可以充分利用现有 GSM 网络，目前在很多领域有广泛应用，在物联网领域中也有部分应用。GPRS 技术属于物联网的信息汇总层技术。

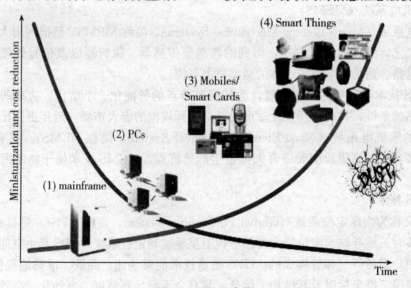

图 2-3　GPRS 应用

（三）传输层

传输层分为：通信网、互联网、3G 网络、GPRS 网络、广电网络、NGB 等广域网络。

1. 通信网

通信网是一种使用交换设备，传输设备，将地理上分散用户终端设备互连起来实现通信和信息交换的系统。

通信最基本的形式是在点与点之间建立通信系统，但这不能称为通信网，只有将许多的通信系统（传输系统）通过交换系统按一定拓扑结构组合在一起才能称之为通信。也就是说，有了交换系统才能使某一地区内任意两个终端用户相互接续，才能组成通信网。

通信网由用户终端设备、交换设备和传输设备组成。交换设备间的传输设备称为中继线路（简称中继线），用户终端设备至交换设备的传输设备称为用户路线（简称用户线）。

2. 3G 网络

3G 是英文 the 3rd Generation 的缩写，指第三代移动通信技术。相对于第一代模拟制式手机（1G）和第二代 GSM、CDMA 等数字手机（2G）来说，第三代手机（3G）一般，是指将无线通信与国际互联网等多媒体通信结合的新一代移动通信系统。

3G 与 2G 的主要区别是在传输声音和数据的速度上的提升，它能够在全球范围内更好地实现无线漫游，并处理图像、音乐、视频流等多种媒体形式，提供包括网页浏览、电话会议、电子商务等多种信息服务，同时也要考虑与已有第二代系统的良好兼容性。为了提供这种服务，无线网络必须能够支持不同的数据传输速度，也就是说在室内、室外和行车的环境中能够分别支持至少 2Mbps（兆比特/每秒）、384kbps（千比特/每秒）以及 144kbps 的传输速度（此数值根据网络环境会发生变化）。

3. GPRS 网络

这是一种基于 GSM 系统的无线分组交换技术，提供端到端的、广域的无线 IP 连接。通俗地讲，GPRS 是一项高速数据处理的科技，方法是以"分组"的形式传送资料到用户手上。虽然 GPRS 是作为现有 GSM 网络向第三代移动通信演变的过渡技术，但是它在许多方面都具有显著的优势。

4. 广电网络

广电网通常是各地有线电视网络公司（台）负责运营的，通过 HFC（光纤+同轴电缆混合网）网向用户提供宽带服务及电视服务网络，宽带可通过 Cable Modem 连接到计算机，理论到户最高速率 38M，实际速度要视网络具体情况而定。

5. NGB 广域网络

中国下一代广播电视网（NGB）是以有线电视数字化和移动多媒体广播（CMMB）的成果为基础，以自主创新的"高性能宽带信息网"核心技术为支撑，构建的适合我国国情的、"三网融合"的、有线无线相结合的、全程全网的下一代广播电视网络。科技部和广电总局将联合组织开发建设，通过自主开发与网络建设，突破相关核心技术，开发成套装备，拉动相关电子产品市场，满足老百姓对现代数字媒体和信息服务的需求，计划用三年左右的时间建设覆盖全国主要城市的示范网，预计用十年左右的时间建成中国下一代广播电视网（NGB），使之成为以"三网融合"为基本特征的新一代国家信息基础设施。

中国下一代广播电视网（NGB）的核心传输带宽将超过每秒 1 千千兆比特、保证每户接入带宽超过每秒 40 兆比特，可以提供高清晰度电视、数字视音频节目、高速数据接入和话音等"三网融合"的"一站式"服务，使电视机成为最基本、最便捷的信息终端，使宽带互动数字信息消费如同水、电、暖、气等基础性消费一样遍及千家万户。同时 NGB 还具有可信的服务保障和可控、可管的网络运行属性，其综合技术性能指标达到或超过国际先进水平，能够满足未来 20 年每个家庭"出门就上高速路"的信息服务总体需求。

（四）运营层

运营层分为：专家系统、云计算、API 接口、客户管理、GIS、企业资源计划（ERP）。

1. 企业资源计划

企业资源计划（Enterprise Resource Planning，简称 ERP）是指建立在信息技术基础上，以系统化的管理思想，为企业决策层及员工提供决策运行手段的管理平台。

ERP 技术属于物联网的信息处理层技术。

2. 专家系统（Expert System）

专家系统（Expert System）是一个含有大量的某个领域专家水平的知识与经验，能够利用人类专家的知识和经验来处理该领域问题的智能计算机程序系统。它属于信息处理层技术。

3. 云计算

云计算概念是由 Google 提出的，这是一个美丽的网络应用模式。狭义云计算是指 IT 基础设施的交付和使用模式，指通过网络以按需、易扩展的方式获得所需的资源；广义云计算是指服务的交付和使用模式，指通过网络以按需、易扩展的方式获得所需的服务。这种服务可以是 IT 和软件、互联网相关的，也可以是任意其他的服务，它具有超大规模、虚拟化、可靠安全等独特功效；"云计算"图书版本也很多，都从理论和实践上介绍了云计算的特性与功用。

云计算是通过网络将庞大的计算处理程序自动分拆成无数个较小的子程序，再交由多部服务器所组成的庞大系统经搜寻、计算分析之后将处理结果回传给用户。通过这项技术，网络服务提供者可以在数秒之内，达成处理数以千万计甚至亿计的信息，达到和"超级计算机"同样强大效能的网络服务。

最简单的云计算技术在网络服务中已经随处可见，例如搜寻引擎、网络信箱等，使用者只要输入简单指令即能得到大量信息。

未来如手机、GPS 等行动装置都可以透过云计算技术，发展出更多的应用服务。进一步的云计算不仅只做资料搜寻、分析的功能，未来如分析 DNA 结构、基因图谱定序、解析癌症细胞等，都可以透过这项技术轻易达成。

云计算时代，可以抛弃 U 盘等移动设备，只需要进入 Google Docs 页面，新建文档，编辑内容，然后，直接将文档的 URL 分享给你的朋友或者上司，他可以直接打开浏览器访问 URL。我们再也不用担心因 PC 硬盘的损坏而发生资料丢失事件。

（五）应用层

应用层分为：垂直行业应用、系统集成、资源打包。

应用层主要是根据行业特点，借助互联网技术手段，开发各类的行业应用解决方案，将物联网的优势与行业的生产经营、信息化管理、组织调度结合起来，形成各类的物联网解决方案，构建智能化的行业应用。

如交通行业，涉及的就是智能交通技术；电力行业采用的是智能电网技术，物流行业采用的是智慧物流技术等等。

行业的应用还要更多涉及系统集成技术、资源打包技术等。

任务二　基于物联网的物流配送信息技术

一、RFID 技术概述

RFID，即无线射频识别技术，是一项利用射频信号通过空间耦合（交变的电磁场），实现非接触的信息传递，并通过所传递的信息来达到目标识别的技术。射频识别技术以其独特的优势，逐渐被广泛应用于工业自动化、商业自动化和交通运输控制管理等领域。

一个最基本的 RFID 系统主要由三部分组成。标签（Tag）：由射频耦合元件与芯片组成，每个标签具有唯一的电子编码，附着在物体上（或嵌入物体内部）标识目标对象；天线（Antenna）：发射射频电波，接收标签传递回来的射频信号；阅读器（Reader）：通过天线读取（或写入）标签信息的设备，将射频信号解码，供上层控制计算机查询调取。RFID 技术的基本工作原理是：当标签进入天线的工作范围内，就可以接收到阅读器发出的射频信号，内置的射频耦合元件凭借电磁感应产生的感应电流获得能量激活内置芯片，最后将存储在芯片内的编码信息以射频信号的形式发回给阅读器（Passive Tag，无源标签）；也有另外一种类型的芯片带有电源，以主动的方式发送某一频率射频信号（Active Tag，有源标签）。阅读器读取信息并解码后，供上层控制计算机调取进行有关的数据处理。

由此可见，射频识别系统最大的优点就是无线、非接触，不局限于视线的范围，通过射频信号自动识别目标对象并获取相关数据。故其识别性能比一般的光学系统要好，更是大大优于接触式识别系统。整个识别过程无需人工干预，同时还具有对高速运动物体的识别，以及多标签的同时识别等特点。因此，RFID 射频识别技术应用于配送中心的仓库管理上，有着其他技术无可比拟的技术优势和现实意义。

二、RFID 的应用

相对于一维条码和二维条码来说，RFID 的优点在于：（1）用电波在离开的位置处（最大 5 米左右）可以取得信息；（2）在电波能够达到的范围内哪怕有障碍物也能进行识别；（3）一次可以识别数个标签（搭载有抗冲突机能的情况）；（4）可以改写标签里的信息；（5）标签的内存容量很大（最大可达几万位数）；（6）对于抗污染和损伤能力较强；（7）可以采用密码化等高水平技术来保护信息。

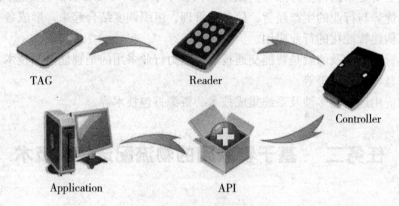

图 2-4　RFID 系统架构图

在物流界，RFID 的电子标签使得管理效率大为提高，成本大为降低。RFID 所开拓的新世界，绝不仅仅在于用电子标签使物流、零售变得方便，RFID 为把我们的现实世界和虚幻世界连结起来提供了一个崭新的界面。

（1）RFID 带动零售业革命。随着无线射频识别技术 RFID 的出现，现有商品条形码的地位受到了挑战，零售业供应链管理面临新的革命。根据科尔尼国际管理咨询公司（A. T. Kearney）的计算，从数据上衡量，零售商采用 RFID 后的利益来源于三个方面：降低库存水平约 5%；每年减少店内和仓库人工成本约 7.5%；提高周转，减少缺货，在每年每 10 亿美元的销售额中，增加周转额 70 万美元。

（2）RFID 带动物流供应链革命。由于 RFID 标签的存储容量是 2 的 96 次方以上，所以物流行业第一次发现他们可以将世界上所有的商品每一个都以唯一的代码表示。以往使用条形码，由于长度的限制，物流行业只能给每一类产品定义一个类码，就是说，一批牛奶，不管保质期是哪一天，他们在商场的代码都是一样的，商场无法通过代码判断每一件产品的准确库存周期。RFID 彻底抛弃了这种限制，现在所有的产品都可以享受独一无二的识别。

在供应链管理上，无论哪个环节应用 RFID 都可以提供更高的技术支持，获得更佳的管理效果。有专家认为，要想提高物流供应链管理的效益，就必须使供应链上的成员及时获得其他成员和各业务环节上的运行信息，而信息的共享不足就会发生供应链的断裂和效率低下。先进的射频技术信息可以加强这些环节的自动化程度。这样便可提高业务运行的自动化程度，大幅降低差错率，提高供应链的透明度和管理效率。

三、 基于物联网的配送信息系统架构

在物联网的诸多应用中，物流配送系统是非常重要的一个环节，GIS、GPS 和无线网络通信技术的出现使物流配送朝着智能化方向发展．其建设的目标就是以利用高新科技手

段实现，智能物流为核心，大大加快货物在物流过程中的流通速度，减少人工操作失误，降低管理成本，达到全局资源利用最大化，整个链条集约化以及工作最大程度的自动化、最优化、简易化。

基于物联网的物流配送系统框架：（见图2-5）

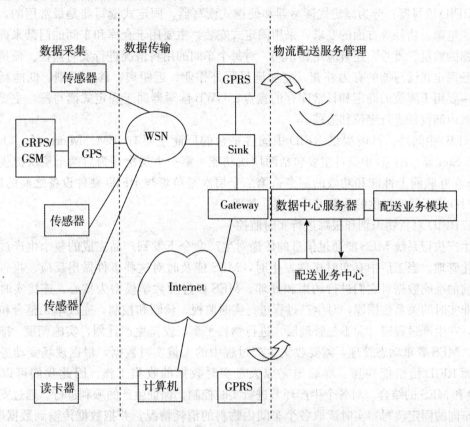

图 2-5　基于物联网的物流配送系统框架

任务三　物联网在物流业中的应用解决方案实例

一、RFID 在物流信息系统的解决方案

RFID 的数据采集系统制造执行系统（MES）、仓库管理系统（WMS）相结合应用到制造业物流各个环节，可以优化了其物流流程，实现流程中数据的自动收集。

基于 RFID 的物流管理信息系统可以帮助制造业实现对各种资源的实时跟踪、及时完成生产用料的补给和生产节拍的调整。从而提高资源的追踪、定位和管理水平，提升制造业自动化水平和整体效率。它的硬件构成为电子标签、RFID 读写器、RFID 中间件、管理系统服务器、管理系统工作站。

电子标签：分为主动式电子标签、被动式电子标签和半自动式电子标签。主动式电子标签带有电源，可以在读写器范围以外处于休眠状态，进入读写器作用范围内被激活，也可不间断地发送信号作业，范围 20 米～100 米；被动式电子标签使用调制散射方式发射数据它必须利用读写器的载波来调制自己的信号作业，范围几英寸到 30 英尺。

RFID 读写器：分为固定式读写器和便携式读写器。固定式读写器是最常用的，由于体积、电源、功耗等方面的要求，采用固定式安装，主要用于仓库和车间的门禁来确认入库货物的数量、批号，还有应用在车间，对每个车间的用料情况进行实时监控。便携式读写器是固定式读写器的有力补充，它能满足野外作业、近距离、移动识别、低能耗等要求，主要用于库位的确定和日常库存的盘点；UWB 读写器属于固定式读写器，主要用于仓库对内部设备进行定位和追踪。

RFID 中间件：目前提供 RFID 中间件平台的厂商主要有 IBM、Microsoft、Oracle、SAP、Sun 等。RFID 中间件主要包括两层次功能：第一个层次是为后两个层次提供改善RFID 在互联网上性能和功效的服务；第二个层次是负责与 RFID 硬件设备之间的通信，对 RFID 读写器所提供的数据进行过滤、整理。

1. RFID 对货物识别和跟踪进行实时监控

生产执行系统 MES 能通过信息的传递对生产命令下发到产品完成的整个生产过程进行优化管理。当工厂中有实时事件发生时，MES 能及时对这些事件做出反应、报告，并用当前的准确数据对它们进行约束和处理。MES 以过程数学模型为核心，连接实时数据库或非实时的关系数据库，对生产过程进行实时监视、诊断和控制，完成单元整合和系统优化，在生产过程层（而不是管理层）进行物料平衡，安排生产计划，实施调度、排产及优化。MES 着重动态管理，需要收集生产过程中的大量实时数据，根据现场变动进行调整。而 RFID 恰恰能快速、准确地完成大量实时数据的收集工作。因此我们可以通过RFID 和 MES 的结合，对各个生产环节进行实时控制，保证生产的顺利进行。通过安装在各个车间的固定读写器实时读取各个车间内物料的消耗情况，并把数据传输到数据库中，MES 根据对数据的实时监控，来对各个车间工作地点下达指令，进行调度。当各个生产车间的物料降到了预先设置的临界点时，MES 会对 WMS 发出补料指令，仓库可以根据指令对生产车间进行补给。从而大大提高了制造业物流管理信息系统的信息化、自动化程度。并且能对各个车间的用料情况进行实时监控，来实现对整个生产流程的节拍调控，提高整体效率。

2. RFID 提高仓库作业能力，简化流程

假设供应商都采取 RFID 技术，并且货物的容器或托盘都有 RFID 标签。那么我们可以把 RFID 应用在收货、入库流程图和拣货、出库流程中的三个方面：出入库信息的确认、日常库存的盘点、仓库设备的实时监控。（1）把 RFID 门禁系统用于出入库信息的确认，采用固定读写器和手持读写器联合使用，手持读写器用于对货位及托盘信息的读取，固定读写器来实现对货物信息和托盘信息的确认。两种读写器的应用不仅可以在运动中实现对多目标的识别，提高出入库的效率，还可以实现对货物及托盘容器的状态的监控。（2）日常库存的盘点，采用手持读写器，通过对标准化、单元化包装上标签的读取，来完

成日常盘点，不仅可以节约人力成本，还可以提高准确率和盘点效率。（3）仓库设备的实时监控，采用的是 UWB 读写器，通过 UWB 读写器可以确定设备在仓库的位置和当前的状态，便于对货物进库后，货位与搬运工具线路的选取，同样可以提高入库效率，并降低设备的运作成本。

该解决方案把 RFID 和制造业物流管理信息系统结合起来，使 RFID 完成 MES、WMS 的数据收集、整理，改进了传统制造业的物料补给和仓库管理流程，实现对物流各环节信息的实时监控与跟踪，从而在降低了成本的同时还提高了生产效率，为制造业带来显著收益。

二、 物联网在医药物流中应用

我国医药流通渠道复杂、环节众多，因此对物联网的建设、规划要做到统筹兼顾。为了有效地对药品流通进行管理，国家相继出台了众多的药品生产和药品管理的标准、规范，尽管如此，在药品的流通过程中仍然存在着不少问题，主要体现在以下方面。

首先是安全，主要表现为：一是药品在流通过程中由于周围环境的变化（如温度、湿度、光照、压力等）会导致药品质量发生改变甚至完全失效；二是在药品流通环节中可能混入大量的假药，这两个方面如果不能做到有效的监控，将会产生极大的危害。其次是流通成本管理，对于药品流通中的成本变动，一个主要的原因是流通环节频繁发生的串货、退货现象，如果我们不能对纷繁复杂流通渠道中的药品流向进行及时、准确的追踪，一旦发生这种现象，就会大幅度增加药品流通成本；另一个原因是流通环节的虚增，增大了对药品流通成本管理的难度。分析上述问题，可以看出如何对整个流通过程中的药品进行及时、有效的监控与追踪，是高效解决药品流通安全，降低流通成本的关键所在。据上分析可以看出如何对整个流通过程中的药品进行及时、有效的监控与追踪，是高效解决药品流通安全，降低流通成本的关键所在。而以物联网为基础，研究对流通过程中单个药品唯一的身份标识及追踪，从而达到对药品信息及时、准确的采集与共享，为有效地解决我国医药流通中存在的安全、成本等问题提供新的办法。

在全面了解我国医药流通行业现状，深入分析物联网构成的基础上，学者们研究提出了物联网在我国医药流通中的基本流程。假设生产商甲生产某种药液，在药液封入药瓶同时甲会在每个瓶上贴一个标识此瓶药品信息的 EPC 标签，这个标签含有一个已被授权的唯一的 EPC 代码，同时标签记录了该瓶药液的生产时间、批号、保质期、存储条件、所治疗的疾病等相关信息，当药品继续装盒或装箱的时候，相应的包装上也会添加类似的标识此盒或此箱药品信息的 EPC 标签。在出口处，安装着多台读写器，这些读写器发出的射频信号可以激活标签，向其写入或读取其中的信息。由于射频识别技术的超大数据量采集以及非接触的特性，当药品在射频识别的有效范围内通过读写器时，读写器能够在很短的时间内读取里外各层包装上全部的 EPC 标签信息，并通过系统连接将其传递给企业的 EPC 中间件。EPC 中间件加工和处理来自读写器的信息和事件流，并将药品的信息以 PML 文件的形式存储到企业的 EPCIS 服务器中，同时将 EPC 代码及与其对应药品息存储的 EPCIS 服务器地址提交到企业 ONS 服务器上进行注册。这样，就相当于在物联网中为每一个药品赋予了"身份证"，其相关的信息可以通过 EPC 代码这个"身份证号"进行查询与记录。

当药品流经运输商乙的环节时，乙会通过读写器、EPC 中间件将所运药品的 EPC 代码向 RootONS 服务器提出查询请求，RootONS 服务器对这些 EPC 代码经过逐层查找、映射定位到甲的 calONS 服务器并由其解析出对应药品信息存放的 EPCIS 服务器地址，乙通过查询 EPCIS 服务器上相关药品信息检查其是否与运输单上内容一致，同时乙也需要将药品运输的相关信息如运输商、运输时间、目的地等存入到自己或甲的 EPCIS 服务器中，并向本企业的 lONS 服务器进行注册，当然更新的信息同时也可以通过读写器写入 EPC 标签。对于乙来说，除此之外还要特别关注运输过程中对药品所处环境信息的监测，如一些对存储环境要求较高的药品需要定时的检测其运输过程中的温度、湿度、光照等条件，并将这些信息及时存储到其相应的 EPCIS 服务器中，从而实现对药品运输过程的安全监控。

对于经销商丙，验货过程中对药品信息查询与更新的流程与乙类似，也需要加入经销商的一些相关信息。但对丙来说，更重要的是仔细查看药品在整个流通中流经企业及生产、存储环境的信息，以辨别药品的真伪。

三、 包装行业 RFID 解决方案

(一) RFID 技术应用方案

包装行业生产线一般为连续的，属于标准的连续型生产企业，企业的生产原料主要为塑料粒子及其相关的添加剂，粒子经过高温、高压熔融挤出后形成薄膜或片材，薄膜大卷一般需要进行再次的分切和包装后才能形成最终的成品，具体示意图如图 2-6 所示。

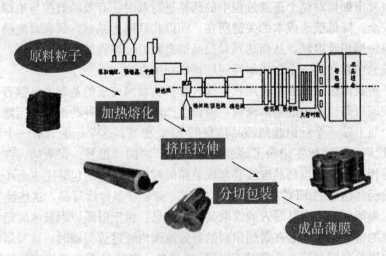

图 2-6 包装行业连续生产线

RFID 在生产上的应用主要集中在大卷到小卷的分切过程，以及小卷和小卷之间的成组过程。即在大卷的卷芯内附着大卷的 RFID 标签，标签内的产品电子代码记录了大卷的

身份信息，当大卷进行分切时信息系统可通过 RFID 识读设备自动获知正在分切的大卷身份信息；小卷分切后在每个小卷的卷芯内都附着小卷的 RFID 标签，标签内的产品电子代码记录了该小卷的大卷信息和工位信息，并以此作为小卷成组的依据，小卷成组（即将相同规格的物料放在一个托盘上）时通过 RFID 识读器感应小卷内 RFID 标签的数据，并根据这些数据生成托盘的 RFID 标签代码，入库前回收所有小卷的 RFID 标签，并以托盘的 RFID 标签作为仓储物流的基础。同样，在仓储管理的的过程中，入库时通过安装在库房通道两侧的 RFID 识读器天线完成对成品托盘上 RFID 标签的识读，借助 RFID 设备和 RFID 标签的使用可实现成品的无人值守入库；出库作业类似，日常库存中的盘点主要通过手持设备对库存托盘 RFID 标签的识读来完成。

（二）编码方案

已在之前的多条 BOPP 生产线上使用了条码化的管理，码值使用的是 39 码，条码生成规则如下：

打算将以上的生产批号进行拆分，根据 EAN·UCC 编码规则，采用 GTIN 的编码方式，同时结合应用标识符的运用将生产过程中的批号、生产日期、净重等等信息进行联接，形成最终的 RFID 代码。

以上过程中应用具体示意图如图 2-7。

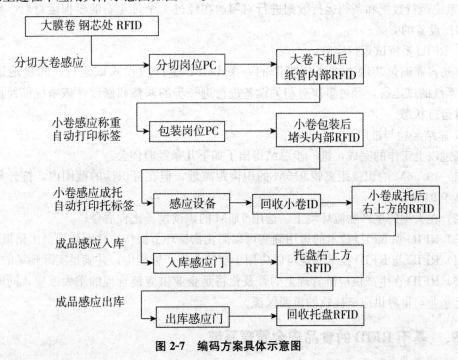

图 2-7　编码方案具体示意图

（三）方案实施步骤

可以说双向拉伸薄膜生产线是一类典型的包装材料生产线，在 BOPP 生产线上实施 RFID 项目还是存在一定的难度，首先，RFID 技术正处于一个逐步完善阶段，相关的技术还没有进行大规模的应用，相应的规则和标准还在进一步制订，在生产型企业中如此大规模的运用存在一定的风险。其次，RFID 技术在企业生产应用中的实际可操作性还需要进一步的实践。再次，企业的工业生产环境有别于实验室的环境，要求 RFID 的相关设备、电子标签、相关技术有更高的可靠性、稳定性和适应性。而目前此类设备的供应商可谓凤毛麟角，可选择的余地不是很大。基于这些原因，在系统实施前做了很多工作，同时在系统实施中稳扎稳打，一步一步地进行。

1. 设备选型试验

鉴于没有成功案例做参考，前期对部分 RFID 设备进行了生产现场的实验。我们分别选用了两款频率为 13.56MHz 和 915MHz 的设备进行现场试验，通过在大卷识别、小卷成组、出入库识读几个过程中的试验，初步决定在系统方案中采用 915MHz 的设备，主要原因是 13.56MHz 设备的识别距离还不够理想，标签在托盘上的位置要求比较严格，不利于人员灵活的操作，此外天线容易受到外部环境干扰。但是 915MHz 的设备也并不是完美无缺的，发现 915MHz 标签的识读稳定性不够，特别是标签在有物体阻隔的情况下尤为明显。另外 915MHz 标签的成本远远高于 13.56MHz 的标签，造价太大。

2. RFID 设备模拟运行实验

为了确保相关设备的稳定可靠运行，进行了模拟运行试验。选择了两条已投产的 BOPP 生产线进行模拟情况下的试运行，同时原有的条码系统正常运行，并且每天对 RFID 系统运行数据和条码运行数据进行对照。在经过 1 个月左右的模拟运行后，确认了 915MHz 设备的方案。

3. RFID 系统试运行实验

年初，亚洲包装制造中心新投产的一条 BOPP 生产线投入试运行，同步地进行了 RFID 系统的试运行，经过多次对相关设备进行进一步的调整和修改，该系统已经逐渐进入正常运行状态。

4. 总结经验与推广

通过以上工作的完成，进一步总结得出了如下几条经验体会：

（1）13.56M 的识读距离较 915M 的识读距离近，但在可识读的范围内，抗外界干扰性要高于 915M；

（2）在大型的生产物流环境下，选用 915M 的识读设备比较适合；

（3）RFID 和 RFID 技术的运用确实可以简化物流环节操作，并有效降低出错概率；

（4）RFID 与 RFID 技术完全可以应用于制造业生产管理中，并满足实际现场的需求；

（5）RFID 在生产供应链管理上的普及化将是企业供应链管理的重大改变，同时也将是制造企业与世界供应链接轨的重要保证。

四、 基于 RFID 的食品安全管理系统

将 RFID 技术应用于食品安全，首先是建立完整、准确的食品供应链信息记录。借助 RFID 对物体的唯一标识和数据记录，能对食品供应链全过程中的产品及其属性信息、参与方信息等进行有效的标识和记录。并且，食品跟踪与追溯要求在食品供应链中的每一个加工点，不仅要对自己加工成的产品进行标识，还要采集所加工的食品原料上已有的标识

信息，并将其全部信息标识在加工成的产品上，以备下一个加工者或消费者使用。

基于这一覆盖全供应链、全流程的数据记录和数据与物体之间的可靠联系，可确保到达消费者口中的食品来源清晰，并可追溯到具体的动物个体或农场，生产加工企业、人员，储运过程等中间环节。RFID 是一个 100％追踪食品来源的解决方案，因而可回答消费者有关"食品从哪里来，中间处理环节是否完善"等问题，并给出详尽、可靠的回答。可有效监控解决食品安全问题。

在生产阶段，生产者把产品的名称、品种、产地、批次、施用农药、生产者信息及其他必要的内容存储在 RFID 标签中，利用 RFID 标签对初始产品的信息和生产过程进行记录；在产品收购时，利用标签的内容对产品进行快速分拣，根据产品的不同情况给以不同的收购价格。

在加工阶段，利用 RFID 标签中的信息对产品进行分拣，符合加工条件的产品才能允许进入下一个加工环节。对进入加工环节的产品，利用 RFID 标签中记录的信息，对不同的产品进行有针对性的处理，以保证产品质量；加工完成后，由加工者把加工者信息、加工方法、加工日期、产品等级、保质期、存储条件等内容添加到 RFID 标签中。

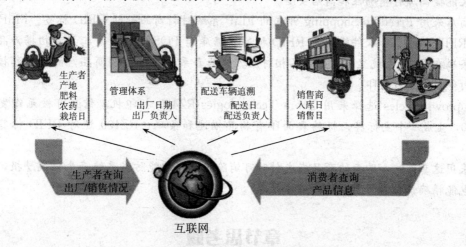

图 2-8 基于 RFID 的食品安全管理系统

在运输和仓储阶段，利用 RFID 标签和沿途安装的固定读写器跟踪运输车辆的路线和时间。在仓库进口、出口安装固定读写器，对产品的进、出库自动记录。很多农产品对存储条件、存储埋单有较高的要求，利用 RFID 标签中记录的信息，迅速判断产品是否合适在某仓库存储以及还可以存储多久；在出库时，根据存储时间选择优先出库的产品，避免经济损失；同时，利用 RFID 还可以实现仓库的快速盘点，帮助管理人员随时了解仓库里产品的状况。

在销售阶段，商家利用 RFID 标签了解购入商品的状况，帮助商家对产品实行准入管理。收款时，利用 RFID 标签比使用条形码能够更迅速地确认顾客购买商品的价格，减少顾客等待的时间。商家可以把商场的名称、销售时间、销售人员等信息写入 RFID 标签中，在顾客退货和商品召回时，对商品进行确认。

当产品出现问题时，由于产品的生产、加工、运输、存储、销售等环节的信息都存在

RFID 标签中，根据 RFID 标签的内容可以追溯全过程，在帮助确定出现问题的环节和问题产品的范围。利用读写器在仓库中迅速找到尚未销售的问题产品，消费者也能利用 RFID 技术，确认购买的产品是否是问题产品及是否在召回的范围内。

另外，在把信息加入 RFID 标签的同时，通过网络把信息传送到公共数据库中，普通消费者或购买产品的单位，通过把商品的 RFID 标签内容和数据库中的记录进行比对，能够有效地帮助识别假冒产品。

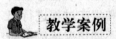
教学案例

自行车零售商的 RFID 智能库存管理

美国北卡罗来纳州自行车零售商 Uptown Cycles 成功实施了一套 RFID 库存管理系统，追踪公司库存和货运。在其商店，Uptown Cycles 销售自行车、服装、安全装备、配件和食品。为了管理商品数量，管理层希望采用一套 RFID 单品级系统，即可用于电子防盗，又能提高库存精确性和商店安全。

商店采用 Freedom Shopping 开发的 FLiP 系统对新商品粘贴 RFID 标签。FLiP 系统采用 RFID 扫描仪和软件桥同步 RFID 标签数据库和 POS 系统。员工只需扫描产品的条码，条码在 POS 系统里与所贴产品相对应。这两套系统正确识别商品，商品信息接着发送到打印机上进行打印。

Uptown Cycles 选择采用 Zebra Technologies RZ400 打印机。信息可被无线发送到 RZ400，生成一个主标签，标签表面印有物品描述和条码，RZ400 还对 RFID 标签进行编码。

采用这套系统，购卖的商品在支付时可消除传统非智能防盗系统产生错误警报，商店员工也能精确识别和防止真正的盗窃行为。

章节思考题

1. 简单介绍 RFID 工作原理。
2. RFID 在配送作业及管理中是如何应用的？
3. 简介物联网及其在物流中的应用。
4. 结合实例说明基于物联网的智能配送运营特点。

项目三　订单作业管理与信息化

教学目标

知识目标

1. 熟悉订单处理模式和订单作业流程。
2. 熟悉配送中心订单作业考核指标。

能力目标

1. 掌握订单处理的作业流程、订单形式与设计。
2. 会熟练完成配送订单的操作。

任务一　订单处理作业概述

订单处理作业是实现企业顾客服务目标最重要的环节之一，是配送服务质量得以保证的根本。改善订单处理过程，缩短订单处理周期，提高订单满足率和供货的准确率，提供订单处理全程信息跟踪，可大大提高顾客服务水平与顾客满意度，同时降低库存水平和配送总成本，使配送中心获得竞争优势。

一、订单处理作业的含义

配送中心与其他经济实体一样，具有明确的经营目标和服务对象。在配送中心规划建设与开展配送活动之前，必须根据订单信息，对顾客分布、商品特性及品种数量、送货频率等进行分析，以确定所要配送货物的种类、规格、数量和配送时间等。因此，订单是配送中心开展配送业务的依据，订单处理则是配送中心组织、调度的前提，是其他各项作业的基础，同时又贯穿配送业务的始终，是关键的核心业务。如图3-1所示，订单处理既是配送中心作业的开端，也是整个信息流作业的起点。订单处理不仅把上下游企业紧密地联系在一起，而且处理输出的各种信息指导着配送中心内部的采购管理、库存管理和储存、拣货、分类集中、流通加工、配货核查、出库配装、送货及货物的交接等各项作业有序高效地展开，实现配送服务的"7R"要求。

订单处理（Order processing）：有关客户和订单的资料确认、存货查询和单证处理等活动。见《中华人民共和国国家标准物流术语》（GB/T 22126—2008）。详细指从接到客户订货开始到准备着手拣货为止的作业阶段，对客户订单进行品项数量、交货日期、客户信用度、订单金额、加工包装、订单号码、客户档案、配送货方法和订单资料输出等一系列的技术工作。

订单处理可通过人工或计算机信息处理系统来完成，人工处理比较具有弹性，但只适合少量的订单，一旦订单数量稍多处理将变得缓慢且容易出错，而计算机处理不但速度快而且成本低，差错极少，适合大量的订单。

配送中心订单处理模式通常为订单准备、订单传递、订单登录、按订单供货、订单处理状态追踪，如图 3-1 所示。

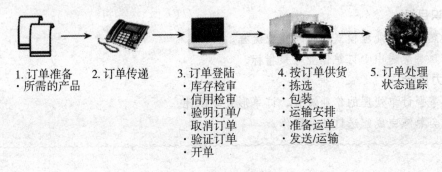

1.订单准备	2.订单传递	3.订单登陆	4.按订单供货	5.订单处理
·所需的产品		·库存检审	·拣选	状态追踪
		·信用检审	·包装	
		·验明订单/	·运输安排	
		取消订单	·准备运单	
		·验证订单	·发送/运输	
		·开单		

图 3-1　订单处理模式

知识链接

物流中心订单处理包括（GB/T 22123—2008）

1. 订单接收程序，包括客户订单接收、传递、确认、建档等；

2. 订单数据处理程序，包括存货查询、存货分配、订单处理数据输出等；

3. 订单作业程序，包括生成作业前的补货单、编制拣货的路线图、提出缺货明细单并发出紧急采购指令；

4. 订单状况管理程序，包括订单进度追踪、订单异常变动处理等。

二、 订单内容

（一）订单内容

为了提高订单信息处理速度，订单内容的设计要实用简洁，减少重复。一般可把订单档分为订单表头档和订单明细档，如图 3-2 所示，分别记录订单整体性信息、订货品项的详细信息，当客户订单被分割或汇总处理时两者之间可借助关键信息来连接，如订单号。各配送中心可根据订单处理系统的要求自行设计内容与格式，如表 3-1 订单示例。

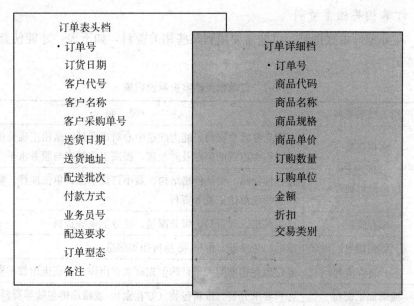

图 3-2 订单示例

表 3-1 某客户订单

NO：××××018

订货单位：××××超市××店					电话：××××××××××			
地址：××市××区××街××号					订货日期：2010 年 6 月 18 日			
序号	品名	规格	数量	重量	体积 cm（长×宽×高）	单价（元）	总价（元）	备注
1	福光柴鸡蛋	60 枚礼盒	20 箱	3kg	30×18×15	55	1100	
2	蒙牛酸牛奶	18 袋百利包	10 箱					
3	金龙鱼色拉油	4 桶，5L	25 箱					
…	……							
合　计								
交货日期：2010 年 6 月 19 日下午 4：30 前								
交货地点：								
订单型态：□一般交易　□现销式交易　□间接交易　□合约交易　□寄库交易　□其他								
加工包装：								
配送方式：□送货　□自提　□其他								
用户信用：□一级　□二级　□三级　□四级　□五级								
付款方式：								
特殊要求：								

制单：　　　　　　　　　　　　　　　　　　　　　　　　　　审核：

（二）订单相关档案资料

另外，在处理订单数据时，可能需要用到某些相关资料，如下表，才能使整个订单处理作业一体化。

表 3-2 订单相关档案资料说明表

序号	相关档案资料	说　　明
1	客户资料	实用完整客户资料，能为配送中心对市场预测做出正确分析，能对配送过程中出现的问题及时处理，提高工作效率与服务水平
2	物品资料	替代性物品、物品价格结构、最小订货单位、单位换算、物品单位体积及物流单位重量等资料
3	库存资料	已采购未入库资料、可分配量、已分配量等资料
4	促销信息	赠品、兑换券、价格/数量折扣等信息
5	客户寄存资料	客户因促销期间大量订购但先寄放在出库中，还未出货的资料
6	流通加工资料	客户要求分装、重新包装（如礼盒），或赠品的包装等资料
7	客户应收账款资料	

补充阅读

应对恶劣天气的烟草配送预案

　　烟草配送活动中，路线长、品种多、数量少、时效性强。以订单处理为驱动的烟草配送系统还要应对突发事件，如分拣设备与运输车辆故障、需求大幅波动、恶劣天气等的影响，致使烟草配送的订单处理系统要灵活多变，要建立各种订单处理预案保障机制，应对恶劣天气的配送预案。

任务二　订单处理作业流程

　　有专家称 20 世纪 60 年代企业靠成本取胜，80 年代靠质量取胜，21 世纪则靠速度取胜，这里的速度指对订单的反应速度，即订货周期（order cycle time，从客户发出订单到客户收到货物的时间 GB/T 18354－2006）。也称为订单处理周期，客户希望订货周期短而且稳定，从而降低自己经营的风险与成本。国外研究机构的调研结果表明，与订单准备、订单传输、订单录入、订单履行相关的物流活动占到整个订单处理周期的 50% 至 70% 左右。所以，配送中心要认真管理订单处理作业过程中的各项活动，才能通过快速而获得竞争优势。订单处理作业的流程如下图所示，包括接受客户订单、客户订单确认、建立客户档案、库存查询和存货分配、排定拣货顺序、存货不足分配的处理、订单资料处理结果输出等主要七个环节。

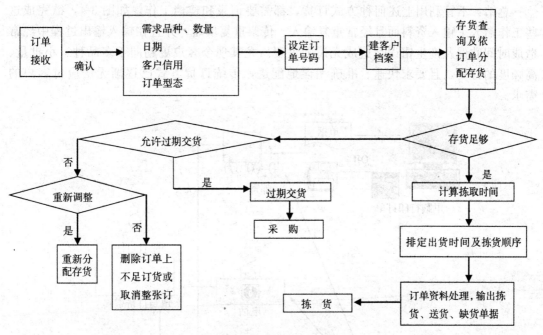

图 3-3　订单处理作业流程图

一、 接受客户订单

接单为订单处理作业的第一步骤，配送中心接受客户订货的方式主要有传统订货方式和电子订货方式两大类。随着流通环境及科技的发展，接受客户订货的方式也渐由传统的人工下单、接单，演变为计算机间直接送收订货信息的电子订货方式。

（一）传统订货方式

表 3-3　传统订货方式表

传统订货方式	具体操作
1. 厂商补货	供应商将商品放在车上，一家家去送货，缺多少补多少。周转率较快或新上市的商品较常使用
2. 厂商巡货、隔日送货	供应商派巡货人员前一天先至各客户处寻查需补充的货品，隔天再进行补货
3. 电话口头订货	订货人员将商品名称及数量，以电话口述方式向厂商订货
4. 传真订货	客户将缺货资料整理成书面资料，利用传真机传给厂商
5. 邮寄订单	客户将订货表单或订货磁片邮寄给供应商
6. 客户自行取货	客户自行到供应商处看货、取货，此种方式多为以往传统杂货店因地域较近所采用
7. 业务员跑单接单	业务员至各客户处推销产品，而后将订单带回或紧急时以电话先联络公司通知客户订单

总结：不管利用上述何种方式订货，都需要记录和建档工作，如图3-4，欲完成这些工作需人工输入资料而且经常重复输入、传票重复填写，并且在输入输出过程中经常造成时间耽误及产生错误，造成无谓的浪费。尤其现今客户更趋向于多品种、小批量、高频度的订货，且要求快速、准确无误地配送，传统订货方式已逐渐无法应付客户的需求。

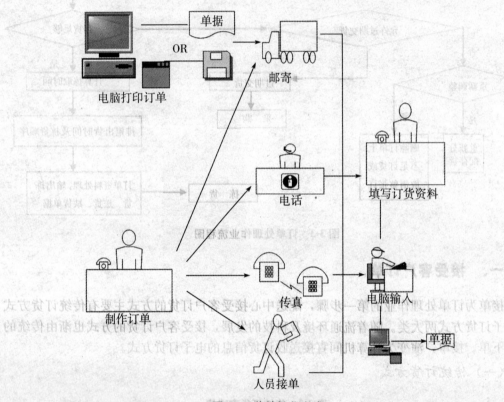

图3-4 传统订货方式

（二）电子订货方式

电子订货，通过电子传递方式取代传统人工书写、输入、传送的订货方式，即将订货资料转为电子资料形式，再由通信网路传送进行订货。此系统即称电子订货系统（EOS，Electronic Order System 不同组织间利用通信网络和终端设备进行订货作业与订货信息交换的系统 GB/T 18354—2006）。电子订货方式有三种，如表3-4：

表 3-4   电子订货方式表

	1. 订货簿或货架标签配合手持终端机及扫瞄器	2. POS（Point of Sale 销售时点管理系统）	3. 订货应用系统
电子订货方式		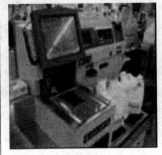	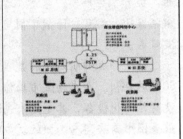
具体操作	订货人员携带订货簿及手持终端（H. T，Handy Terminal）及扫描器巡视货架，若发现商品缺货则用扫瞄器扫描订货簿或货架上的商品标签，再输入订货数量，利用计算机将订货资料传给总公司或供应商	客户设定安全存量，每当销售一笔商品时，计算机自动扣除该商品库存，当库存低于安全存量时，即自动产生订货资料，将此订货资料确认后即可透过信息网路传给总公司或供应商	客户信息系统里若有订单处理系统，可将应用系统产生的订货资料，经由特定软件转换功能转成与供应商约定的共通格式，在约定时间里将资料传送出去

总结：经应用实践，电子订货对销售零售业来说：下单快速、正确和简便；商品库存适量化，只订购所需数量，可分多次下单；完全适应多品种、小批量和高频率的订货方式；缩短交货时间，减少因交货出错的缺货概率和减少进货、验货作业。对于供应商而言：简化接单作业，缩短接单时间，减少人工处理错误，使接单作业更加快捷、正确和简便；减少了退货处理作业；满足用户多品种、小批量和高频率的订货要求；缩短了交货的前置时间。

补充阅读

麦克米兰的无纸化配送

图书配送是一个复杂的物流过程，品种繁多、时效性强。麦克米兰配送服务公司（MDS）是澳大利亚最大的图书分销商之一。为应对快速增长的配送需求，该公司在墨尔本建立了亚太区最先进的图书配送设施，将先进的订单处理技术与定制开发的信息管理系统和集成的无线数据网络集成，在整个运作中实现了无纸化拣选。该公司为物流量最大的产品选择电子标签技术，为中等速度的货品选择射频（RF）定向播种式拣选车，为物流量最小的货品选择射频（RF）和集中拣选。

MDS 的订单处理系统建立了每本图书的书名、位置、数量、重量和尺寸等全面信息，利用这些信息能确定每个订单所需纸箱类型、数量及计重。订单可在仓库的任何位置分散导入，并自动跨区导向至需要拣选的区域。一旦订单被导入至某个拣选区，拣选员通过分区面板、电子标签显示器或 RF 终端接收指令，拣书装箱后，自动输送机会对其进行输送和分拣，准备发货，同时还自动生成票据和 ASN。

MDS 总经理说："新系统显著提升了订单处理能力，改善了配送的准确率和响应时间，提升了生产率、容量、吞吐量，提高了客户服务水平。通过新系统整合了针对各个出版集团的运营，降低了固定资产成本，目前已有足够的空间扩展日益增长的第三方物流服务。"

与此形成鲜明对比的是我国图书物流发展的滞后：一家经营 20 多年，掌握北京地区 60% 的期刊、杂志物流市场份额，每天吞吐量达 2000 吨的专业公司，两个大库房里根本没有信息化设备，甚至没有高架库，各类图书被随意地堆放在仓库里，除了用叉车外，很多图书需要用人工搬运。

知识链接

预先发货清单 ASN

预先发货清单 ASN（Advance Shipping Notice）：生产厂家或者批发商在发货时利用电子通信网络提前向零售商传送货物的明细清单。

如沃尔玛的供应商在发货前向其传送 ASN。这样，沃尔玛事前可做好进货准备工作，省去数据的输入作业。沃尔玛在接受货物时，用扫描器读取包装箱上的物流条码，把扫描读取的信息与预先储存在计算机内的进货清单核对，判断到货和进货清单是否一致，使商品检验作业效率化。同时利用电子支付系统向供应商支付货款。在此基础上，只要把 ASN 数据和 POS 数据比较，就能迅速知道商品库存的信息。这样做，不仅为沃尔玛节约了大量事务性作业成本，而且还能压缩库存，提高商品周转率。

二、 客户订单确认

（一）确认货物名称、数量及日期

订单资料的基本检查。尤其当要求送货时间有问题或出货已延迟时，更需要再与客户确认一下订单内容或更正期望运送时间。

（二）确认客户信用

查核客户的财务状况，确定其是否有能力支付该件订单的账款，其做法多是检查客户的应收账款是否已超过其信用额度。可通过输入客户代号（名称）、订购货品资料两种途径进行查询。

（三）确认订单型态

配送中心面对众多的交易对象，由于客户的不同需求，其做法也有所不同，反映到接受订货业务上，则具有多种的订单交易型态及相应的处理方式，如下表：

表 3-5　订单型态与处理方式说明

订单类别	含义	具体处理方法
一般交易订单（常见订单）	接单后按正常作业程序拣货、出货、配送、收款结账的订单	接单后，将资料输入订单处理系统，按正常的订单处理程序处理，资料处理完后进行拣货、出货、配送、收款结账等作业
现销式交易订单	与客户当场直接交易、直接给货的交易订单	订单资料输入前就已把货物交给了客户，故订单资料不需再参与拣货、出货、配送等作业，只需记录交易资料，以便收取应收款项
间接交易订单	客户向物流中心订货，但由供应商直接配送给客户的交易订单	接单后，将客户的出货资料传给供应商由其代配。客户的送货单是自行制作或委托供应商制作，应对出货资料（送货单回联）加以核对确认
合约式交易订单	与客户签订配送契约的交易。如签订在某期间内定时配送某数量的商品	约定送货日，到时将该资料输入系统处理以便出货配送；或一开始输入合约内容并设定各批次送货时间，在约定日到时系统自动处理
寄库式交易订单	客户因促销、降价等市场因素而先行订购某数量商品，以后视需要再要求出货的交易	当客户要求配送寄库商品时，系统检核是否确实，若有，则出货是要从此项商品的寄库量中扣除。注意此项商品的交易价格是依据客户当初订购时的单价计算
兑换券交易订单	客户通过兑换券所兑换商品的配送出货。	将客户兑换券的商品配送时，系统查核是否属实，若有，依据兑换的商品及兑换条件予以出货，并应扣除客户的兑换券并回收

（四）确认订货格价

不同客户（大盘、中盘、零售）、不同订购量，可能有不同的售价，输入价格时系统应加以核对。

（五）确认加工包装

客户对于订购的商品，是否有特殊的包装、分装或贴标签等要求，或是有关赠品的包装等资料都需要详细加以确认记录。

（六）设定订单号码

每一张订单都要有其单独的订单号码，所有配送工作说明单及进度报告均应附此号码。

> **提示板**
>
> **减缓高峰订单拥挤，订单确认作业平均化的方法**
>
> 1. 截止订货时间：在订货截止时间的前一小时通常会出现大量订单，为避免这种巨额的订单在某一时刻涌入可将客户分类，每类客户分别设定其订货截止时间，以分散高峰订货量。

2. 账款结算日：结算日的后一天，常有大量订单出现，可设定多种结算日期，以分散高峰时段的拥挤。

3. 节日或假日：节日或假日的前后时间，通常亦是订货量较多的时段，不过这种因季节性或因消费者需求型态引起的高峰订货量较不易控制，只能由人员调用或系统功能加强来加以调控。

三、 建立客户档案

将客户信息详细记录，不但能让此次交易更容易进行，且有利于以后合作机会的增加。客户档案应包含订单处理需要用到的以及与物流作业相关的资料，包括：

(1) 客户姓名、代号、等级型态（产业交易性质）。

(2) 客户信用额度。

(3) 客户销售付款及折扣率的条件。

(4) 开发或负责此客户的业务员。

(5) 客户配送区域。例如：地区、省、市、县及城市各区域等，基于地理位置或相关特性将客户分为不同区域将有助于提升管理及配送的效率。

(6) 客户收货地址。

(7) 客户点配送路径顺序。按照区域、街道、客户位置，为客户分配适当的配送路径顺序。

(8) 客户点适合的车辆型态。客户所在地点的街道对车辆大小有所限制。

(9) 客户点卸货特性。由于建筑物本身或周围环境特性（如地下室有限高或高楼层），可能造成卸货时有不同的需求及难易程度，在车辆及工具的调度上须加以考虑。

(10) 客户配送要求。客户对于送货时间有特定要求或有协助上架、贴标签等要求。

(11) 过期订单处理指示。若客户能统一决定每次延迟订单的处理方式，则可事先将其写入资料档案，以省去临时询问或须紧急处理的不便。

客户档案有各种形式，配送中心可根据订单处理系统的要求自行设计，如表 3-6 的示例：

表 3-6　客户档案表

编制日期：　　　　　片区：　　　　　新客户标志：　　　　　业务员：

客户全称：	客户编号：
单位详细地址：	
法人代表：	联系电话：
订（供）货负责人：	联系电话：
送货地址：	
送货车辆形态：	
客户点卸货特性	

客户配送要求：			
客户销售付款：		折扣率的条件：	
过期订单的处理方式：			
其他说明：			
企业规模		注册类型	
单位类别		隶属关系	
上年固定资产值		上年总产值	
潜在购力			
往年信用情况说明			
今年信用完成能力分析			
受信等级	□一级　□二级　□三级　□四级　□五级		
上年销售情况：		上年贷款回笼情况	
本年销售计划：		本年回笼计划：	
与我公司合作历史：			
主要竞争对手：			
本年销售采取的方案说明：			
备注：			

四、 存货查询与分配

(一) 存货查询

确认是否有库存能够满足客户需求，又称"事先拣货"。存货档案的资料一般包括货品名称、代码、产品描述、库存量、已分配存货、有效存货及期望进货时间。查询存货档案资料，看此商品是否缺货，若缺货则应提供商品资料或是此缺货商品是否已经采购但未入库等信息，便于接单人员与客户协调是否改订其他替代品或是允许延后出货等权宜办法，以提高人员的接单率及接单处理效率。

(二) 分配存货

订单资料输入系统，确认无误后，最主要的处理作业在于如何将大量的订货资料作最有效的汇总分类、调拨库存，以便后续的物流作业能有效地进行。存货分配的两种模式如下：

1. 单一订单分配

此种情况多为线上即时分配，即在输入订单资料时，就将存货分配给该订单。

2. 批次分配

累积汇总数笔已输入的订单资料后，再一次分配库存。配送中心因订单数量多、客户类型等级多，且多为每天固定配送次数，因此通常采行批次分配以确保库存能作最佳的分配，但需注意订单分批灵活处理的原则与方法，如表 3-7：

表 3-7　订单批次分配的处理原则与方法

批次划分原则	处理方法
1. 按接单时序划分	将整个接单时段划分成几个区段，若一天有多个配送批次，可配合配送批次，将订单按接单先后分为几个批次处理
2. 按配送区域或路径划分	将同一配送区域或路径的订单汇总一起处理
3. 按流通加工需求划分	将需要加工处理或相同流通加工处理的订单汇总一起处理
4. 按车辆需求划分	若配送商品需要特殊的配送车辆（如低温车、冷冻车、冷藏车）或客户所在地卸货特性，特殊型态车辆可汇总合并处理

若以批次分配选定参与分配的订单后，订单的某商品总出货量大于可分配的库存量，则应如何取舍来分配这有限的库存？可依据以下四原则来决定客户订购的优先性：

（1）具有特殊优先权者先分配。优先权即应允诺交货的订单如缺货补货订单、延迟交货订单、紧急订单或远期订单，或客户提前预约或紧急需求的订单，应有优先取得存货的权利。

（2）依客户等级来取舍。将客户重要性程度高的进行优先分配。

（3）依订单交易量或交易金额来取舍。将对公司贡献度大的订单作优先处理。

（4）依客户信用状况来取舍。将信用较好的客户订单作优先处理。

存货分配方式决定了下一步的拣货作业，如果是单一订单分配，则采用单一顺序拣选；如果是批次分配，则采用批量拣选方式。

五、 拣货顺序确定与拣货时间计算

拣货顺序直接影响拣货的效率，它决定了拣货人员行走距离的长短，即拣货时间长短。拣货顺序可依据仓储货位的状况及货物存放的位置来确定。

由于要有计划地安排出货进程，因而对于每一张订单或每批订单可能花费的拣取时间要事先掌握，如何计算订单拣取的标准时间，如图 3-5。

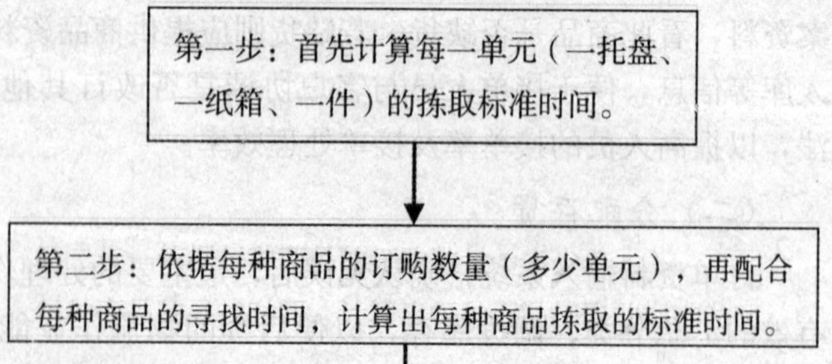

这种计算只是一个粗略的计算，因为总的拣货时间还与拣货人员行走时间、作业熟练程度有关。在保证准确性的前提下，拣货人员应尽可能缩短行走、寻找货物、拣取货物三个方面的时间，从而提高拣货的效率。要想缩短

第一步：首先计算每一单元（一托盘、一纸箱、一件）的拣取标准时间。

第二步：依据每种商品的订购数量（多少单元），再配合每种商品的寻找时间，计算出每种商品拣取的标准时间。

第三步：根据每一订单或每批订单的订货品种及考虑一些纸上作业的时间，算出整张或整批订单的拣取标准时间。

图 3-5　订单拣取的标准时间的计算步骤

这三方面的时间，就必须选择合理有效的拣货方式和辅助拣货设备。

六、 缺货处理

若现有存货数量无法满足客户需求，且客户又不愿以替代品替代时，则依下列方式处理：

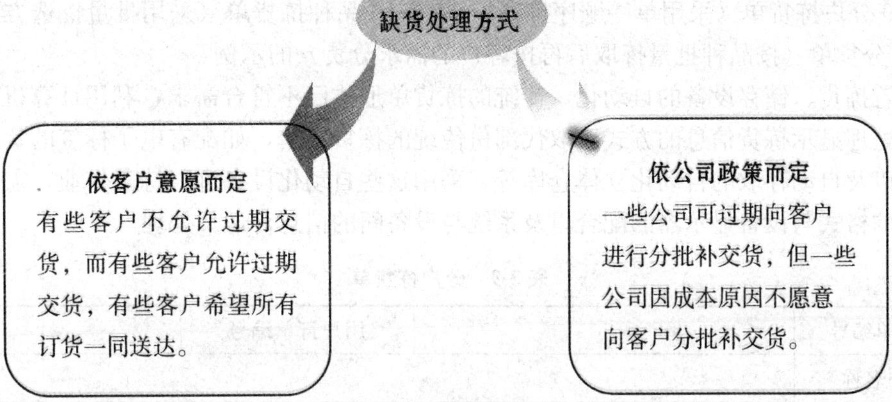

缺货处理方式

依客户意愿而定
有些客户不允许过期交货，而有些客户允许过期交货，有些客户希望所有订货一同送达。

依公司政策而定
一些公司可过期向客户进行分批补交货，但一些公司因成本原因不愿意向客户分批补交货。

图 3-6 缺货处理方式

配合上述客户意愿与公司政策，对于缺货处理方式归纳如下表：

表 3-8 缺货处理方式表

缺货处理方式	具体说明
1. 重新调拨	若客户不允许过期交货，而公司也不愿失去此客户订单时，则有必要重新调拨分配订单
2. 补交货	若客户允许不足额的订货等待有货时再予补送，且公司政策亦允许，则采取"补送"方式 若客户允许不足额的订货或整张订单留待下一次订单一同配送，则也采取"补送"处理
3. 删除不足额订单	若客户允许不足额订单可等待有货时再予以补送，但公司政策并不希望分批出货，则只好删除不足额的订单。 若客户不允许过期交货，且公司也无法重新调拨，则可考虑删除不足额的订单
4. 延迟交货	有时限延迟交货：客户允许一段时间的过期交货，且希望所有订单一同配送。 无时限延迟交货：不论须等多久客户皆允许过期交货，且希望所有订货一同送达，则等待所有订货到达后再出货
5. 取消订单	若客户希望所有订单一同配达，且不允许过期交货，而公司也无法重新调拨时，则只有将整张订单取消

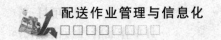

七、 订单资料处理输出

订单资料经由上述的处理后，即可开始打印出货单据，以开始后续的物流作业。

1. 拣货单（出库单）

拣货单可提供商品出库指示资料，并作为拣货的依据。拣货单需配合配送中心的拣货策略及拣货作业方式来加以设计，以提供详细且有效率的拣货信息，便于拣货的进行。如下表 3-9 分户拣货单（采用单一顺序拣选）、表 3-10 品种拣货单（采用批量拣选方式）和表 3-11 分货单（按品种批量拣取后再按客户的需求分货）的示例。

随着拣货、储存设备的自动化，传统的拣货单形式已不符合需求，利用计算机、通信等方式处理显示拣货信息的方式已取代部份传统的拣货表单，如配有电子标签的货架、拣货台车以及自动存取的自动化立体仓库等。采用这些自动化设备进行拣货作业，需注意拣货信息的格式与设备显示器的配合以及系统与设备间的信息传送及处理。

表 3-9 分户拣货单

拣货单编号				用户订单编号			
用户名称							
出货日期					出货货位号		
拣货时间		年　月　日　时　分至　时　分			拣货人		
核查时间		年　月　日　时　分至　时　分			核查人		
序号	储位号码	商品名称	规格型号	商品编码	数量（包装单位）		备注
					托盘	箱	单件	
1								
2								
3								
4								
5								

表 3-10 品种拣货单

拣货单号			包装单位			储位号码
商品名称			托盘	箱	单件	
规格型号		数量				
商品编码						
拣货时间		年　月　日　时　分至　时　分			拣货人	
核查时间		年　月　日　时　分至　时　分			核查人	

序号	订单编号	客户名称	单位	数量	出货货位	备注
1						
2						
3						
4						
5						

表 3-11　分货单

分货单编号			数量（包装单位）		
商品名称					
规格型号			托盘	箱	单件
商品编码					
生产厂家		储位编码			
分货时间	年　月　日　时　分至　时　分	分货人			
核查时间	年　月　日　时　分至　时　分	核查人			

序号	订单编号	用户名称	数量（包装单位）			出货货位	备注
			托盘	箱	单件		
1							
2							
3							
4							
5							

2. 送货单

物品交货配送时，通常需附上送货单据给客户清点签收。因为送货单主要是给客户签收、确认的出货资料，其正确性及明确性很重要。如表 3-12 送货单示例：

表 3-12　送货单

收货单位				送货人员			
送达地点				送货时间			
发运物品详细内容							
货物名称	型号	规格	单位	数量	单价	总额	备注

有关说明						
收货方 验收情况	验收人员		收货方负 责人签字	负责人	（公章）	
	日　期			日　期		

说明：此送货单一式三联，第三联送财务办理结算用，第二联送仓储部提货用，第一联为货到目的地后用作签收，并由送货人员带回交给部门主管。

3. 缺货资料

库存分配后，对于缺货的商品或缺货的订单资料，系统应提供查询或报表打印功能，以便人员处理。

（1）库存缺货商品：提供依据商品类别或供应商类别进行查询的缺货商品资料，以提醒采购人员紧急采购，如表 3-13 所示。

（2）缺货订单：提供依据客户类别或外务人员类别查询的缺货订单资料，以便相关人员处理，如表 3-14 所示。

表 3-13　商品缺货表

编号：　　　　　　　　　　　　　　　　　　　　　　　　　日期：　年　月　日

商品名称	规格型号	生产厂家	商品编码	缺货数量	储存位置	安全库存	备注

表 3-14　缺货订单表

日期：　年　月　日

订单号	客户名称	缺货商品名称	规格型号	生产厂家	商品编码	缺货数量	备注

提示板

在订单处理过程中，应遵循如下基本原则：

1. 尽量缩短订单处理周期，提高用户的满意程度；
2. 要使客户产生信任；
3. 减少缺货现象；
4. 提供紧急订货；
5. 不忽略小客户；
6. 装配要完整；
7. 提供对客户有利的包装；
8. 随时提供订单处理的情况。

补充阅读

淘宝网的订单处理流程

淘宝网某些产品的订单处理流程如图 3-7：卖家接到订单备货到配送中心，或者订单自动流转到配送中心直接由配送中心发货，之后配送中心进行接货、理货、拣货、配货、包装等流程，再由快递公司上门集中取货，送交订购者手中。

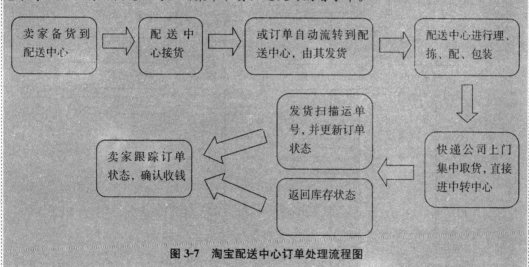

图 3-7　淘宝配送中心订单处理流程图

任务三　订单状态追踪

订单在配送过程中的执行情况如何，必须要有效地进行管理，才能了解订单是否如期如数出货、是否已收款、是否发生异动、发生异动如何处理以及对订单处理作业系统怎样进行改进优化？

一、 订单处理流程的跟踪

订单的执行必须要适时跟踪，如图 3-8 订单的状态随着作业流程相应地发生变动，对订单进行跟踪，不仅能更好地管理订单的处理及执行，还可满足客户希望了解订单处理状态信息的要求。

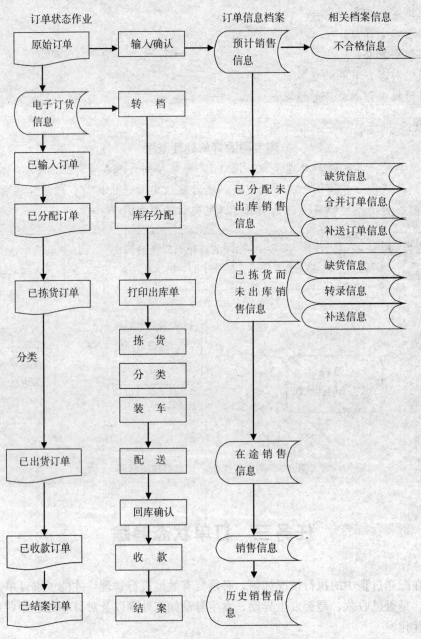

图 3-8 订单处理流程跟踪图

图中第一栏订单状态为一般订单的基本处理状态，其随着第二栏配送作业环节的开展而发生变动，配送中心可针对本身作业特性、作业需求加以延伸补充，见图中第三栏订单信息档案，其解释如下表：

表 3-15 订单信息档案资料说明

档案资料名称	说明
1. 预计销售资料及不合格资料	客户的订单资料进入订单处理系统经过确认核实后，将正确的订单资料记录为预计销售资料文件；而不合格的订单资料记录为不合格资料文件
2. 已分配未出库的销售资料及缺货资料、转录资料、补送资料	预计销售资料经过库存分配后，转为已分配未出库销售资料。而分配后缺货的物品资料记录为缺货资料文件；缺货的订单若要合并到下一张订单则记录为合并订单文件，若有库存时予以补送则记录为补送订单文件
3. 已拣货未出库销售资料	已分配未出库销售资料经过打印拣货单后转为已拣货未出库销售资料，如果拣货后发现缺货的物品资料记录为缺货资料文件；缺货的订单若要合并到下一张订单则记录为合并订单文件，若有库存时予以补送则记录为补送订单文件
4. 在途销售资料	已拣货未出库资料，出货配送后即转为在途销售资料
5. 销售资料	在途销售资料，经过回库确认修改后即转为销售资料，此为实际的销售资料，为应收账款系统的收款资料来源
6. 历史销售资料	经过结账后即为历史销售资料

当订单的状态及相关档案记录完毕后，第一，可以随时查询并打印订单的状况资料；第二，通过建立订单档案资料，并进行整理、分析，配送中心可以获得大量的商业信息。如下图：

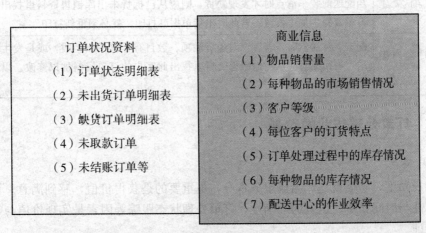

订单状况资料
（1）订单状态明细表
（2）未出货订单明细表
（3）缺货订单明细表
（4）未取款订单
（5）未结账订单等

商业信息
（1）物品销售量
（2）每种物品的市场销售情况
（3）客户等级
（4）每位客户的订货特点
（5）订单处理过程中的库存情况
（6）每种物品的库存情况
（7）配送中心的作业效率

图 3-9 订单资料的展开

显然，卓越的"配送跟踪"信息更加透明，能看到书的具体流转和定位配送员；而当当除了能看到订单是否通过审核、库房是否已经发货、配送公司基本信息外，看不到其他信息。

51

二、 异常情况下的订单处理

掌握订单的状态变化及详细记录各阶段档案资料后，对于订单变动的处理则能更顺手，只要了解此订单异常时所处的状态，再针对其对应的档案加以修正处理。异常订单处理方法见下表3-16：

表3-16 异常订单处理方法

异常订单	处理方法
1. 客户取消订单	客户取消订单常常会造成许多损失，因此在业务处理上需要与客户就此问题进行协商。 若目前订单处于已分配未出库状态，则应从已分配未出库销售资料里找出此订单，将其删除，并恢复相关品项的库存资料（库存量/出库量）；若此订单处于已拣货状态，则应从已拣货未出库销售资料里找出此笔订单，将其删除，并恢复相关品项的库存资料（库存量/出库量），且将已拣取的物品按拣货的相反顺序放回拣货区
2. 客户增订	如果客户在出货前临时打电话来增加订购某物品，那么作业人员要先查询客户的订单目前处于何种状态，是否还未出货，是否还有时间再去拣货。 若接受增订，则应追加此笔增订资料；若客户订单处于已分配状态，则应修改已分配未出库销售资料文件里的这笔订单资料，并更改物品库存档案资料（库存量/出库量）
3. 拣货时发生缺货	拣货时发现仓库缺货，则应从已拣货未出库销售资料里找出这笔缺货订单资料，加以修改。若此时出货单据已打印，就必须重新打印
4. 配送前发生缺货	当配送前装车清点时才发现缺货，则应从已拣货未出库销售资料里找出此笔缺货订单资料，加以修改。若此时出货单据已打印，就必须重新打印
5. 送货时客户拒收/短缺	配送人员送货时，若客户对送货品项、数目有异议予以拒收，或是发生少送或多送，则回库时应从在途销售资料里找出此客户的订单资料加以修改，以反映实际出货资料

三、 订单处理作业的改善

（一）意义

从客户角度，不仅仅是产品或服务本身，更重要的是获得价值，感到满意。订货提前期的稳定性与时间长短，送货的准确性，订单处理状态跟踪等因素是实现价值与客户满意的重要保证。

从配送中心的角度，提高顾客服务和降低分拣、运输与库存等费用是一个十分重要的问题，运用先进的技术手段和对业务流程的重组与改善，在提高顾客服务水平的同时降低配送总成本，获得竞争对手难以模仿的竞争优势，是企业的一项至关重要的经营战略。

（二）改善的关键因素

改善订单处理过程的动因主要来自顾客角度和企业角度两个方面。如图3-10，主要是四方面因素：

图3-10　订单处理过程改善涉及的关键因素

（1）时间因素：订单处理周期在客户眼中是订货提前期，改善目标是在时间耗用的稳定性前提下，努力减少时间耗费。

（2）供货准确性因素：提供产品的准确品种、数量、质量和正确的交货地点（卸货时间和地点也很关键），如需分批送货和延期供货时，应与客户提前沟通好。

（3）成本因素：配送中心设置的地点和数量，运输批量和运输路线的调控等。

（4）信息因素：配送中心要通过完善的配送信息系统，向客户及企业内部（生产、销售、财务及仓储运输等部门）提供准确、完备、快速的信息服务。

提示板

改善订单处理的方法

1. 提高订单履行的准确度。如果能够准确无误地完成客户订单的处理周期，不产生任何错误，那么订单处理的时间是最短的，因此要尽量减少出错的概率。

2. 合理分配订单处理的先后顺序。从企业的发展角度出发，把有限的时间、生产能力及人力资源配置到最有利可图的订单上，享有优先级的订单被优先处理，而其他订单则稍后进行处理。

3. 灵活选择订单处理的方法。把订单收集成组批处理可降低处理成本、将几个小订单集中组成较大运输批量可降低运输成本，但都延长了订单处理时间。因此，在减少处理成本与运输成本的同时，要进行综合平衡。

四、订单处理作业分析指标

订单处理作业的优劣直接影响配送中心的经济效益，从影响订单改善的因素考虑，应对订单处理作业提出分析评价指标。订单处理分析指标及改善方法见下表3-17：

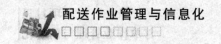
表 3-17　订单处理分析指标及改善方法

分析指标种类	指标分析及改善方法
1. 平均每日订单数＝订单数量/工作天数 2. 平均客单数＝订单数量/下级客户数 3. 平均客单价＝营业额/订单数量	平均每日订单数、平均客单价指标数值不高，表明配送中心业务量不多，有待拓展业务，谋求较大的效益。改进方法是强化经营体制，加强促销，提高产品质量，经营用户欢迎的货物
4. 订单延迟率＝延迟交货订单数/订单数量 订单货件延迟率＝延迟交货量/出货量	当订单延迟率较高时，表示配送中心没有按计划交货，必须对影响交货期的作业进行分析与改进。当订单延迟率较低，订单货件延迟率较高时，表示对订单件数较多的用户延迟交货比率较高。解决方法是对用户进行 ABC 分析（调查各用户订购量和金额占营业额的百分比），对重点用户进行重点管理
5. 订单速交率＝12 小时内的发货订单/订单数量	若能迅速接单和缩短交货时间，并在 12 小时内能发货（配送中心也可根据自身情况确定比 12 小时更短的时间），说明配送中心管理水平较高（作业流程快速、规范），效益较好
6. 退货率＝退货数/出货量 折扣率＝折扣数/出货量 （也可用金额表示）	当两个指标较高，表示货物品质不良，致使用户不满，造成退货和打折。一般来说，退货和折扣的主因是包装损坏，为此，要加强各作业环节管理工，减少货物损坏率
7. 取消订单率＝取消订单数/订单数量 用户意见率＝意见次数/订单数量	当两个指标较高时，其原因为：货物品质不良、服务态度不好、未按时交货、同业竞争剧烈
8. 订单满足率＝实际交货数量/订单货物需求数量 缺货率＝1－订单满足率或缺货数量/订单货物需求数量	订单满足率是衡量订货实现程度及其影响的指标（GB/T 18354－2006）。据此可知库存控制决策是否正确。缺货率是衡量缺货程度及其影响的指标（GB/T 18354－2006），太高，使客户失去信心而流失。缺货率高的原因：库存量控制不佳、购货时机不当、上级供应商交货延误等
9. 短缺率＝出货品短缺量/出货量	短缺率太高，也会流失客户。其主因：接单时登录出错、拣货单打印出错、拣货时造成短货、拣货分类时出错、包装货品时出错、检查作业时失误、搬运装车时出错、配送过程中物品损耗。必须针对上述出错环节逐一整改，加强管理，提高配送中心信誉度

　　例题：某配送中心在 2006 年的 12 月份中收到订单 800 份，总出货量为 1.8 万吨，其中按订单要求发货时间的交货有 624 份。由于种种原因延迟发货量 950 吨。客户为解决货物的短缺，又要求该中心补充紧急订单 50 份，中心组织人力，在 12 小时内发出了 36 份。现对该中心的订单处理进行评价，请计算订单延迟率、订单货件延迟率和紧急订单速交率；并提出提高紧急订单响应率的主要措施。

　　解：订单延迟率＝（800－624）/800＝22％

　　　　订单货件延迟率＝950/18000＝5.28％

紧急订单速交率＝36/50＝72％

提高紧急订单响应率的主要措施：提高备货保证程度（与客户、供应商信息沟通及时）；提高订单处理效率；改变拣货策略；调整仓储区与拣货区的布局；合理安排人员、车辆等。

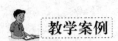

教学案例

当当、卓越谁胜一筹

据报道：北京某先生想知道当当和卓越亚马逊谁送货更快，于 2010 年 5 月 27 日 9 点 35 分左右在两网站下单购买同一本书的第Ⅱ、Ⅲ系列。5 月 28 日 10 点 25 分接到当当包裹，因该书封皮破损没有签收；10 点 30 分，接到卓越包裹，顺利签收。图 3-11 是两网站包裹配送流转的跟踪情况。

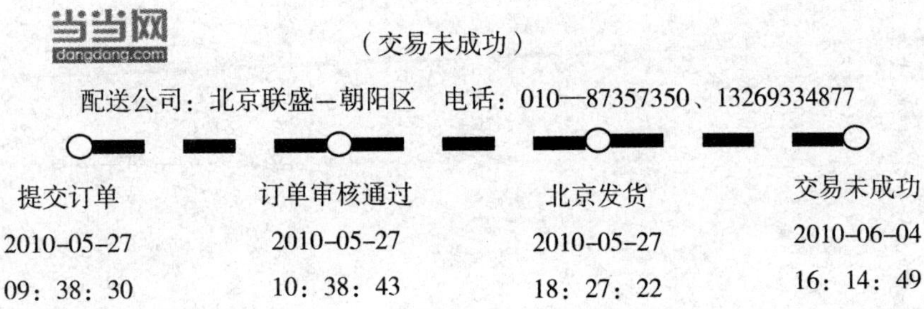

当当网 dangdang.com

（交易未成功）

配送公司：北京联盛—朝阳区　电话：010—87357350、13269334877

提交订单	订单审核通过	北京发货	交易未成功
2010-05-27	2010-05-27	2010-05-27	2010-06-04
09：38：30	10：38：43	18：27：22	16：14：49

joyo卓越 amazon.cn

包裹信息	
配送公司：北京卓配	发货日期：10 年 5 月 27 日
包裹状态：配送成功	送货省/市/区：北京市朝阳区，北京，CN

跟踪包裹			
日期	时间	地点	配送记录
10 年 5 月 28 日	06：23：16PM	李继良	配送在途
10 年 5 月 28 日	06：21：39PM	朝阳 1（西坝河）010-84540970/18910039519	----
10 年 5 月 28 日	12：00：00PM	李继良	配送成功
10 年 5 月 28 日	08：14：48AM	陈明亮	配送在途
10 年 5 月 28 日	08：13：58AM	朝阳 1（西坝河）010-84540970/18910039519	包裹在站
10 年 5 月 28 日	12：02：38AM	朝阳 1（西坝河）010-84540970/18910039519	分站配送在途
10 年 5 月 28 日	12：00：02AM	北京世纪卓越快递服务有限公司-4008105666	包裹在站
10 年 5 月 27 日	10：27：21PM	卓越亚马逊	运输在途

图 3-11　当当和卓越包裹配送跟踪情况

章节思考题

1. 如何建立适合本企业的订单处理系统？
2. 接受订单的方式有哪些？
3. 简述处理订单的作业流程。
4. 简述订单处理系统的设计要点。

项目四 备货作业管理与信息化

教学目标

知识目标

1. 了解商品进货作业流程及信息化解决方案。
2. 熟悉商品储存作业流程及信息化解决方案。
3. 熟悉商品盘点作业流程及信息化解决方案。

能力目标

1. 熟练掌握商品进货、储存、盘点的作业过程。
2. 掌握备货环节信息化设施、设备的使用。

备货就是配送中心根据客户的需要，为配送业务的顺利实施而从事的组织商品货源和进行商品储存的一系列准备活动。备货可使配送中心的配送活动得以顺利开展，备货可使社会库存结构合理，降低社会总成本，备货可使配送中心节约库存空间，减低配送成本，增加经济效益。在此配送中心备货作业包括三个环节：进货、储存、盘点。

任务一 进货作业管理

进货作业是配送的基础坏节，是决定配送成败与否最基础的环节，同时，它也是决定配送效益高低的关键环节。如果进货不及时或不合理，成本较高，会大大降低配送的整体效益。

一、 进货作业流程

进货作业包括接货、卸货、验收入库，然后将有关信息书面化等一系列工作。进货作业的基本流程如图 4-1 所示。在其流程安排中，应注意以下事项：

（1）应多利用配送车辆司机卸货，以减少公司作业人员和避免卸货作业的拖延；

（2）尽可能将多样活动集中在同一工作站，以节省必要的空间；

（3）尽量避开进货高峰期，并依据相关性安排活动，以达到距离最小化；

（4）详细记录进货资料，以备后续存取核查。

图 4-1　进货作业流程

二、进货作业各环节

（一）进货作业计划

配送中心接到到货通知单后，就要着手配送计划的制订，为了减少公司作业人员以控制成本，要求配送车司机卸货，并保证卸货作业正常进行；为节省空间，力求在一个站台进行多品种卸货作业；尽可能平衡站台的配送车；把站台到储区的活动尽量设计为直线流动，并使距离最小；在峰值时间使货品能维持正常速度的流动；尽量使用同样的容器，节省更换容器的时间；详细记录进货资料，以备后续存取及查询工作的需要；在进货时间内尽量省略不必要的货品搬运和储存。

所谓配合储存作业的处理方式，即物流配送中心储存货物有托盘、箱子和小包三种形式。同样货车进货时也有这三种形式。为此，如何连结进货与储存两者间对货品的三种形式的转换是重要的。第一种情况是进货与储存都是同一种形式为单位，即是进货时的托盘、箱子和小包都是原封不动的形式转入储存区。这样进货输送机可以直接把货品运到储存区。第二种情况是当进货是托盘、箱子的形式，而储存要求是小包和箱子的形式时，则必须在进货点把托盘或箱子拆装之后并以小包的形式放在输送机上，从而进入储存区。第三种情况是当进货是小包或箱子的形式，而储存要求是托盘形式时，则必须首先把小包或箱子堆放在托盘上，或把小包放入箱子之后再储存。

（二）货物分类与编号

1. 分类方式

货物分类方式主要根据货物的特点来进行分类。即：

（1）按货物特性分类。

（2）按货物使用目的、方法和程序分类。

（3）按交易行业分类。

（4）为账务处理方便时，按会计科目分类。

（5）按货物形状分类，如货物的内容、形状、尺寸、颜色和重量等。

2. 货物编号

为保证物流配送中心的物流作业准确而迅速进行，在进货作业中必须对货物进行清楚有效的编号。这是极为重要的。编号的重要意义是对货物按分类内容，进行有序编排，并用简明文字、符号或数字来代替货物的"名称"、"类别"。对货物编号后可通过计算机进行高效率和标准化的管理。

货物编号的原则是简易性、安全性、单一性、一贯性、充足性、扩充弹性、组织性、易记性、分类展开性和计算机的易处理性。

货物编号的方法有 6 种。

（1）流水编号法：这是最简单的编号法。由 1 开始，按数字顺序一直编下去。这种又叫延伸式编号，多用于账号或发票编号。

例如：　　　编号　　　　　货物名称

　　　　　　1　　　　　　　香皂

　　　　　　2　　　　　　　肥皂

　　　　　　3　　　　　　　洗涤剂

　　　　　　—　　　　　　　—

　　　　　　n　　　　　　　洗发剂

（2）数字分段法：数字分段法把数字分段，每一段代表一共同特性的一类货物。

例如：　　　编号　　　　　货物名称

　　　　　　1　　　　　　　1 支装牙刷

　　　　　　2　　　　　　　2 支装牙刷

　　　　　　3　　　　　　　3 支装牙刷

　　　　　　4　　　　　　　（4，5 为牙刷预留编号）

　　　　　　5

　　　　　　6　　　　　　　黑妹牙膏

　　　　　　7　　　　　　　洁银牙膏

　　　　　　—　　　　　　　—

　　　　　　12　　　　　　　（8~12 为牙膏预留编号）

（3）分组编号法：这种编号法是按货物特性分成多个数字组，每个数组代表货物的一种特性。例如，第一组代表货类，第二组代表货物形状，第三组代表货物供应商，第四组代表货物尺寸。这种方法使用较广。

例如：　　　　　类别　　　　形状　　　　　供应商　　　　　尺寸
　　　　　　　　　07　　　　　5　　　　　　006　　　　　　110

编号为：075006110

其编号意义如下：

货物	类别	形状	供应商	尺寸大小	意义
编号	07				饮料
		5			圆筒
			006		统一
				110	100×200×400

（4）实际意义编号法：按照货物名称、重量、尺寸、分区、储位、保存期限等实际情况来编号。

例如：

FO 4915 B1

其中：B1　　　　　　表示 B 区第 1 排货架

　　　4915　　　　　表示尺寸 4×9×15

　　　FO　　　　　　表示 Food，食品类

（5）后数位编号法：利用编号末尾数字，对同类货物进一步分类。

例如：　　　　　编号　　　　　货物类别

　　　　　　　　3　　　　　　服饰

　　　　　　　　39　　　　　　女装

　　　　　　　　391　　　　　女上衣

　　　　　　　　391.1　　　　女衬衫

　　　　　　　　391.1.1　　　女白色衬衫

（6）暗示编号法：这是用数字和文字组合来编号。他暗示了货物内容。此法易记忆又不易让外人知道。

例：BY05 W B10

货名	尺寸	颜色	形式	供货商
BY	05	W	B	10

意义：BY 表示自行车（Bicycle）

　　　05 表示大小型号 5 号

　　　W 表示白色（White）

B 表示小孩型（Boy's）

10 表示供应商代号

（三）进货标识

为了便于识辨货物，在容器、零件、产品或储位上应有一定的编号标签。

托盘的标签内容应包括：

（1）托盘识辨码。例：91253505A，9 表示 1999 年，125 表示从 1 月 1 日起累积日数，3505 表示当天进货托盘的系列号码，A 表示指示储区。

（2）托盘每一层堆积个数、层数、总个数。

（3）储址（包括拣选位址和保留位址）。

箱子标签内容包括：

（1）拣选位址；

（2）商品码；

（3）商品名；

（4）店码；

（5）送货日期；

（6）销售价格

（7）分类用的条码。

在进货信息输入计算机的同时打印出 4 联式标签，将其中 3 张贴在货物上随货物移动。另一张由储存人员写上存区和货架号码之后，输入计算机，以便进一步确认信息正确性和保证入库作业正确无误。

（四）货物验收检查

所谓货物的验收即是对产品质量和数量进行检查。按照验收标准，对质量进行物理、化学和外形等方面检查。在数量验收时一方面核对货物号码，另一方面按订购合同进行长短、大小和重量的检查。

其验收标准及内容如下：

1. 货物验收的标准

（1）采购合同或订单所规定的具体要求和条件。

（2）采购合约中的规格或图解。

（3）议价时的合格样品。

（4）各类产品的国家品质标准或国际标准。

2. 货物验收的内容。

（1）质量验收。

（2）包装验收。

（3）数量验收。

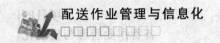

（五）记录进货信息

进货是货物进入物流配送中心的第一阶段，为使后序作业顺利的进行，对入库品资料的掌握特别重要。如进货日期，进货单号码，卖主，送货车的名称及型号，货到时间，卸货时间，容器的型号、尺寸和数量，每个容器中的货品数量，总重量，目的地的进货检查和储存，以及损坏数量和应补货数量等。

任务二　储存作业

储存作业主要任务在于把将来要使用或者要出货的物料做保存，且经常要做库存品的检核控制，不仅要善用空间，亦要注意存货的管理。尤其物流中心的储存与传统仓库的储存因营运型态不同，更要注意空间运用的弹性及存量的有效控制。

一、储存作业的策略与方法

（一）储存保管的目标

（1）空间的最大化使用。（2）劳力及设备的有效使用。（3）所有品项皆能随时准备存取，因为储存增加商品的时间值，因此若能做到一旦有求时货品马上变得有用，则此系统才算是一有计划的储位系统及良好的厂房布置。（4）货品的有效移动，在储区内进行的大部份活动是货品的搬运，要多数的人力及设备来进行物品的搬进与搬出，因此人力与机械设备操作应达到经济和安全的程度。（5）货品良好的保护，因为储存的目的即在保存货品直到被要求出货的时刻，所以在储存时必须保持在良好条件下。（6）良好的管理，清楚的通道、干净的地板、适当且有次序的储存及安全的运行，将使得工作变得有效率及促使工作士气（生产力）的提高。

（二）选择储区位的建议

（1）依照货品特性来储存。（2）大批量使用大储区，小批量使用小储区。（3）能安全有效率储于高位的物品使用高储区。（4）笨重、体积大的品项储存于较坚固的层架及接近出货区。（5）轻量货品储存于有限的载荷层架。（6）将相同或相似的货品尽可能接近储放。（7）不活泼之物或小、轻及容易处理的品项使用较远储区。（8）周转率低的物品尽量远离进货、出货及仓库较高的区域。（9）周转率高的物品尽量放于接近出货区及较低的区域。（10）服务设施应选在低层楼区。

（三）储存策略

储存策略主要在订定储位的指派原则，良好的储存策略可以减少出入库移动的距离、缩短作业时间，甚至能够充分利用储存空间。一般常见储存策略如下：

1. 定位储放（Dedicated Location）

每一项储存货品都有固定储位，货品不能互用储位，因此须规划每一项货品的储位容量不得小于其可能的最大在库量。选用定位储放的原因在于：

①储区安排有考虑物品尺寸及重量（不适随机储放）。②储存条件对货品储存非常重要时。例如，有些品项必须控制温度。③易燃物必须限制储放于一定高度以满足保险标准及防火法规（Fire Codes）。④由管理或其他政策指出某些品项必须分开储放。例如饼干和肥皂，化学原料和药品。⑤保护重要物品。⑥储区能被记忆，容易提取。

而定位储放的优缺点如下：

优点：

①每项货品都有固定储放位置，拣货人员容易熟悉货品储位。

②货品的储位可按周转率大小（畅销程度）安排，以缩短出入库搬运距离。

③可针对各种货品的特性作储位的安排调整，将不同货品特性间的相互影响减至最小。

缺点：储位必须按各项货品之最大在库量设计，因此储区空间平时的使用效率较低。

总归来说，定位储放容易管理，所以总的搬运时间较少，但却有较多的储存空间。此策略较适用于以下两情况：

①厂房空间大。②多种少量商品的储放。

c. 随机储放（Random Location）

每一个货品被指派储存的位置都是经由随机的过程所产生的，而且可经常改变；也就是说，任何品项可以被存放在任何可利用的位置。此随机原则一般是由储存人员按习惯来储放，且通常可与靠近出口法则联用，按货品入库的时间顺序储放于靠近出入口的储位。随机储放的优缺点如下：

优点：由于储位可共享，因此只按所有库存货品最大在库量设计即可，储区空间的使用效率较高。

缺点：

①货品的出入库管理及盘点工作的进行困难度较高。

②周转率高的货品可能被储放在离出入口较远的位置，增加了出入库的搬运距离。

③具有相互影响特性的货品可能相邻储放，造成货品的伤害或发生危险。

一个良好的储位系统中，采用随机储存能使料架空间得到最有效的利用，因此储位数目得以减少。由模拟研究显示出，随机储存系统与定位储放比较，可节省35％的移动储存时间及增加了30％的储存空间，但较不利于货品的拣取作业。因此随机储放较适用于下列两种情况：

①厂房空间有限，尽量利用储存空间。

②种类少或体积较大的货品。

表4-1为随机储放的人工储存记录表，能将随机储放的资讯详细予以记录。

表 4-1　随机储放人工储存记录表

储位号码	储位空间			货品名称	货品代号
存取日期	采购单号码	进货量	订单号码 （拣货单号码）	拣取量	库存量

若能运用电脑协助随机储存的记忆管理，将仓库中每项货品的储存位置交由电脑记录，则不仅进出货查询储区位置时可使用，也能借助电脑来调配进货储存的位置空间，依电脑所显示的各储区各储位剩余空间来配合进货品项作安排，必要时也能调整货品储放位置作移仓的动作规划。而随机储放的电脑配合记录形式如下（表 4-2）：

表 4-2　随机储放电脑记录表

储位 号码	储位空 间大小	货品 名称	货品 代号	货品 库存	储位剩余 空间大小

而此记录表要随时与进货、出货、退货资料配合更改：
- 进货：该货品进货量→加至货品库存→扣减储位剩余空间
- 出货：该货品出货量→由货品库存扣减→增加储位剩余空间
- 退货：该货品维修入库量→加至货品库存→扣减储位剩余空间

3. 分类储放（Class Location）

所有的储存货品按照一定特性加以分类，每一类货品都有固定存放的位置，而同属一类的不同货品又按一定的法则来指派储位。分类储放通常按产品相关性，流动性，产品尺寸、重量，产品特性来分类。分类储放的优缺点如下：

优点：

（1）便于畅销品的存取，具有定位储放的各项优点。

（2）各分类的储存区域可根据货品特性再作设计，有助于货品的储存管理。

缺点：储位必须按各项货品最大在库量设计，因此储区空间平均的使用效率低。

分类储放较定位储放具有弹性，但也有与定位储放同样的缺点。因而较适用于以下情况：

（1）产品相关性大者，经常被同时订购。

（2）周转率差别大者。

（3）产品尺寸相差大者。

·分类随机储放（Random Within Class Location）

每一类货品有固定存放的储区，但在各类的储区内，每个储位的指派是随机的。分类随机储放优缺点如下：

优点：可收分类储放的部份优点，又可节省储位数量提高储区利用率。

缺点：货品出入库管理及盘点工作的进行困难度较高。

分类随机储放兼具分类储放及随机储放的特色，需要的储存空间量介于两者之间。

·共同储放（Utility Location）：

在确定知道各货品的进出仓库时刻，不同的货品可共享相同储位的方式称为共同储放。共同储放在管理上虽然较复杂，所需的储存空间及搬运时间却更经济。

（四）储位指派法则

储存策略是储区规划的大原则，因而还必须配合储位指派法则才能决定储存作业实运作的模式。而跟随着储存策略产生的储位指派法则，可归纳出如下几项：

1. 可与随机储存策略、共享储存策略相配合者

靠近出口法则（Closest Open Location）：将刚到达的商品指派到离出入口最近的空储位上。

2. 可与定位储存策略、分类（随机）储存策略相配合者

（1）以周转率为基础法则（Turnover based Location）。按照商品在仓库的周转率（销售量除以存货量）来排定储位。首先依周转率由大自小排一序列，再将此一序列分为若干段，通常分为三至五段。同属于一段中的货品列为同一级，依照定位或分类储存法的原则，指定储存区域给每一级的货品。周转率愈高应离出入口愈近。

（2）产品相关性（Correlation）法则。商品相关性大者在订购时经常被同时订购，所以应尽可能存放在相邻位置。考虑物品相关性储存的优点：

①减短提取路程，减少工作人员疲劳。

②简化清点工作。产品相关性大小可以利用历史订单数据做分析。

（3）产品同一性法则。所谓同一性的原则，系指把同一物品储放于同一保管位置的原则。此种将同一物品，保管于同一场所来加以管理的管理方式，在管理效果上是能够期

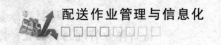

待的。

构筑让作业员对于货品保管位置皆能简单熟知，且对同一物品的存取花费最少搬运时间的系统是提高物流中心作业生产力的基本原则之一。因而当同一物品散布于仓库内多个位置时，物品在储放、取出等作业时的不便可想而知，就是在盘点以及作业员对料架物品掌握程度等方面都可能造成困难。

因而同一性的原则是任何物流中心皆应确实遵守的重点原则。

（4）产品类似性法则。所谓类似性的原则，系指将类似品比邻保管的原则，此原则系根据与同一性原则同样的观点而来。

（5）产品互补性（Complementary）法则。互补性高的物品也应存放于邻近位置，以便缺料时可迅速以另一品项替代。

（6）产品兼容性（Compatibility）法则。兼容性低的产品绝不可放置一起，以免损害品质，如烟、香皂、茶不可放在一起。

（7）先入先出的法则。所谓先入先出（FIFO：First In First Out），系指先保管的物品先出库之意，此一原则，一般适用于寿命周期短的商品，例如：感光纸、软片、食品等。

以作为库存管理之手段来考虑时，先入先出是必须的，但是若在①产品型式变更少，②产品寿命周期长，③保管时之减耗、破损等不易产生等之情况时，则要考虑先入先出的管理费用及采用先入先出所得到的利益，将两者之间的优劣点比较后，再来决定是否要采用先入先出之原则。

（8）叠高的法则。所谓叠高的原则，即是像堆积木般将物品叠高。以物流中心整体的有效保管的观点来看，提高保管效率是必然之事，而利用栈板等工具来将物品堆高的容积效率要比平置方式的高。但注意的是，若在诸如一定要先入先出等库存管理限制条件很严时，一味的往上叠并非最佳的选择，应要考虑使用合适的料架或积层架等保管设备，以使叠高原则不至影响出货效率。

（9）面对通道的法则。所谓面对通道法则，即是物品面对通路来保管，将可识别的标号、名称让作业员容易简单地辨识。为了使物品的储存、取出能够容易且有效率地进行，物品就必须要面对通道来保管，此也是使物流中心内能流畅进行及活性化的基本原则。

（10）产品尺寸法则。在仓库布置时，我们同时考虑物品单位大小及由于相同的一群物品所造成的整批形状，以便能供给适当的空间满足某一特定要。所以在储存物品时，必须要有不同大小位置的变化，用以容纳一切不同大小的物品和不同的容积。

一旦未考虑储存物品单位大小，将可能造成储存空间太大而浪费空间或储存空间太小而无法存放；未考虑储存物品整批形状亦可能造成整批形状太大无法同处存放（数量太多）或浪费储存空间（数量太少）。一般将体积大的货品存放于进出较方便的位置。

（11）重量特性法则。所谓重量特性的原则，是指按照物品重量的不同来决定储放物品置于保管场所的高低位置。

一般而言，重物应保管于地面上或料架的下层位置，而重量轻的物品则保管于料架的上层位置；若是以人手进行搬运作业时，人腰部以下的高度用于保管重物或大型物品，而腰部以上的高度则用来保管重量轻的物品或小型物品；此一原则对于采用料架的安全性及手搬运之作业有很大的意义。

（12）产品特性（Characteristics）法则。物品特性不仅涉及物品本身的危险及易腐性质，同时也可能影响其他的物品，因此在物流中心布置设计时必须要考虑。今列举五种有关货品特性的基本储存方法：

①易燃物的储存：须在具有高度防护作用的建筑物内安装适当防火设备的空间。

②易窃物品的储存：须装在有加锁的笼子、箱、柜或房间内。

③易腐品的储存：要储存在冷冻、冷藏或其他特殊之设备内。

④易污损品的储存：可使用帆布套等覆盖。

⑤一般物品的储存：要储存在干燥及管理良善的库房，以应客户要求随时提取。

此法则之优点在于：不仅能随物品特性而有适当的储存设备保护，且容易管理与维护。

（13）住居表示法则。所谓住居表示法则，系指把保管物品的位置给予明确表示的法则。此法则主要目的在于将存取单纯化，并能减少其间的错误。尤其在临时人员、高龄作业员不少的物流中心中，此法则更为必要。

（14）明确（表示）性法则。所谓明确性法则，系指利用视觉，使保管场所及保管品能够容易识别的法则。此法则对于前述的住居表示法则、同一性法则及叠高法则等皆能顾及。良好的储存策略与指派法则配合，可大量减少拣取商品所移动的距离，然而越复杂的储位指派法则需要功能越强的电脑相配合。

（五）储位系统

清楚地设计好储区后，在从前，一般都只是使用"记忆系统（memory system）"来帮员工简单地记住货品大概位置，然而此种作法往往发挥不了多大功效。而后，使用品名、序号、记号或其他指示号码来记录品项位置的方法也被使用，但只考虑品项本身代号的系统仍不够完全，也较无弹性，因此，所谓"暗示性储位标号"便被发展，其意义就是要能指出物流中心的每一个点，让员工能很肯定的指出什么东西被放在什么地方，使每品项皆有一"地址"以便于必要时马上可找到它。例如，标签号码：103－15－723。

二、 提高仓容利用率的措施与方法

（1）合理安排货位，节约使用面积。

（2）改进货物堆码方式，节约仓容。

（3）加强货区管理，及时整理货垛。

（4）加强设备改造，提高库房的技术水平。

三、 存货控制

（一）存货管制的意义

存货具有调节生产与销售的作用，不适当的存货管理往往造成有形或无形的极大损失。尤其对于流通速度极快但客户订货无法事前掌握预测的物流中心，存货的管制更加不易，其重要性也就更不容忽视。而所谓存货管制是希望将货品的库存量保持在适当的标准内，以免过多造成资金积压、增加保管困难或过少导致浪费仓容、供不应求的情况。因此存货管制具有两项重大意义：（1）为确保存货能配合销售情况、交货要求以提供客户满意的服务；（2）为设立存货控制基准，以最经济的订购方式与控制方法来提供营运所需的供应。

（二）存货管制的目的

（1）减少超额存货投资：保持合理的库存量，减少存货投资，如此可灵活运用资金（固定资金减少），并使营运资金的结构保持平衡。

（2）降低库存成本：保有合理库存可减少由库存所引起的持有成本、订购成本、缺货成本等，降低库存成本。

（3）保护财务：防止有形资产被窃，且使存货的价值在账簿上能有正确的记录，以达财务保护的目的。

（4）防止迟延及缺货，使进货与存货取得全面平衡。

（5）减少呆料之发生，使存货因变形、变质、陈腐所产生的损失减至最少。

前三者属于财务合理化的目的，而后两者则属于作业合理化的目的。

（三）存货管制的关键问题

1. 何时必须补充存货——订购点的问题

所谓订购点（Reorder Point），为存量降至某一数量时，应即刻请购补充之点或界限。一旦订购点抓得过早，则将使存货增加，相对增加了货品的在库成本及空间占用成本。倘若订购点抓得太晚，则将造成缺货，甚而流失客户、影响信誉。因而订购点的掌握非常重要。

2. 必须补充多少存货——订购量的问题

所谓订购量（Reorder Quantity），为存量已达请购点时，决定请购补充的数量，按此数量请购，方能配合最高存量与最低存量的基准。一旦订购量过多，则货品的在库成本增加，若订购量太少，货品可能有供应间断之虞，且订购次数必增加，亦提高了订购成本的花费。

3. 应维持多少存货—存量基准的问题

存量基准（Inventory Level）包括最低存量（Minimum Inventory）与最高存量（Maximum Inventory）。

（1）最低存量：最低存量是指管理者在衡量企业本身特性、需求后，所订定货品库存数量应予维持的最低界限。最低存量又分为理想最低存量及实最低存量两种。

①理想最低存量：理想最低存量又称购置时间（lead time；自开始请购货物以至于将货物运入物流中心的采购周期时间）使用量，也就是采购期间尚未进货时的货品求量，此为企业维持的临界库存，一旦货品存量低于此界限，则有缺货、停工的危险。

②实际最低存量：既然理想最低存量是一临界库存，因而为保险起见，许多业者多会在

理想最低存量外再设定一准备的安全存量，以防供应不及发生缺货，这就是实际最低存量。

实际最低存量亦称最低存量，为安全存量与理想最低存量之和。

（2）最高存量：为防存货过多浪费资金，各种货品均应限定其可能的最高存量，也就是货品库存数量之最高界限，以作为内部警戒的一个指标。

因而对一个不容易准确预测也不容易控制库存的物流中心，最好订定各品项之库存上限及库存下限（库存上限即最高存量，库存下限则是实际最低存量），并在电脑中设定，一旦电脑发现库存低于库存下限，则发出警讯提醒管理人员准备采购；而若一旦发现货品存量大于库存上限，则亦要发出警讯提醒管理人员存货过多要加强销售，或采取其他促销折扣的活动。

（四）存货决策考虑要素

要解决上述存货管制的关键问题，作出最佳的存货决策时，就必须先设法对产品的需求状况、订购性质及限制因素加以了解确认。以求状况而言，在今日以市场导向的经营方式下，存货决策的拟定仍是以需求状况为最重要的考虑因素。而产品的求状况可分为三种：

（1）固定或确知的情况：未来的需求为已知。

（2）具风险的情况：对未来的需求只知其大略的发生概况。

（3）不确定的情况（Uncertainty）：未来的的需求状况全然不知。

尤其流通业的景气与经济景气有很大关系，且许多产品周期亦容易受流行趋势影响，因而在需求量不易确定的情况下，许多公司长期购进过多的存货而滞销呆放，造成物流中心效益不彰，对此即应先由正确的需求预测来控制，而后再凭经验修正它。通常需求预测是考虑下述方向来调整：

（1）根据目前订单要量来预测，即根据各分区业务员或营业所的估计，予以汇总而成预期总销售量。且以此法将各区各所的责任划分，可对个营业所或业务人员评估"预定销售达成度"，依此计算奖金以促使各销售员能积极找寻业务。

（2）直接由过去的实用量预测未来的销售情况。

（3）将过去的用量加上时间趋势、季节变动和其他因素等调整而得。

（4）根据客户购头力分析。

（5）根据全国商业或政治趋势资料。

（6）进行市场调查。

而由需求预测确定需求状况后，管理者根据需求状况再考虑订购性质（订购时机、购置时间）及其他像财务状况、供应商问题、仓库空间容量等限制因素，作出存货决策。然后再依存货决策制定出一套存货的管制标准，以此标准来对实存量情况控制管理，之后再由管制结果回过头来修正原先的存货决策。上述过程为制定存货决策的主要考虑环节。

（五）存货分类管理

1. 顾客别 ABC 分类管理

一般而言，对 A 类客户应重点投入人力物力优先处理；对 C 类客户可按部就班，但

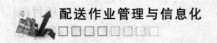
仍要仔细分辨其是否应列入 B 类或 A 类，以避免误判而导致损失；对 B 类客户的管理力度则处于 A、C 两类之间。

　　2. 产品别 ABC 分类管理

　　存货的重点管理观念是对销售总值高的少数产品，作完整的记录、分析，采取较严格的存货控制；而对销售总值低的多类产品，作定期例行检查控制。存货管理可采用 ABC 分类管理法，将所有存货项目归为 ABC 三类。

　　3. 顾客别与产品别 ABC 分析

　　A 类货品因比值高，除需加强管理外，也希望能优先出货以减少库内存货，因而当客户 I 为重点客户，且其订购 A 货品时，则此订单必然要做最快速的处理。

表 4-3　某公司顾客别及产品分配优先顺序矩阵

产品别 顾客别	A	B	C	D
I	1	3	5	9
II	2	4	8	16
III	6	7	17	18
IV	10	11	19	21
V	14	15	20	22

　　注：1 表示最优先分配，2 表示次优，其余依此类推。

表 4-4　顾客产品时间管理

顾客产品分配优先顺序	订单传递时间	订单处理时间	货运时间	交运周期	送货可靠性
1～5	3 小时	6 小时	12 小时	24 小时	接单至交货在 21 小时内完成，前后误差不超过 6 小时
6～10	6 小时	12 小时	24 小时	42 小时	接单至交货在 42 小时内完成，前后误差不超过 12 小时
11～15	12 小时	24 小时	48 小时	84 小时	接单至交货在 84 小时内完成，前后误差不超过 24 小时
15～20	18 小时	48 小时	72 小时	138 小时	接单至交货在 138 小时内完成，前后误差不超过 36 小时

表 4-5　存货分类管理与配送速度比较

存货分类	管理方式	配送速度
A 类：品种少，但配送金额相当大，即所谓重要的少数	每件产品皆作编号 慎重正确地预测需求量 少量采购，在不影响需求的情况下减少存量 使出库量平稳化，减少安全库存量 缩短订货提前时间 定量订货，随时检查存货 严格执行盘点，每天或每周盘点一次 加强交货期限控制，在制品及发货亦须从严控制 货物放置于易于出入库的位置 货物包装外形标准化 采购需经高层主管核准	快速流动，需存放于所有的配送中心或仓库
B 类：介于 A 类与 C 类之间，存货品种与配送金额大致上占有相当的比率	定量订货，但对提前订货时间较长，或需求量有季节变动趋势的货物宜采用定期订货方式 每两三周盘点一次 适量采购 采购需经中级主管核准	正常流动、应存放于区域性配送中心或仓库
C 类：品种相当多，但配送金额却很少，即所谓不重要的大多数	采用双堆法或定期订货方式 大量采购，以利在价格上获得优待 简化库存管理手段 安全存量需较大，以免发生存货短缺事项 可交由现场保管使用 每月盘点一次即可 采购仅需基层主管核准	可以缓慢流动、存放于中广仓库或工厂仓库

任务三　配送中心的盘点作业

在物流配送中心的工作过程中，货物不断的进库和出库。在长期积累下理论库存数与实际库存数是不相符的。有些货品因长期存放，使品质下降，不能满足用户需要。为了有效地掌握货品数量和质量，必须定期对各储存场所进行清点作业，这就是所谓的盘点作业。

一、盘点的目的

（一）确认现存数量

确定现存量由于多记、误记和漏记，使库存资料记录不实。此外，由于货物损坏、丢失、验收与发货清点有误，也造成库存量不实。有时盘点方法不当，产生误盘，重盘和漏盘时，也使库存量不实。为此，必须定期盘点确认现存数量。

（二）计算企业实际损益

确认企业损益众所周知，企业的损益与总库存金额有极为密切的关系。而库存金额与货品库存量及单价成正比。为准确的计算出企业实际损益，必须进行货物的盘点。

（三）核实物品管理成效

通过盘点，可发现待处理品和废品的处理情况、存货周转率以及货物保养维修情况。相应的可谋求改善良策。

二、 盘点作业程序如图所示

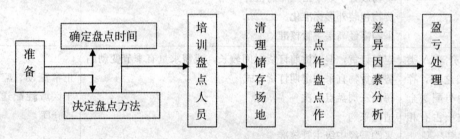

图 4-2 盘点作业程序

（一）准备

盘点作业之前的准备工作是否充分，关系到盘点作业的顺利程度。为此必须充分做好事前准备工作。应做的准备工作如下：确定盘点的程序和方法；配合会计决算进行盘点；培训盘点、重盘和监盘人员；盘点人员熟悉盘点表格；备好盘点用表格以及清楚库存资料。

（二）确定盘点时间

为了货与账相符合，盘点次数越多越好。但是每盘点一次，无论在人、财和物方面都耗资不少。为此，按实际情况确定盘点次数是很重要的。事实上，造成盘点误差的原因在于货物在出入库作业传票的输入和查点数目的错误，或者出入库搬运造成了货物损失。由此可见，出入库频率越高误差也越大。对于货物流动速度颇快的物流配送中心，既要防止长期不盘点造成重大经济损失，又要防止盘点频繁造成同样的经济损失。为此，视物品的性质来确定周期。例如：按货物性质 A、B、C 等级。A 类重要货品，每天或每周盘点一次。B 类货品每两至三周盘点一次。C 类一般货品每月盘点一次。

具体盘点时间选择在财务决算前或在销售淡季。

（三）盘点种类和方法

盘点分账面盘点和现货盘点两种。所谓账面盘点，就是每天把入库的货品数量及单价、记录在电脑或账本上，之后，不断的累计，从而算出账面上的库存量和库存金额。所谓现货盘点，就是实际查点货品库存数，再根据货品单价计算出实际库存金额。

盘点方法有账面盘点法和现货盘点法两种。账面盘点法是把每一货品分别设账，并计入每种货品的入库及出库详细情况。此法适合于少量而单价高的货品。现货盘点法也叫实地盘点法。这种方法根据时间次数不同又分为期末盘点和循环盘点两种方法。期末盘点法是指期末一起清点所有货品数量的方法。循环盘点法则是在每天，每周做少品种少批量的盘点，到了月末或期末每项货品至少完成一次盘点的方法。

（四）培训盘点人员

因为盘点时有关部门必须派人支援。支援人员必须经过简单培训才能上岗工作。例如：盘点程序，表格填写，货品的熟悉等知识必须充分了解才能顺利工作。

（五）清理储存场所

所谓储存场所的清理工作有：盘点之前，对已入库货品应心中有数；在关闭储存场所之前应通知有关需货部门预领货品；预先确定呆料，废料，不良品的标准以及账卡，单据及资料应整理清楚等。

（六）盘点作业

盘点作业单调乏味，易疲劳。为保证盘点正确性，一方面加强领导，另一方面也要劳逸结合。

（七）差异因素分析

主要差异因素有：计账员记录及账务处理有误，盘点不佳导致货账不符；是否漏盘、重盘和错盘。

（八）盘点的盈亏处理

按差异的主要原因，制定解决办法。对待废品、不良品应视为盘亏。货物在盘点时除了产生数量的盈亏外，有些货品在价格上也会发生增减情况。这种价格变化经主管部门批准后，利用盘点盈亏和价目增减表格更正过来。

（九）盘点结果分析

通过盘点分析、评判货品出入库及保管情况。具体应弄清的问题有：各品种的实际存量与账面存量相差多少？这些差造成的损失有多大？评判指标如下：

盘点数量误差＝实际库存数－账面库存数

盘点品项误差率＝盘点误差品项数/盘点实际品项数

平均每件盘差品金额＝盘点误差金额/盘差误差量

盘点次数比率＝盘点误差次数/盘点执行次数

平均每品项盘差次数率＝盘差次数/盘差品项数

三、 盘点的组织及工作分配

盘点的组织工作由人事科配合各部门的需求来进行，分为填表者、盘点者、核对者、抽查员。在编组时，要衡量工作的分量，尽量让每一组的盘存数量相当，也就是工作尽量安排平均，这样才可以控制盘点存货时间。

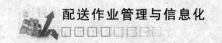
盘点工作分配完毕后，公司内部应作短期的盘存训练，由人力资源部选派有盘点经验的同事或管理人员做训练的工作，最好让填表者、盘点者、核对者、抽查员有模拟工作的机会。

四、 填表者、 盘点者、 核对者、 抽查员的工作职责

填表者职责：

（1）填表者拿起盘存表后，应注意是否有重叠。

（2）填表者和盘点者分别在盘存表上签名。

（3）填表者盘点时，必须先核对货架编号。

（4）填表者应复诵盘点者所念的各项名称及数量。

（5）填表者预先填写的内容的顺序为：

①商品编号。

②商品名称。

③单位。（如有特殊情形，譬如每 2 双特价 100 元，单位应写 2 双，金额应写 100 元；每 3 罐特价为 20 元时，单位应写 3 罐，金额应写 20 元，等等）

④金额一律以 380.00 或 380.50 这样的形式填写，一定要将上下栏个位、十位……分别对齐。

⑤数量：如遇特殊情形，譬如每 2 双为 100 元时，总数有 40 双，应填写 20，不可填写 40。

（6）填表者对于某些内容已预先填写的盘存表，应获得货号、品名、单位、金额等，核对无误后，再将盘点者所获得的数量填入盘存表。

（7）填表者应按照季节代号的数量，分别填入各季节代号栏内。

（8）如果预先填写的商品盘点时已无存货，则在本季栏内填"0"。

（9）盘存表只可填写到指定的行数，空余行数以留作更正用。

（10）盘存表的填写未超过指定行数时，如当中某一行有错误应划去，重新写于最后一行的次一行。例如：一张盘存表只填写 10 行，其中第 7 行错误，应将这行划去，重新写于预留空白栏的第一行。

（11）填表者填写的数字必须正确清楚，绝对不可涂改。

（12）填表者对于写错须更正的行次，必须用直尺划去，并在审核栏写"更正第×行"。

五、 盘点原则

配送中心在进行商品盘点时，应该按照以下原则进行：

真实：要求盘点所有的点数、资料必须是真实的，不允许作弊或弄虚作假，掩盖漏洞和失真实误。

准确：盘点的过程要求是准确无误，无论是资料的输入、陈列的核查、盘点的点数，

都必须准确。

完整：所有盘点过程的流程，包括区域的规划、盘点的原始资料、盘点点数等，都必须完完整整，不要遗漏区域、遗漏商品。

清楚：盘点过程属于流水作业，不同的人员负责不同的工作，所以所有资料必须清楚，清楚人员的书写必须清楚，货物的整理必须清楚，才能使盘点顺利进行。

团队精神：盘点是全店人员都参加的营运过程。为减少停止作业的损失，加快盘点的时间，团队精神配送中心各个楼层、各个岗位必须有良好的配合协调意识，以大局为重，使整个盘点按计划进行。

一般是每月对商品盘点一次，并由各楼层负责各自楼层的盘点工作。一般是每月对商品盘点一次，并由各楼层负责各自楼层的盘点工作。为了确保商品盘点的效率，应坚持两个原则：售价盘点原则，即以商品的零售价作为盘点的基础，库存商品以零售价金额控制，通过盘点确定一定时期内的商品溢损和发货差错。即时盘点原则，即在运营中随时进行盘点，"停止营业"以及"月末盘点"并不一定才是正确的盘点，配送中心（尤其是局部盘点）可以在营业中盘点，且任何时候都可以进行。

六、 盘点方法

1. 账面盘点法

帐面盘点法是将每一种商品分别设立"存货账款卡"然后将每一种商品的出入库数量及有关信息记录在账面上，逐笔汇总出账面库存结余量。

2. 现货盘点法

现货盘点法是对库存商品进行实物盘点方法。

按盘点时间频率的不同，现货盘点又分为期末盘点和循环盘点。

（1）期末盘点法：期末盘点是指在会计计算期末统一清点所有商品数量的方法。

（2）定期盘点法：又称闭库式盘点，即将仓库其他活动停止一定时间，对存货实施盘点。

（3）循环盘点法：循环盘点是指在每天、每周销点一部分商品，一个循环周期将每种商品至少清点一次的方法。

（4）抽样盘点。

（5）临时盘点。

七、 盘点具体操作过程

打印盘存条、整理楼层、货位维护、插放盘点条、初盘、复盘、抽盘、输入盘点单、产生盈亏报表、查找差异、修订盘存数据、出具盈亏报告。

八、 盘点报告和商品检查

配送中心盘点负责人和财务人员在盘点结束后及时总结盘点过程，填写有关盘点报告，出具书面盘点总结；盘点报告上所列内容应填写齐全、清晰明了，不应随意省略、涂改和出现串行、漏行；盘点报告一般由财务人员、配送中心负责人、盘点小组成员共同签字确认后上交有关部门。盘点过程中发现不合规定要求及近效期的商品应及时处理、上报，按有关要求在盘点表上记录。效期商品应及时提供效期报告。

九、 盘后工作

1. 盘后整理

商品整理：将货架上因盘点时排列的商品按照原先的陈列方式或陈列原则进行整理。环境整理：对环境进行清洁、清扫工作。善后整理：对盘存中发现的问题进行整改，对没有到位的货位卡进行补充和更换。

2. 清查差异原因

盘点会将一段时间以来积累的作业误差，及其他原因引起的账物不符暴露出来，发现帐物不符，而且差异超过容许误差时，应立即追查产生差异原因。一般而言，产生盘点差异的原因主要有如下几个方面：（1）计账员素质不高，登录数据时发生错登、漏登等情况；（2）账务处理系统管理制度和流程不完善，导致货品数据不准确；（3）盘点时发生漏盘、重盘、错盘现象，导致盘点结果出现错误；（4）盘点前数据未结清，使账面数不准确；（5）出入作业时产生误差；（6）由于盘点人员不尽责导致货物损坏、丢失等后果。

3. 盘点结果处理

盘点发现的差异查清原因后，为了达到通过盘点使账面数与实物数保持一致，需要对盘点盈亏和报废品一并进行调整。除了数量上的盈亏，有些商品还将会通过盘点进行价格的调整，这些差异的处理，可以经主管审核后，在系统中进行更正。

4. 盘点改善与提升管理绩效

盘点不应该仅只限于资产的结算及财务报表的用途，而应该有更高层次的目标，那就是改善物料管理问题，提升物料管理水准；尤其"实地盘点"劳师动众，产销活动甚至不得不停下来，没有精打细算是不行的，主要可以从以下几点来提升管理绩效：（1）仓储规划；（2）仓储整顿；（3）问题发展与分析；（4）盘点提升物料管理水准。

5. 盘点处理

盘点盈亏责任，配送中心允许的盈亏率为万分之一，正常盈亏额计算方法为：正常盈亏额＝当月发货总额×万分之一。对超出正常盈亏额度的部分从配送中心人员的月绩效工资总额中予以扣除。对配送中心负责人按其他员工平均赔款额的1.5倍在绩效工资中扣除，其他岗位参照有关规定执行。

任务四　备货作业的信息化解决方案

一、 进货模块

货物在供应商发货时就配置了 RFID 标签，该电子标签中记录了货物的名称、特征、发送地、到货地、送货单号、订单明细等。当货物到达配送中心时，由读写器批量读取 RFID 标签，并传入配送中心信息系统。信息系统中已经提前录入了进货计划。这样就可以和从 RFID 中读取的订单明细等信息进行比对，完成货物的比对和验收。完成验收后，在卸货平台，信息系统根据预先确定的入库原则、货物库存数量，确定该种货物的存放位置，并通过读写器将货物准备在物流中心储存的位置写入 RFID 标签。

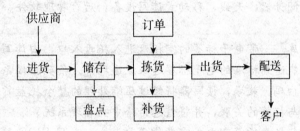

图 4-3　配送中心作业流程图

二、 储存模块

货物在入库时被放置在托盘上运送，叉车司机通过手持读写器可以从货物的 RFID 标签中读出货物的储存位置。如果是进入平仓，则将货物送到具体的位置，这些位置附近会有一个读写器，通过对 RFID 的信息读取并传入信息系统，这样信息系统中会实时更新该种货物的库存数量。储存位置。如果是要上架，则将货物送至具体的货架存放，货架上方会有一个读写器，同样地，经过对货物中 RFID 标签信息的读取，信息系统中会实时更新该种货物的库存数量、储存货架。

三、 盘点模块

RFID 技术的另一个好处在于在库存盘点时大量降低人力，甚至可以全自动完成库存盘点。通过货物储存仓库中的 RFID 读写器，基本上可以实时完成货物的盘点。各个 RFID 读写器将读取的信息传入信息系统，并由信息系统进行统一的汇总处理，可以得到各种货物库存情况的准确信息。管理人员可由此快速识别并纠正低效率运作情况。从而实现快速供货，并最大限度地减少储存成本。

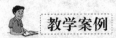 **教学案例**

远望谷物流周转托盘管理系统在烟草行业的应用

一、系统简介

目前 RFID 技术正在为供应链领域带来一场巨大的变革，以识别距离远、快速、不易损坏、容量大等条码无法比拟的优势，简化繁杂的工作流程，有效改善供应链的效率和透明度。

托盘是供应链中最基础、最主要的货物单元，它已经广泛应用于生产、仓储、物流、零售等各个供应链环节。深圳市远望谷信息技术股份有限公司的物流周转托盘 RFID 解决方案是专为供应链实际应用设计的。

二、系统组成

托盘电子标签，阅读器，天线，移动式读写设备，后台管理软件。

三、工作流程

（1）成品货箱入库——带电子标签的空托盘进入托盘入口，由读写设备对电子标签进行读写测试，保证性能达到标准的电子标签进入流通环节。条码扫描系统对检验合格的成品货箱上的条码进行扫码，装垛，读写器将经过压缩处理的整个托盘货箱条码信息写入电子标签中，实现条码与标签的关联，并将信息传给中央管理系统。

（2）仓储环节进行托盘货箱变更或零散货箱拼装——采用 RFID 移动式读写设备把调整后的货箱数据与标签的重新关联，将新的信息写入标签，同步更新中央数据库。

（3）托盘出库——通过固定式 RFID 读写设备及地埋式天线采集电子标签信息，并上传至中央管理系统，系统验证后将数据解压形成货箱条码信息，实现与"一打两扫"商业到货扫描系统的对接。

（4）配送中心接收——托盘在阅读区停留 2～3 秒就可以完成整个托盘上的货箱的扫码，无需拆垛单件扫码再装垛。

四、系统优点

本方案采用无源电子标签，寿命长，免维护，设计独特，而且可以很好地嵌入塑质托盘，不易在托盘运输过程中受到碰撞、磨损。此外，电子标签可重复写入数据，有利于解决托盘货物调整，拼装等仓储物流问题，标签能循环使用，大幅度节约了用户成本。

系统实现远距离识别，读写快速可靠，能适应传送带运转等动态读取，并且适应卷烟生产厂等工业生产环境（件烟的堆垛），具有较好的抗金属干扰能力，可以克服卷烟金属箔包装对 RFID 识别的影响，符合现代化物流的需要。

在标签信息处理中采用了先进的数据压缩技术，使电子标签携带托盘载物信息（数据包），只需扫描托盘电子标签一次即可了解物品信息，免除拆托盘和重装托盘所需的人力物力，节省时间，降低出错率和货物损坏概率，实现快捷准确的库存盘点，提高企业物流的整体透明度。

五、系统实施效益

本方案采用远距离 RFID 技术，极大地提高了出入库扫码的速度与准确性，提高了物流的运行效率，解决了拆托盘、装托盘带来的劳动力成本上升、现场控制困难等难题。系统在物流环节中的成功应用，为整个烟草行业物流领域应用 RFID 技术总结了经验，奠定了基础，树立了典范。

章节思考题

1. 简述进货、储存、盘点作业流程。
2. 简述配送中心与传统的仓储企业有什么不同？
3. 简述配送中心组织货源的流程。
4. 简述进货、储存、盘点的信息化解决方案。

项目五 配货作业管理与信息化

 教学目标

知识目标

1. 熟悉商品分拣作业过程及信息化解决方案。
2. 熟悉商品补货方式及信息化解决方案。

能力目标

1. 掌握商品分拣和补货环节的操作。
2. 熟练应用分拣和补货环节的信息化设施和设备。

任务一 分拣作业

一、 配送中心分拣系统概述

（一）分拣作业的概念

分拣作业就是将用户所订的货物从储存保管处取出，按用户分类、集中、处理、放置。

（二）分拣作业的目的及功能

在降低分拣错误率的情况下，将正确的货物、正确的数量、在正确的时间内及时配送给顾客，是分拣作业最终的目的及功能。

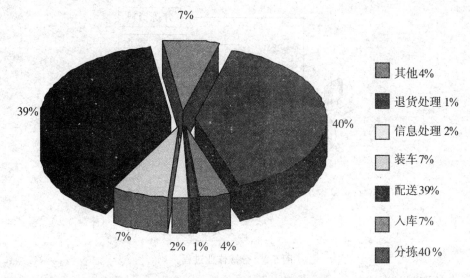

图 5-1　物流成本比例分析图

分拣作业流程可以分为两种：

1. 批量分拣流程（上部红色实线）

2. 按单分拣作业流程（下部褐色虚线）

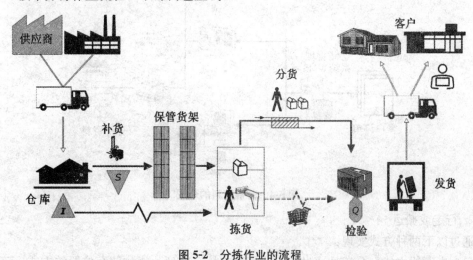

图 5-2　分拣作业的流程

二、分拣作业过程

拣货作业过程，由生成拣货资料、行走或搬运、拣取和分类与集中几个环节组成。

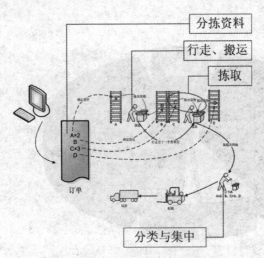

图 5-3　分拣作业过程

1. 分拣资料的形成

分拣作业开始之前，指示分拣作业的单据或信息必须先行处理完成。

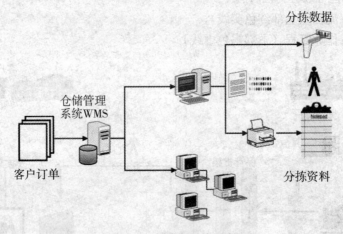

图 5-4　分拣资料的形成

2. 行走或搬运

通过以下两种方式实现：

（1）人至物方式。分拣员通过步行或搭乘分拣车辆到达货物储存位置的方式，该方式的特点是货物采取一般的静态储存方式，如托盘货架、轻型货架等，主要移动的一方为分拣者。

（2）物至人方式。主要移动的一方为被拣取者，也就是货物，分拣者在固定位置内作业，无需去寻找货物的储存位置。该方式的主要特点是货物采用动态方式储存，如自动化仓储系统、旋转货架系统等。

3. 拣取

（1）当货物出现在拣取者面前时，接下来的动作便是抓取与确认。

（2）确认的目的是为了确定抓取的物品、数量是否与指示分拣的信息相同。

（3）目前一些较先进的分拣系统采用无线终端读取条码进行分拣，其目的是降低分拣的错误率。

图 5-5　拣取

4. 分类与集中

由于拣取方式的不同，拣取出来的货物可能还需按订单类别进行分类与集中。

三、　分拣作业合理化的原则

1. 存放时应考虑易于出库和分拣

要了解和记忆各种货物存放位置，存放时对出入库频繁的货物应放在距离出口较近的地方，这样可以缩短取货时间。

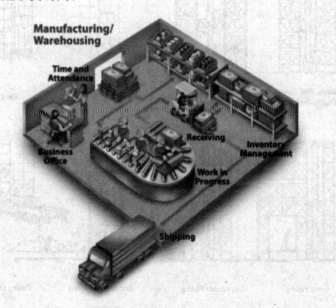

图 5-6　合理化分拣作业

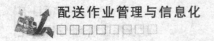
2. 提高保管效率，充分利用存储空间

在现实中存储空间不能充分利用的情况是常见的，除了采用立体化储存之外，可以通过减少通道所占用的空间来提高保管效率，还可以采用一些有特色的保管和搬运设备。

图 5-7　采用立体货架提高存储效率

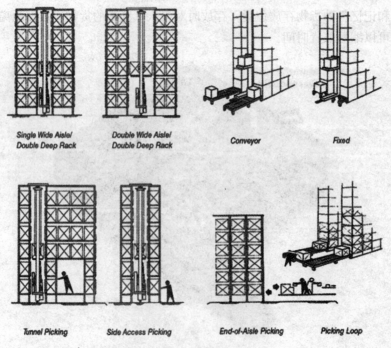

图 5-8　充分利用存储空间

3. 减少分拣错误

分拣作业中，误发货往往是不可避免的，然而这是最大的浪费，应加以避免。为解决这一问题，除了实现机械化和自动化之外，还要求作业者尽可能减少目视及取物操作上的错误。为此，在作业指示和货物的放置方面要仔细研究。

4. 作业应力求平衡化，避免忙闲不均的现象

必须重视收货入库、接受订单后出库等作业和进、出卡车的装卸作业的时刻表的调整。

通常卡车卸货到入库前的暂存，以及出库和卡车装载之间的理货作业，是作业不能均衡调节的重要因素，其他作业也应周到考虑合理安排。这样做可以大量节约人力。

5. 事务处理和作业环节要协调配合

调整物流和信息流，使两方面的作业都没有等待时间。

通常在物流作业之前要进行信息处理，例如在发货时先要根据发货通知将货物取出，在出库区进行理货作业，再填写出库单，这些事务工作完成后，配送车辆的司机再拿着出库单来提货，避免车辆有过长的等待时间。

6. 分拣作业的安排要和配送路线的顺序一致

向配送车辆装货时必须考虑配送顺序，而在出库区理货时又要考虑装载方便。在分拣物时也要依据这个原则，即分拣作业的安排要和配送路线的顺序一致。

7. 缩短配送车辆如卡车等运输设备的滞留时间

首先，尽量使作业均衡化，事务处理和作业环节协调配合对缩减车辆等待时间是必要的。

其次，减少卡车的装卸时间，应尽可能采用单元化集装系统，有效地应用各种托盘进行装卸作业。

图 5-9　尽可能采用单元化集装系统

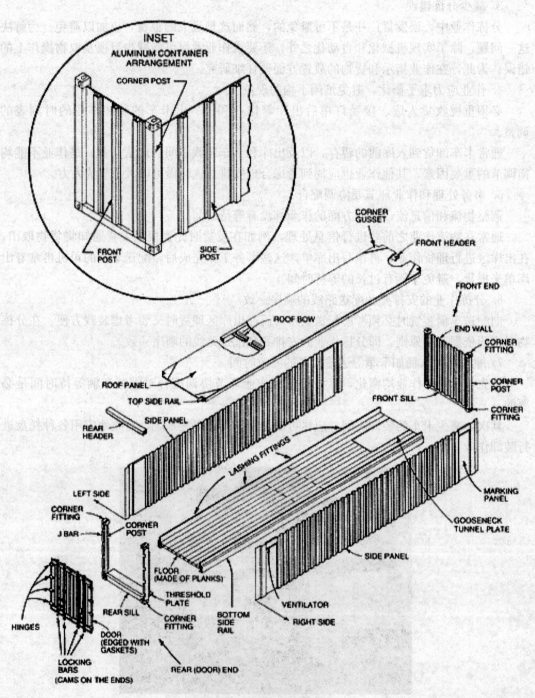

图 5-10 尽量使作业均衡化

四、 分拣作业分类

分拣作业
- 按单分拣（摘取方式）
  - 单独分拣方式
  - 接力分拣方式
  - 标签分拣方式
  - 分拣单分拣方式
  - 数字显示（电子标签）分拣方式
  - RF 分拣方式
  - IC 卡分拣方式
- 批量分拣（播种方式）
  - 批量分拣方式
  - 接力分拣方式
  - 标签分拣方式
  - 分拣单分拣方式
  - 数字显示分拣方式（电子标签）
  - RF 分拣方式
  - IC 卡分拣方式

五、 分拣作业方法

1. 按单分拣

分拣人员或分拣工具巡回于各个储存点，按订单所要求的物品，完成货物的配货。这种方式类似于人们进入果园，在一棵树上摘下已成熟的果子后，再转到另一棵树前去摘果子，所以又形象地称之为摘果式。

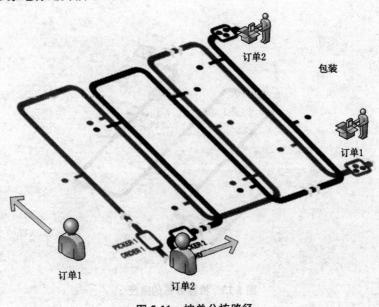

图 5-11　按单分拣路径

87

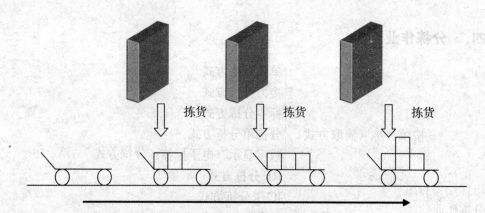

图 5-12　按单分拣作业方法的特点

（1）按订单分拣，易于实施，而且配货的准确度较高，不易出错。

（2）对各用户的分拣相互没有约束，可以根据用户需求的紧急程度，调整配货先后次序。

（3）分拣完一个货单货物便配齐，货物可不再落地暂存，而直接装上配送车辆，有利于简化工序，提高作业效率。

（4）用户数量不受限制，可在很大范围内波动。分拣作业人员数量也可以随时调节，有利于开展即时配送，提高服务水平。

（5）对机械化、自动化没有严格要求，不受设备水平限制。

2. 批量分拣作业

批量分拣作业是由分货人员或分货工具从储存点集中取出各个用户共同需要的某种货物，然后巡回于各用户的货位之间，按每个用户的需要量分放后，在集中取出共同需要的第二种货物，如此反复进行，直至用户需要的所有货物都分放完毕，即完成各个用户的配货工作。

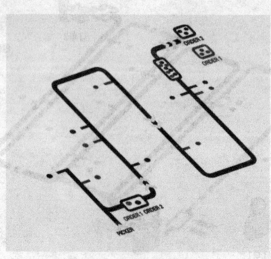

图 5-13　批量分拣的路径

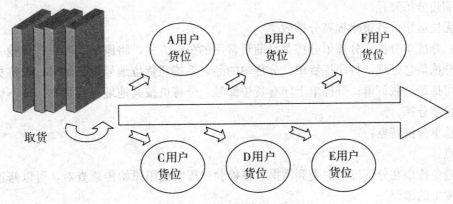

图 5-14 批量分拣的原理

批量分拣作业方式特点：

（1）工艺难度较高，计划性较强，和按单分拣相比错误率较高。

（2）有利于车辆的合理调配和规划配送路线，与按单分拣相比，可以更好的利用规模效益。

（3）对到来的订单无法作及时的反应，必须等订单达到一定数量时才做一次处理，会有停滞的时间产生。

3. 其他分拣作业方法

（1）整合按单分拣：主要应用在一天中每一订单只有一种品项的场合，为了提高输配送的效率，将某一地区的订单整合成一张分拣单，做一次分拣后，集中捆包出库。属于按单分拣的一种变形型式。

（2）复合分拣：是按单分拣与批量分拣的组合运用，按订单品项、数量和出库频率决定哪些订单适合按单分拣，哪些适合批量分拣。

4. 分拣信息

拣货信息是拣货作业中重要的一环，常见分拣信息传送方式有：传票分拣、分拣单分拣、电子标签辅助分拣、RF 辅助分拣、IC 卡分拣、自动分拣。

（1）传票分拣。传票分拣是最原始的分拣方式，直接利用客户的订单或公司的交货单作为分拣指示。

依据顾客的订货单分拣，分拣员一边看着订货单的品名，一边寻找顾客的定购单的品名，这种分拣方式通常没有按照货位编号加以重新排序，分拣员需来回多趟才可拣足一张订单。

传票分拣特点：

优点：无需利用电脑等设备处理分拣信息，适用于订购品项数少或少量订单的情况。

缺点：

①此类传票容易在分拣过程中受到污损，或因存货不足、缺货等注释直接写在传票上，导致作业过程中发生错误或无法判别确认。

②未标示产品的货位，必须靠分拣人员的记忆在货架中寻找存货位置，更不能引导分

拣人员缩短分拣路径。

③无法运用分拣策略提高分拣效率。

（2）分拣单分拣。分拣单分拣是目前最常用的分拣方式，将原始的客户订单输入电脑后进行分拣信息处理，打印拣货单。分拣单的品名系按照货位编号重新编号，分拣员来回一趟就可拣足一张订单；分拣单上印有货位编号，分拣员按其地址寻找货物，使不识货物的新手也能分拣。

分拣单分拣特点：

优点：

①避免传票在分拣过程中受到污损，在检验过程中使用原始传票查对，可以修正分拣作业中发生的错误。

②产品的货位显示在分拣单上，同时可以按到达先后次序排列货位编号，引导分拣人员按最短路径分拣。

③可充分配合分区、订单分割、订单分批等分拣策略，提升分拣效率。

缺点：

①分拣单处理打印工作耗费人力、时间。

②分拣完成后仍需经过货物检验过程，以确保其正确无误。

（3）分拣标签。

这种拣货方式中，由分拣标签取代了分拣单，分拣标签的数量与分拣量相等，在分拣的同时将标签贴在物品上以便确认数量。

整箱拣货标签

品号：00011125 品名：××××××× 订单号码：5401 客户名称：×××× 客户地址：××××××××××× 配送路线： 订单箱数—箱号：5/1	品号：00011125 品名：××××××× 订单号码：5401 客户名称：×××× 客户地址：××××××××××× 配送路线： 订单箱数—箱号：5/1

单品拣货标签

品号：00022213 品名：××××××× 订单号码：543 客户名称：××××××× 订单箱数—箱号：3/1	品号：00022213 品名：××××××× 订单号码：543 客户名称：××××××× 订单箱数—箱号：3/1

送货标签

订单号码：12345

客户名称：×××××

客户地址：××××××××××

配送路线：12

订单箱数－箱号：6/1

标签分拣的特点：

优点：

①结合分拣与贴标签的动作，可以减少流通加工作业与往复搬运检核的动作，缩短整体作业时间。

②可以在分拣时清点分拣数量，提高分拣的正确性（若分拣未完时标签即贴完，或分拣完成但标签仍有剩余，则表示分拣过程有错误发生）。

缺点：

①若要同时打印出价格标签，必须统一下游客户的货物价格和标签形式。

②操作环节比较复杂，拣货费用高

（4）电子标签辅助分拣。电子标签辅助分拣是一种电脑辅助的无纸化的拣货系统，其原理是在每一个货位安装数字显示器，利用电脑的控制将订单信息传输到数字显示器，拣货人员根据数字显示器所显示的数字拣货，拣完货之后按确认钮即完成拣货工作，也叫做电子标签拣货。

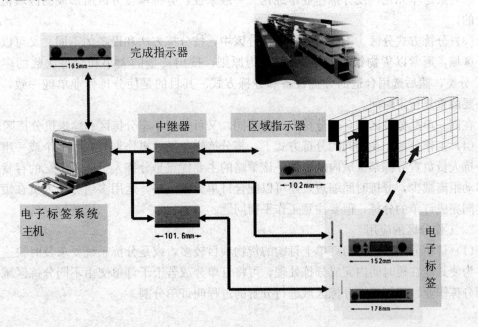

图 5-15　电子标签拣选系统结构

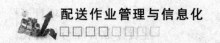

电子标签辅助分拣优点：

①沿特定分拣路径，看电子标签等亮就停下来，并按显示数字分拣，不容易拣错货，错误率可少于万分之二。

②可省去来回寻找待拣货物的时间，分拣速度可提高 30％至 50％。

③只要寻找电子标签灯亮的货位，并按显示数字分拣，使不识货物的生手也能分拣。

六、 分拣策略

分拣策略是影响分拣作业效率的重要因素，对不同的订单需求应采取不同的分拣策略。

决定分拣策略的四个主要因素：分区、订单分割、订单分批、分类。

这四个主要因素交互运用产生多个分拣策略。

1. 分区策略

分区就是将分拣作业场地按区域划分，有下面几种分区方式：货物特性分区、分拣单位分区、分拣方式分区、工作分区。

（1）货物特性分区。货物特性分区就是根据货物原有的性质，将需要特别储存搬运或分离储存的货物进行区隔，以保证货物的品质在储存期间保持一定。

（2）分拣单位分区。将分拣作业区按分拣单位划分，如箱装分拣区、单品分拣区、或是具有特殊货物特性的冷冻品分拣区等。其目的是使储存单位与分拣单位分类统一，以方便分拣与搬运单元化，使分拣作业单纯化。一般来说，分拣单位分区所形成的区域范围是最大的。

（3）分拣方式分区。不同的分拣单位分区中，按分拣方法和设备的不同，又可以分为若干区域，通常以货物销售的 ABC 分类为原则，按出货量的大小和分拣次数的多寡做 ABC 分类，然后选用合适的分拣设备和分拣方式。其目的是使分拣作业单纯一致，减少不必要的重复行走时间。

在同一单品分拣区中，按分拣方式的不同，又可分为小车分拣区和输送机分拣区。

（4）工作分区。在相同的分拣方式下，将分拣作业场地再作划分，由一个或一组固定的分拣人员负责分拣某区域内的货物。该策略的主要优点是分拣人员需要记忆的存货位置和移动距离减少，分拣时间缩短，还可以配合订单分割策略，运用多组分拣人员在短时间内共同完成订单的分拣，但要注意工作平衡问题。

2. 工作分区的应用

（1）订单分割策略。当订单上订购的货物项目较多，或是分拣系统要求及时快速处理时，为使其能在短时间内完成分拣处理，可将订单分成若干子订单交由不同分拣区域同时进行分拣作业。将订单按分拣区域进行分解的过程叫订单分割。

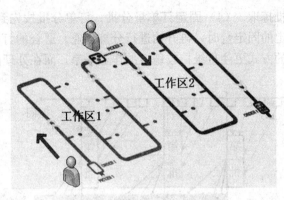

图 5-16　接力式分拣作业路线

（2）订单分批策略。订单分批是为了提高分拣作业效率而把多张订单集合成一批，进行批次分拣作业，其目的是缩短分拣时平均行走搬运的距离和时间。若再将每批次订单中的同一货物品项加总后分拣，然后再把货物分类给每一个顾客订单，则形成批量分拣，这样不仅缩短了分拣时平均行走搬运的距离，也减少了重复寻找货位的时间，而使分拣效率提高。

①总合计量分批。合计分拣作业前所有累积订单中每一货物项目的总量，再根据这一总量进行分拣以将分拣路径减至最短，同时储存区域的储存单位也可以单纯化，但需要有功能强大的分类系统来支持。

②时窗分批。当从订单到达到分拣完成出货所需的时间非常紧迫时，可利用此策略开启短暂而固定的时窗，如 5 分钟或 10 分钟，再将此时窗中所到达的订单做成一批，进行批量分拣。这一方式常与分区及订单分割联合运用，特别适合于到达时间短而平均的订单型态，同时订购量和品项数不宜太大。

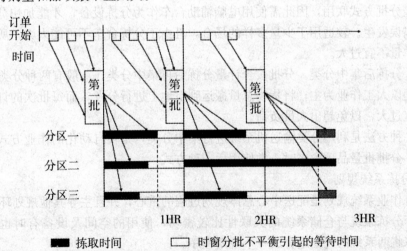

图 5-17　分区时窗分批拣取

（3）分区时窗分批拣取。（4）固定订单量分批。订单分批按先到先处理的基本原则，当累计订单量到达设定的固定量时，再开始进行分拣作业。适合的订单型态与时窗分批类似，但这种订单分批的方式更注重维持较稳定的作业效率，而在处理的速度较前者慢。

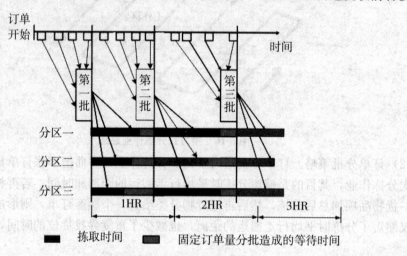

图 5-18　固定订单量分批

3. 分类

当采用批量分拣作业方式时，分拣完后还必须进行分类，因此需要相配合的分类策略。分类方式大概可以分成两类。

（1）分拣时分类；

（2）分拣后集中分类。

（1）分拣时分类。在分拣的同时将货物按各订单分类，这种分类方式常与固定量分批或智能型分批方式联用，因此需使用电脑辅助台车作为分拣设备，才能加快分拣速度，同时避免错误发生。较适用于少量多样的场合，且由于分拣台车不可能太大，所以每批次的客户订单量不宜过大。

（2）分拣后集中分类。分批按合计量分拣后再集中分类。一般有两种分类方法：

一是以人工作业为主，将货物总量搬运到空地上进行分发，而每批次的订单量及货物数量不宜过大，以免超出人员负荷。

另一种方法是利用分类输送机系统进行集中分类，是较自动化的作业方式。当订单分割愈细、分批批量品项愈多时，常使用后一种方式。

4. 分拣系统规划

分拣作业系统规划是配送中心总体规划过程的重心，并且主导其他规划环节的进行。

由于分拣系统与仓储系统的关联性比较密切，使用的空间及设备有时也难以明确区分，所以将两系统的规划组合成一个规划程序。

5. 拣货、仓储系统规划程序

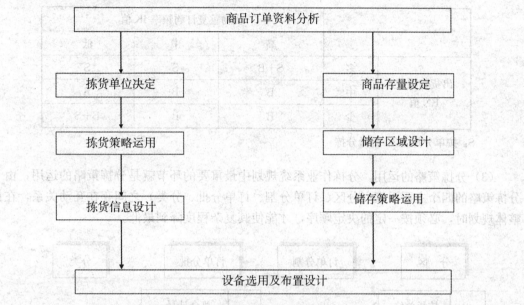

图 5-19　拣货、仓储系统规划程序

（1）分拣单位。分拣单位基本上可分为托盘、箱、单品三种。见表 5-1。

表 5-1

分拣模式编号	储存单位	分拣单位	记号
1	托盘	托盘	P → P
2	托盘	托盘＋箱	P → P＋C
3	托盘	箱	P → C
4	箱	箱	C → C
5	箱	单品	C → B
6	箱	箱＋单品	C → C＋B
7	单品	单品	B → B

（2）分拣方式的确定。

①定量方法。配合 EIQ 的分析结果，按当日 EN 值（订单品项数）及 IK 值（品项重复数）的分布判断出货物项数的多寡和货物周转率的高低，确定不同作业方式的区间。

②定性方法。按单分拣的适用情况及特点；

批量分拣的适用情况及特点。

表 5-2　分拣方式选定对照表

		货物重复订购频率 IK 值		
		高	中	低
出货物项数 EN 值	多	S+B	S	S
	中	B	B	S
	少	B	B	B+S

S：按单分拣　B：批量分拣

（3）分拣策略的运用。分拣作业系统规划中最重要的环节就是分拣策略的运用，由于分拣策略的四个主要因素（分区、订单分割、订单分批、分类）之间存在互动关系，在作整体规划时，必须按一定的决定顺序，才能使其复杂程度降到最低。

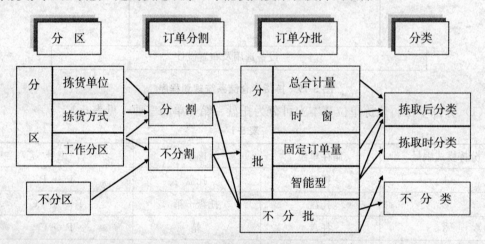

图 5-20　拣货策略运用组合图

①分区的考虑。还必须考虑到储存分区的部分。因此在设计分拣分区之前，必须先对储存分区进行了解、规划，才能使系统整体的配合更加完善。

图 5-21　订单分割

②订单分割策略。

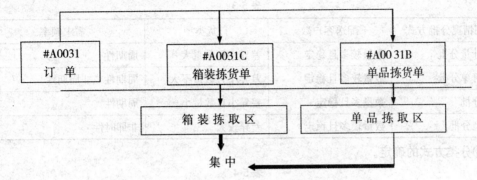

图 5-22 拣货单位分区与订单分割

③订单分割策略。

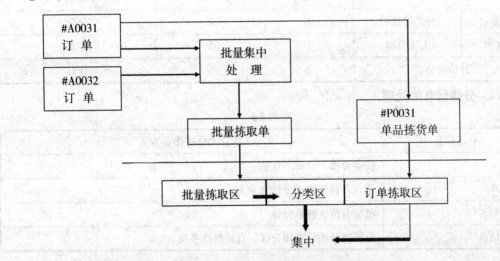

图 5-23 拣货方式分区与订单分割

④订单分割策略。

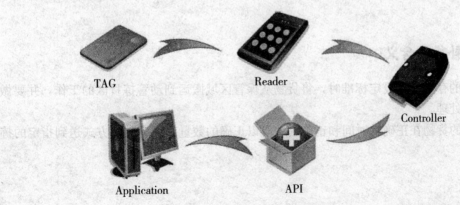

图 5-22 拣货工作分区与订单分割

⑤订单分批的策略。

表 5-3

适用情况分批方式	配送客户数	订货类型	需求频率
总合计量分批	数量较多且稳定	差异小而数量大	周期性
固定订单分批	数量较多且稳定	差异小且数量不大	周期性或非周期性
时窗分批	数量多且稳定	差异小且数量小	周期性
智能型分批	数量较多且稳定	差异较大	非即时性

⑥分类方式的确定。

表 5-4

特性 分类方式		处理订单数量	订购货物品项数	货物重复订购频率
分拣后分类	分类输送机	多	多	变化较大
	人工分类	少	少	较高
分拣时分类		多	少	较低

（4）分拣信息的处理。

表 5-5

分拣信息	适合的分拣作业方式
传票	按单分拣、订单不切割
分拣单	适合各种传统的分拣作业方式
分拣标签	批量分拣、按单分拣
电子信息	分拣时分类、工作分区、自动分拣系统

任务二　补货作业

一、补货的含义

拣货区的存货低于设定标准时，将货物从保管区域搬运到动管拣货区的工作，并要做相应的账面处理。

将正确的货物在正确的时间和正确的地点以正确的数量和最有效的方式送到指定的拣货区。

二、 补货流程（以托盘为例）

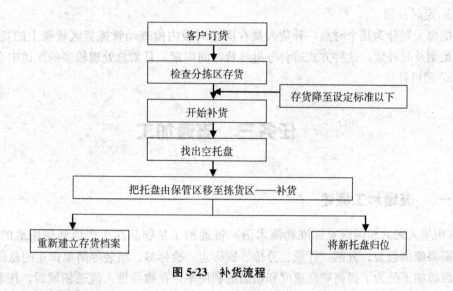

图 5-23 补货流程

三、 补货的基本方式

（一） 按每次补货数量

1. 整箱补货

由货架保管区补货到流动货架的拣货区。这种补货方式的保管区为料架储放区，动管拣货区为两面开放式的流动拣货区。拣货员拣货之后把货物放入输送机并运到发货区，当动管区的存货低于设定标准时，则进行补货作业。这种补货方式由作业员到货架保管区取货箱，用手推车载箱至拣货区。较适合于体积小且少量多样出货的货品。

2. 托盘补货

这种补货方式是以托盘为单位进行补货。托盘由地板堆放保管区运到地板堆放动管区，拣货时把托盘上的货箱置于中央输送机送到发货区。当存货量低于设定标准时，立即补货；使用堆垛机把托盘由保管区运到拣货动管区，也可把托盘运到货架动管区进行补货。这种方式适合于体积大或出货量多的货品。

3. 货架上层—货架下层的补货方式

此种补货方式，保管区与动管区属于同一货架，也就是将同一货架上的中下层作为动管区，上层作为保管区，而进货时则将动管区放不下的多余货箱放到上层保管区。当动管区的存货低于设定标准时，利用堆垛机将上层保管区的货物搬至下层动管区。这种补货方式适合于体积不大、存货量不高，且多为中小量出货的货物

（二） 按补货周期

1. 批量补货

每天由电脑计算所需货物的总拣取量和查询动管区存货量后得出补货数量，从而在拣

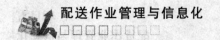

货之前一次性补足，以满足全天拣货量。这种一次补足的补货原则，较适合一日内作业量变化不大，紧急插单不多，或是每批次拣取量大的情况。

2. 定时补货

把每天划分为几个时点，补货人员在固定时段内检查动管拣货区货架上的货品存量，若不足则及时补货。这种方式适合分批拣货时间固定，且紧急处理较多的配送中心。

3. 随机补货

任务三　流通加工

一、流通加工概述

《中华人民共和国国家标准物流术语》流通加工是物品在生产地到使用地的过程中，根据需要施加包装、分割、计量、分拣、刷标志、拴标签、组装等简单作业的总称。

流通加工是为了提高物流速度和物品的利用率，在物品进入流通领域后，按客户的要求进行的加工活动，即在物品从生产者向消费者流动的过程中，为了促进销售、维护商品质量和提高物流效率，对物品进行一定程度的加工。流通加工通过改变或完善流通对象的形态来实现"桥梁和纽带"的作用，因此流通加工是流通中的一种特殊形式。随着经济增长，国民收入增多，消费者的需求出现多样化，促使在流通领域开展流通加工。目前，在世界许多国家和地区的物流中心或仓库经营中都大量存在流通加工业务，在日本、美国等物流发达国家则更为普遍。

二、流通加工的特点

与生产加工相比较，流通加工具有以下特点：

1. 从加工对象看，流通加工的对象是进入流通过程的商品，具有商品的属性，以此来区别多环节生产加工中的一环。流通加工的对象是商品，而生产加工的对象不是最终产品，而是原材料、零配件或半成品。

2. 从加工程度看，流通加工大多是简单加工，而不是复杂加工，一般来讲，如果必须进行复杂加工才能形成人们所需的商品，那么，这种复杂加工应该专设生产加工过程。生产过程理应完成大部分加工活动，流通加工则是对生产加工的一种辅助及补充。特别需要指出的是，流通加工绝不是对生产加工的取消或代替。

3. 从价值观点看，生产加工的目的在于创造价值及使用价值，而流通加工的目的则在于完善其使用价值，并在不做大的改变的情况下提高价值。

4. 从加工责任人看，流通加工的组织者是从事流通工作的人员，能密切结合流通的需要进行加工活动。从加工单位来看，流通加工由商业或物资流通企业完成，而生产加工则由生产企业完成。

5. 从加工目的看，商品生产是为交换、为消费而进行的生产，而流通加工的一个重要目的是为了消费（或再生产）所进行的加工，这一点与商品生产有共同之处。但是流通加工有时候也是以自身流通为目的的，纯粹是为流通创造条件，这种为流通所进行的加工与直接为消费进行的加工在目的上是有所区别的，这也是流通加工不同于一般生产加工的特殊之处。

三、 流通加工的作用

1. 提高原材料利用率

通过流通加工进行集中下料，将生产厂商直接运来的简单规格产品，按用户的要求进行下料。例如将钢板进行剪板、切裁；木材加工成各种长度及大小的板、方等。集中下料可以优材优用、小材大用、合理套裁，明显地提高原材料的利用率，有很好的技术经济效果。

2. 方便用户

用量小或满足临时需要的用户，不具备进行高效率初级加工的能力，通过流通加工可以使用户省去进行初级加工的投资、设备、人力，方便了用户。目前发展较快的初级加工有：将水泥加工成生混凝土、将原木或板、方材加工成门窗、钢板预处理、整形等加工。

3. 提高加工效率及设备利用率

在分散加工的情况下，加工设备由于生产周期和生产节奏的限制，设备利用时松时紧，使得加工过程不均衡，设备加工能力不能得到充分发挥。而流通加工面向全社会，加工数量大，加工范围广，加工任务多。这样可以通过建立集中加工点，采用一些效率高、技术先进、加工量大的专门机具和设备，一方面提高了加工效率和加工质量，另一方面还提高了设备利用率。

四、 流通加工的类型

根据不同的目的，流通加工具有不同的类型：

1. 为适应多样化需要的流通加工

生产部门为了实现高效率、大批量的生产，其产品往往不能完全满足用户的要求。这样，为了满足用户对产品多样化的需要，同时又要保证高效率的大生产，可将生产出来的单一化、标准化的产品进行多样化的改制加工。例如，对钢材卷板的舒展、剪切加工；平板玻璃按需要规格的开片加工；木材改制成枕木、板材、方材等加工。

2. 为方便消费、省力的流通加工

根据下游生产的需要将商品加工成生产直接可用的状态。例如，根据需要将钢材定尺、定型，按要求下料；将木材制成可直接投入使用的各种型材；将水泥制成混凝土拌合料，使用时只需稍加搅拌即可使用等。

3. 为保护产品所进行的流通加工

在物流过程中，为了保护商品的使用价值，延长商品在生产和使用期间的寿命，防止商品在运输、储存、装卸搬运、包装等过程中遭受损失，可以采取稳固、改装、保鲜、冷冻、涂油等方式。例如，水产品、肉类、蛋类的保鲜、保质的冷冻加工、防腐加工等；丝、麻、棉织品的防虫、防霉加工等。还有，如为防止金属材料的锈蚀而进行的喷漆、涂防锈油等措施，运用手工、机械或化学方法除锈；木材的防腐朽、防干裂加工；煤炭的防高温自燃加工；水泥的防潮、防湿加工等。

4. 为弥补生产领域加工不足的流通加工

由于受到各种因素的限制，许多产品在生产领域的加工只能到一定程度，而不能完全实现终极的加工。例如，木材如果在产地完成成材加工或制成木制品的话，就会给运输带来极大的困难，所以，在生产领域只能加工到圆木、板、方材这个程度，进一步的下料、切裁、处理等加工则由流通加工完成；钢铁厂大规模的生产只能按规格生产，以使产品有较强的通用性，从而使生产能有较高的效率，取得较好的效益。

5. 为促进销售的流通加工

流通加工也可以起到促进销售的作用。比如，将过大包装或散装物分装成适合依次销售的小包装的分装加工；将以保护商品为主的运输包装改换成以促进销售为主的销售包装，以起到吸引消费者、促进销售的作用；将蔬菜、肉类洗净切块以满足消费者要求等等。

6. 为提高加工效率的流通加工

许多生产企业的初级加工由于数量有限，加工效率不高。而流通加工以集中加工的形式，解决了单个企业加工效率不高的弊病。它以一家流通加工企业的集中加工代替了若干家生产企业的初级加工，促使生产水平有一定的提高。

7. 为提高物流效率、降低物流损失的流通加工

有些商品本身的形态使之难以进行物流操作，而且商品在运输、装卸搬运过程中极易受损，因此需要进行适当的流通加工加以弥补，从而使物流各环节易于操作，提高物流效率，降低物流损失。例如，造纸用的木材磨成木屑的流通加工，可以极大提高运输工具的装载效率；自行车在消费地区的装配加工可以提高运输效率，降低损失；石油气的液化加工，使很难输送的气态物转变为容易输送的液态物，也可以提高物流效率。

8. 为衔接不同运输方式、使物流更加合理的流通加工

在干线运输和支线运输的结点设置流通加工环节，可以有效解决大批量、低成本、长距离的干线运输与多品种、少批量、多批次的末端运输和集货运输之间的衔接问题。在流通加工点与大生产企业间形成大批量、定点运输的渠道，以流通加工中心为核心，组织对多个用户的配送，也可以在流通加工点将运输包装转换为销售包装，从而有效衔接不同目的的运输方式。比如，散装水泥中转仓库把散装水泥装袋、将大规模散装水泥转化为小规模散装水泥的流通加工，就衔接了水泥厂大批量运输和工地小批量装运的需要。

9. 生产—流通一体化的流通加工

依靠生产企业和流通企业的联合，或者生产企业涉足流通，或者流通企业涉足生产，形成的对生产与流通加工进行合理分工、合理规划、合理组织，统筹进行生产与流通加工的安排，这就是生产—流通一体化的流通加工形式。这种形式可以促成产品结构及产业结构的调整，充分发挥企业集团的经济技术优势，是目前流通加工领域的新形式。

10. 为实施配送进行的流通加工

这种流通加工形式是配送中心为了实现配送活动，满足客户的需要而对物资进行的加工。例如，混凝土搅拌车可以根据客户的要求，把沙子、水泥、石子、水等各种不同材料按比例要求装入可旋转的罐中。在配送路途中，汽车边行驶边搅拌，到达施工现场后，混凝土已经均匀搅拌好，可以直接投入使用。

五、 常见的流通加工

（一）食品的配送加工

1. 冷冻加工——鲜肉、鲜鱼、某些液体商品、药品等。
2. 分选加工——果类、瓜类、谷物、棉毛原料等。
3. 精制加工——农、牧、副、渔等产品。
4. 分装加工——大包装改成小包装、散装改小包装、运输包装改销售包装。

（二）钢板剪板及下料加工

1. 热连轧钢板的剪板及下料加工
2. 钢带的剪板及下料加工
3. 热轧厚钢板的剪板及下料加工

（三）木材的配送加工

1. 磨制木屑、压缩输送

将原木磨成木屑，压缩成容重较大、容易装运的形状，运至靠近消费地的造纸厂。

2. 集中开木下料

原木锯截成各种规格锯材，同时将碎木、碎屑集中加工成各种规格板，还可进行打眼、凿孔等初级加工。使原木利用率提高到 95％，出材率提高到 72％左右。

（四）平板玻璃的配送加工

设立若干个玻璃套裁中心，负责按用户提供的图纸统一套裁开片，向用户供应成品，用户可以将其直接安装到采光面上；从工厂到套裁中心的稳定、高效率、大规模的平板玻璃"干线输送"；从套裁中心到用户的小批量、多户头的"二次输送"。

任务四 配货作业信息化解决方案

一、 配货分拣模块

在传统的物流作业中，分拣、配货要占去全部所用劳动力的 60％，且容易发生差错。配送中心在接受客户的订单后，将订单录入信息系统后，系统可以打印出拣货单：包括货物的位置，数量等。分拣人员根据计算机打印出的拣货单，在仓库中进行拣货。另外，分拣人员利用手持的 RFID 读写器将订单信息、客户信息等写入检出货物的 RFID 标签。在货物离开仓库时，仓库通道口（门口）的 RFID 读写器可以快速读出这些信息。信息系统获得这些信息后，与原始订单进行比较就马上知道检货出货有无差错。

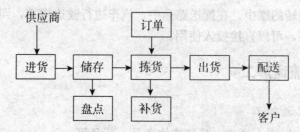

图 5-24 配送中心作业流程图

在自动化程度比较高的配送中心，各种自动分类机也可以通过读出 RFID 标签信息，将货物分岔流向不同的滑槽中，通过传送带到达指定的区域。配货效率可以得到很大的提高。通过 RFID 和信息系统（计算机技术、网络技术、数据库技术）的综合应用，可以大大提高物流信息的传递速度和数据的准确性，并实现对物流的实时跟踪。

二、 补货模块

通过将客户订单录入信息系统，加上一定的货物库存控制策略。可以得到各种货物所需要的库存量。而库存盘点可以方便地提供各种货物的实际库存量数据。两者对比分析后，信息系统可以准确地判断哪些货物需要进行补货，而哪些货物库存过多。

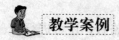

当当网的订单边拣边分模式

有统计表明，在完全的订单摘果作业模式下，电商仓库的拣货作业人员有超过 70% 的时间是用于反复的行走的。我们统计过一个电商行业的先驱企业的拣货人员行走时间，发现平均每个拣货人员一天大致要行走 20 公里～25 公里的路程，这是导致拣货效率低下的一个非常直接的原因。

图 5-25 边拣边分的作业

边拣边分的作业模式有效地解决了这一问题，在这种作业模式下，首先将一定数量的订单进行合并。具体合并的数量取决于产品的物理属性和拣货车辆的容积，可以是一车 4 单，一车 20 单，多的甚至可以到一车 64 单。

即使不进行任何订单的组合优化，这种作业模式已经能够有效减少拣货人员的无效行走距离，大幅度提高拣货作业效率。假设借助 WMS 系统对订单进行组合优化，效率将得到更大的提升。组合优化的原理主要是基于仓库的三级分区，将以往完全基于整个库区的作业范围转换为"小区"作业方式，通过系统对订单池内的订单进行分析，将在一个"社区"、一个"小区"甚至一个"库位"内订单进行递归式组合，使一个波次内订单拣货覆盖的作业面积和拣货路径降至最低。

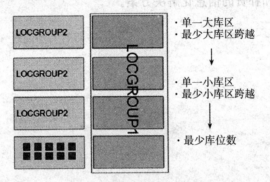

图 5-26   "小区"作业方式

手持终端 RF 或者车载终端 VC 的使用对于提高边拣边分的作业准确性至关重要，终端的作用包括：

（1）指导拣货人员作业路径；

（2）提示合并拣货的数量和每个订单需要分货的数量；

（3）扫描库位验证拣货的正确性。在小车货位不多的情况下，可以借助图形化显示模式（左图），使作业人员能够更直接对应的小车的位置。而在小车货位比较多的情况下，使用列表的方式（右图）将更加高效。

图 5-26   扫描库位验证拣货的正确性

一个波次拣货作业结束后，打包人员可以直接按单进行复核和打包，而不需要再进行二次分拣。边拣边分的作业模式非常适合经营诸如服装、化妆品、3C 产品等小件商品的

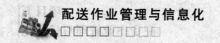
电商企业。国内某 3C 类电子商务企业，通过应用此作业模式，拣货人员的日均拣货能力提高到了 1000 单～1200 单/天。

章节思考题

1. 结合实际谈谈商品的拣货作业。
2. 播种法的含义及其优缺点。
3. 简述补货作业流程。
4. 介绍一下拣货和补货的信息化解决方案。

项目六　配载、送货作业管理与信息化

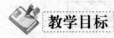

教学目标

知识目标

1. 了解配载与出货作业流程及信息化解决方案。
2. 熟悉商品送货作业流程及信息化解决方案。

能力目标

1. 掌握商品出库、配装和送货作业。
2. 掌握出库、配装和送货环节设施设备的使用。

任务一　配载作业

一、配货

把拣取分类完成的货物经过配货检查过程后，装入容器并做好标识，再运到配货准备区，等待装车后发送。

二、装车配载作业

(一) 装车配载作业的目标

配送车辆一般为中小型货柜车，配送的货物有轻泡货和重货，装车时既要考虑车辆的载重量，又要考虑车辆的容积，尽可能使配送车辆满载，降低成本。

装车配载的目标：在保证货物质量与数量完好的前提下，尽可能提高车辆的装载率和车辆的利用率，节省运力，降低配送成本。

(二) 配送车辆积载的原则

在明确了客户的配送顺序后，接着就是车辆积载的问题，为了提高配送效率、降低配送成本和减少货损货差，车辆积载应遵循如下原则：

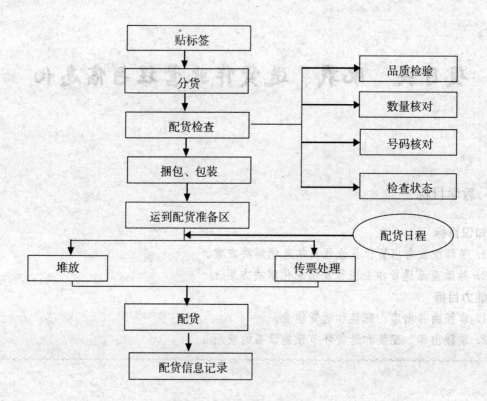

图 6-1　一般配货流程图

（1）装车的顺序：先送后装。

（2）轻重搭配：重不压轻。

（3）大小搭配：大不压小。

（4）货物性质搭配（三一致原则）。

（5）到达同一地点的适合配载的货物应尽可能一次积载。

（6）确定合理的堆码层次与方法。

（7）积载时不允许超过车辆所允许的最大载重量。

（8）积载时车厢内货物重量应分布均匀。

（9）应防止车厢内货物之间碰撞、相互玷污。

三、　车辆配载的常用方法

（一）车辆运输生产率

吨位利用率＝（实际完成周转量/载运行程载质量）×100%

（二）车辆配载的方法

1. 容重配装法

$W_a = V - W \times R_b / (R_a - R_b)$

$$W_b = V - W \times R_a / (R_b - R_a)$$

车箱容积为 V，

车辆载重量为 W

装载质量体积为 R_a、R_b 的两种货物

2. 经验配装法

（三）配送车辆亏载的原因

（1）货物特性（如轻泡货，由于车厢容积的限制而无法装足吨位）。

（2）货物包装情况（如车厢尺寸与货物包装容器的尺寸不成整倍数关系）。

（3）不能拼装运输（应尽量选派核定吨位与所配送的货物数量接近的车辆进行运输，或按有关规定减载运行）。

（4）装载技术的原因，造成不能装足吨位。

（四）提高运输车辆吨位利用率的具体办法

（1）研究各类车厢的装载标准，不同货物和不同包装体积的合理装载顺序，努力提高装载技术和操作水平，力求装足车辆核定吨位。

（2）根据客户所需的货物品种和数量，调派适宜的车型承运，这就要求配送中心保持合适的车型结构。

（3）凡是可以拼装运输的，尽可能拼装运输，但要注意防止差错。

四、 装车堆积

堆积的方式：

（1）行列式堆码方式；（2）直立式堆码方式。

堆积应注意的事项：

（1）堆码方式要有规律，整齐；

（2）堆码高度不能太高；

（3）货物在横向不得超出车厢宽度；

（4）重货在下，轻货在上，大小搭配；

先卸车的货物后码放。

五、 车辆调度作业的作用

（1）保证配送任务按期完成。

（2）能及时了解配送任务的执行情况。

（3）促进配送及相关作业的有序进行。

（4）实现最小的运力投入。

六、 车辆调度作业的特点

计划性、预防性、机动性。

七、 车辆调度的基本原则

(1) 统一领导、分级管理、分工负责的原则。

(2) 从全局出发，局部服从全局的原则。

(3) 以均衡和超额完成配送任务为出发点的原则。

(4) 最低运力投入和获得最大效益的原则。

八、 车辆调度的常用方法

(1) 定向专车运行调度法、循环调度法、交叉调度法等。

(2) 表上作业法。

(3) 图上作业法。

(4) 经验调度法和运输定额比法。

(5) 匈牙利法（任务指派）。

实例： 应用匈牙利法进行任务指派

若某配送中心有 A、B、C、D、E 共 5 辆车，现有 5 个任务需要完成，每辆车只能完成一个任务，每辆车完成不同任务所需费用如下表。问如何分配车辆才能使完成任务的总费用最低？

任务 ＼ 车辆	A	B	C	D	E
任务一	10	5	9	18	11
任务二	13	19	6	12	14
任务三	3	2	4	4	5
任务四	18	9	12	17	15
任务五	11	6	14	19	10

(1) 以各车辆完成各个任务的费用构建矩阵。

$$\begin{vmatrix} 10 & 5 & 9 & 18 & 11 \\ 13 & 19 & 6 & 12 & 14 \\ 3 & 2 & 4 & 4 & 5 \\ 18 & 9 & 12 & 17 & 15 \\ 11 & 6 & 14 & 19 & 10 \end{vmatrix}$$

(2) 对每行数据减去本行的最小元素。

$$\begin{vmatrix} 10 & 5 & 9 & 18 & 11 \\ 13 & 19 & 6 & 12 & 14 \\ 3 & 2 & 4 & 4 & 5 \\ 18 & 9 & 12 & 17 & 15 \\ 11 & 6 & 14 & 19 & 10 \end{vmatrix} \begin{matrix} -5 \\ -6 \\ -2 \\ -9 \\ -6 \end{matrix}$$

$$\begin{vmatrix} 5 & 0 & 4 & 13 & 6 \\ 7 & 13 & 0 & 6 & 8 \\ 1 & 0 & 2 & 2 & 3 \\ 9 & 0 & 3 & 8 & 6 \\ 5 & 0 & 8 & 13 & 4 \end{vmatrix}$$

（3）检查各行与各列是否都有"0"。如果都有则进行下一步；否则就把各列均减去本列的最小元素，使每行和每列均有"0"。

$$\begin{vmatrix} 5 & 0 & 4 & 13 & 6 \\ 7 & 13 & 0 & 6 & 8 \\ 1 & 0 & 2 & 2 & 3 \\ 9 & 0 & 3 & 8 & 6 \\ 5 & 0 & 8 & 13 & 4 \end{vmatrix}$$

$$\begin{matrix} -1 & & & -2 & -3 \end{matrix}$$

$$\begin{vmatrix} 4 & 0 & 4 & 11 & 3 \\ 6 & 13 & 0 & 4 & 5 \\ 0 & 0 & 2 & 0 & 0 \\ 8 & 0 & 3 & 6 & 3 \\ 4 & 0 & 8 & 11 & 1 \end{vmatrix}$$

（4）用最少的直线（横线或竖线均可）将矩阵中的"0"划去。（技巧：从"0"最多的行或列开始划线）

$$\begin{vmatrix} 4 & 0 & 4 & 11 & 3 \\ 6 & 13 & 0 & 4 & 5 \\ 0 & 0 & 2 & 0 & 0 \\ 8 & 0 & 3 & 6 & 3 \\ 4 & 0 & 8 & 11 & 1 \end{vmatrix}$$

（5）转换。若直线数等于矩阵的行数或列数时，得到最优结果。若直线数小于矩阵的行数或列数时，进行转换：①找出未被划去的数中的最小值 λ，②将所有未划去的各行元素减去这个最小值 λ，而在划直线的各列元素均加上这个最小值 λ，得到新矩阵。

$$\begin{vmatrix} 4 & 0 & 4 & 11 & 3 \\ 6 & 13 & 0 & 4 & 5 \\ 0 & 0 & 2 & 0 & 0 \\ 8 & 0 & 3 & 6 & 3 \\ 4 & 0 & 8 & 11 & 1 \end{vmatrix}$$

（6）重复第 4 步和第 5 步，直到划"0"的最少直线数等于矩阵的行数或列数，得到最终矩阵。

$$\begin{vmatrix} 0 & 0 & 4 & 7 & 2 \\ 2 & 13 & 0 & 0 & 4 \\ 0 & 1 & 2 & 0 & 0 \\ 4 & 0 & 3 & 2 & 2 \\ 0 & 0 & 8 & 7 & 0 \end{vmatrix}$$

（7）找出独立"0"元素组。（技巧：从最少的有"0"的行或列开始找）

$$\begin{vmatrix} 0 & 0 & 4 & 7 & 2 \\ 2 & 13 & 0 & 0 & 4 \\ 0 & 1 & 2 & 0 & 0 \\ 4 & 0 & 3 & 2 & 2 \\ 0 & 0 & 8 & 7 & 0 \end{vmatrix}$$

（8）将打"√"的"0"用"1"置换，其他数据均用"0"置换。则"1"即为分配的任务与相应的车辆。

$$\begin{vmatrix} 1 & 0 & 0 & 0 & 0 \\ 0 & 0 & 1 & 0 & 0 \\ 0 & 0 & 0 & 1 & 0 \\ 0 & 1 & 0 & 0 & 0 \\ 0 & 0 & 0 & 0 & 1 \end{vmatrix}$$

任务＼车辆	A	B	C	D	E
任务一	10				
任务二			6		
任务三				4	
任务四		9			
任务五					10

任务二　送货作业

送货作业是配送业务的最后一个环节。送货作业是利用配送车辆把客户订购的物品从配送中心送到客户手中的过程。送货作业过程中受到各种情况的影响，因此送货作业前需要进行周密安排，以保证送货作业的顺利完成。送货作业的基本流程及影响因素如下图：

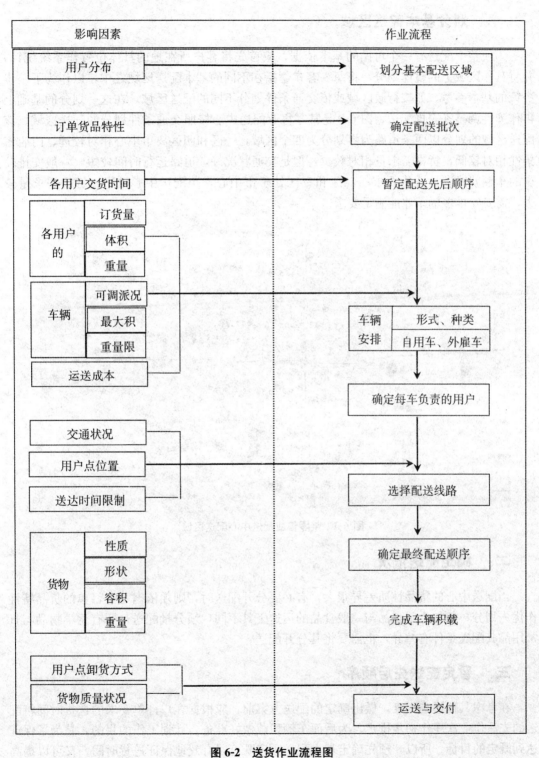

图 6-2　送货作业流程图

一、 划分基本配送区域

为使整个配送有一个可循的基本依据，应首先将客户所在地的具体位置作系统统计，并将其作区域上的整体划分，将每一客户囊括在不同的基本配送区域之中，以作为下一步决策的基本参考。如按行政区域或依交通条件划分不同的配送区域，在这一划分的基础上再作弹性调整来安排配送。图 6-3 是某零售业配送中心按照交通条件划分的配送区域。该配送区域的划分以两条道路为界划分为四个区域，一区和四区离市中心相对较远，门店密集性相对较低，货物需求量相对较少，但是交通状况好，道路运行时间较短，一般安排较少的车辆就能满足送货要求；二区和三区处于市中心，距配送中心较远，货物需求量较大，需要安排多辆车才能满足要求。

图 6-3　某零售业配送中心配送区域

二、 确定配送批次

当配送中心的货品性质差异很大，有必要分开配送时，则须依据每个订单的货品特性作优先划分，例如生鲜食品与一般食品的运送工具不同，须分批配送；还有化学物品与日常用品其配送条件有差异，也需要将其分开配送。

三、 暂定配送先后顺序

在考虑其他影响因素，做出确定的配送方案前，应根据客户订单要求的送货时间将配送的先后作业次序作初步排定，为后面车辆积载做好准备。计划工作的目的，是为了保证达到既定的目标。所以，预先确定基本配送顺序既可以有效地保证送货时间，又可以提高动作效率。例如，大多数的快递公司往往规定以下午 3 点作为发货界限，当日下午 3 点之前下单的客户，当日发货，3 点之后下单的客户，第二天发货。

四、 车辆安排

究竟要安排什么类型的配送车辆？是要使用自用车好？或是外雇车好？需要从客户需求方面、车辆方面及成本方面来共同考虑。在客户方面，需要考虑各客户的订货量、订货材积、重量，以及客户点的卸货特性限制；在车辆方面，要知道到底有那些车辆可供调派，以及这些车辆的积载量与重量限制；在成本面，必须依自用车的成本结构及外雇车的计价方式来考虑选择何种方式比较划算。由此三方面的信息配合，才能作出最合适的车辆安排。进行车辆安排的具体步骤如下表：

表 6-1 车辆安排工作步骤及要点

序号	步骤	要点
1	检查车辆运行前的准备工作	检查备货情况，了解货物的特性，如货物的重量、体积、外形尺寸等信息，检查装车作业人员和设备的准备情况
2	现场调度	根据货物分日配送计划、车辆运行作业计划和车辆状态选择需要调度的车辆，同时考虑货物的性质合理的选择车型，进行车辆调度，签发行车路单；勘察配载作业现场，做好装卸车准备；督促驾驶员按时出车；督促车辆按计划送修进保

大多车辆调度工作比较复杂的配送中心会采用车辆管理系统进行辅助调度，车辆管理系统会根据订单上的货物重量、体积、类型、特性，自动运算给出备选的车型和车辆数，再根据车辆的忙闲状态，给出备选的车辆的车号。车辆调度员就可以根据系统给出的调度方案，同时考虑各车辆的工作量和驾驶员的劳动强度给出具体的车辆、驾驶员安排。

五、 决定每辆车负责的客户

作好配送车辆的安排以后，要根据车辆自身的车型、载重量、容积等特征，如果车辆是定路线的，还要考虑车辆所负责的路线，并结合货物的重量、体积、发运路线等特征，确定对于每辆车所负责的客户点。

六、 选择配送线路

知道了每辆车须负责的客户点后，如何以最快的速度完成这些客户点的配送，如何来选择配送距离短、配送时间短、配送成本低的线路，这需要根据客户点的具体位置、沿途的交通状况等做出优先选择和判断。除此之外，对于有些客户或所在环境有其送达时间的限制也需要加以考虑，如是有些客户不愿中午收货，或是有些道路在高峰时间不准卡车进入等，都必须尽量在选择路径时将之避开。

七、 确定最终配送顺序

做好车辆及选择好最佳的配送线路后，依据各车负责配送的具体客户的先后，即可将

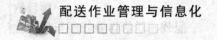

客户的最终配送顺序加以明确的确定。

八、 完成车辆积载

如何将货物装车，以什么次序装车的问题，就是车辆的积载问题。原则上，知道了客户的配送顺序先后，只要将货物依"后送先装"的顺序装车即可。但有时为有效利用空间，可能还要考虑货物的性质，如怕震、怕压、怕撞、怕湿，形状、体积及重量等作出调整。此外，对于货物的装卸方法也必须依照货物的性质、形状、重量、体积等来具体决定。

提示板

车辆积载注意事项

进行车辆积载时要注意以下几点：

(1) 尽量把外观相近、容易混淆的货物分开装载；

(2) 重不压轻，大不压小；

(3) 不要将散发浓烈气味的货物与具有吸味性的食品混装；

(4) 尽量不将散发粉尘的货物与清洁货物混装；

(5) 切勿将渗水货物与易受潮货物一同存放；

(6) 包装不同的货物应分开装载，如板条箱货物不要与纸箱、袋装货物堆放在一起；

(7) 具有尖角或其他突出物的货物应和其他货物分开装载或用木板隔离，以免损伤其他货物；

(8) 装载易滚动的卷装、桶装货物，要垂直摆放；

(9) 货物与货物之间，货与车辆之间应该留有空隙并适当衬垫，防止货损；

(10) 装货完毕，应在门端处采取适当的稳固措施，以防止开门卸货时，货物倾倒造成货损或人身伤亡；

九、 运送与交付

货物运送到客户的指定地点后，需要组织卸货作业，卸货作业可能是由送货员组织或送货员自行卸货，也可能是由客户自行组织。如果客户是大型配送中心，卸货作业往往是由配送中心组织；如果客户是最终卸货作业往往是由送货员组织或是由送货员自行卸货。在卸货的过程或卸货后，需要客户对货物进行清点验收，验收无误后，客户需要在送货单上签收，并留下客户联。如果验收后产品有误需要退货，还需要客户签退货单。最后由客户完成货物的入货位或上货架作业。

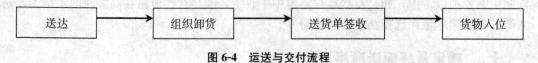

图6-4 运送与交付流程

116

提示板

影响送货作业质量的因素

影响送货作业质量的因素主要有以下几点：

（1）装卸货作业人员的细心程度；

（2）运送过程对于货品的保护；

（3）送货人员对于客户地点和作业环境的熟悉程度；

（4）配送作业人员的职业道德。

补充阅读

九州通医药集团送货流程

序号	流程	说明
1	排装车序	配送协调员在 LIMS 系统中，根据各线路的货量及客户家数，同运输部联系，提出车辆需求，协商并确定车辆，并在 LIMS 系统中对送货单位的装车顺序进行排序
2	打印配送装车单	配送协调员对已在 LIMS 系统中排好顺序的配送装车单进行打印
3	联系车辆	配送协调员联系安排好的车辆
4	整理单据	理单员接到仓储部传来的《销售开票汇总单》（白）、《销售退补价单》及上次的《销售退回开票单》，按线路放入对应的格子柜，等区域单据到齐后按区合流
5	开具税票	税票员根据理单员送至的《销售出库复核单》（红、蓝）、《退补价单》及上次的《销售退回开票单》的装订联开具税票
6	单据合流	各区域各客户单据合流
7	安排车辆	司机将车辆停到指定装车区域，打开车门，做好装车准备
8	复核并安排装车	1. 外复核货物复核完毕后，配送部装车外复核员根据《配送装车单》，然后安排搬运工进行装车 2. 将货物装车完毕之后，将装车单的白联交配送协调员
9	交接单据	1. 配送员与配送协调员交接配送装车单的白联及检查车辆对应区域装车情况 2. 配送员与理单员进行各区域客户单据交接 3. 配送员将各类整理好的配送单据打包后放入驾驶室 4. 配送员与促销员交接礼品及相关单据，并将对应客户的礼品放置至对应车辆
10	配送、办理退货手续，处理退货	1. 配送员配送，并对客户提出的退货申请进行接收、记录并反馈 2. 配送工作结束回公司后，参照销售退回管理办法办理退货的相关审核手续，并将审核通过后带回的退货至销售退回组办理相关退货
11	缴款结算	到财务部结算交款及相关银行票据
12	单据交接信息录入	将装车单及《销售开票汇总单》（白）按顺序整理后交配送协调员

任务三　送货作业管理

送货作业是一项时效性要求非常高的作业，直接关系到客户的满意度，同时送货成本也在配送成本中占较大的比例。因此需要同时考虑成本和服务，对送货作业事先进行认真的安排，事后进行仔细的评价和分析，找出降低送货成本的方法。

一、送货作业管理概述

送货是一种短距离、多品种小批量、高频率的运输形式。它以服务为目标，以尽可能满足客户需求为宗旨。送货作为配送的最后一道环节，对于物流企业来说是非常关键的，因为它直接跟顾客打交道。因此如何有效地管理送货作业是物流企业不可忽视的问题。如果在这方面失误，会产生种种问题，例如从接受订单到出货非常费时、配送效率低下、驾驶员的工作时间不均、货品在输送过程中的损坏、丢失等。同时，最直接的影响是输送费用超常。所以，在送货的管理中，不仅要对送货人员的工作时间、发生的重要情况作管理，而且还要加强对车辆利用（如装载率、空驶率等）的管理。

（一）送货作业的重要性

送货作业管理的困难在于其可变因素较多，且因素与因素间往往又相互影响，因而很容易遇到以下状况：

（1）从接受订货至出货非常费时。

（2）送货计划难以确定。

（3）送货路径的选择不顺利。

（4）送货效率低。

（5）无法按时送货交货。

（6）送货业务的评价标准不明确。

（7）驾驶员的工作时间不均，产生抱怨。

（8）货品送货过程的损毁与遗失。

因而如何有效管理送货是非常重要，一旦未能妥善管理，除上述几点状况可能发生外，最直接的影响必会反映在送货的费用上。

概括来说，配送中心的物流费包括送货费、保管费、包装费、搬运费及其他，其中送货费比例最高，占 35%～60%。因而若能降低送货费，对配送中心的收益应有极大贡献。

（二）送货作业的要点

送货是配送中心作业最终及最具体直接的服务表现，其服务有下列特性：

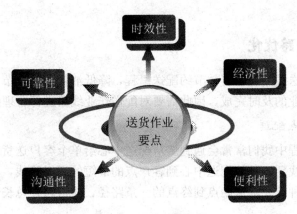

图 6-4　送货作业要点

1. 时效性

时效应是客户最重视的因素，也就是要确保能在指定的时间内交货。由于送货是从客户订货至交货各环节中的最后一环节。也是最容易无计划性地延误时程的阶段（配送中心内部作业的延迟较易掌握，并可随时与客户调整），一旦延误便无法弥补。即使内部阶段稍稍延迟，若能规划一个良好的送货计划则仍可能补救延迟的时间，因而送货作业可说是掌控时效的关键点。

一般未能掌握送货时效性的原因，除司机本身问题外，不外乎所选择的送货路径路况不良，或中途客户点下货不易以及客户未能及时配合等所引起的，因此必须谨慎选择送货路径，或加派人员辅助指导每个客户点的卸货，才能让每位客户都在期望时间内收到期望的货物。

2. 可靠性

将货品完好无缺地送达目的地，是送货的目的。影响可靠性的因素有货物的装卸作业、运送过程中的机械振动和冲击及其他意外事故、客户地点及作业环境、送货人员的素质等等。

3. 沟通性

由于送货人员是将货品交到客户手中的责任人，也是客户最直接接触的人员，因而其表现出的态度、反应会给客户流下深刻的印象，代表着物流公司的形象，因而送货人员应能与顾客做有效的沟通，且具备良好的服务态度，以维护物流公司的形象，巩固客户的忠诚度。

4. 便利性

送货最主要便是要让客户觉得方便，因而对于客户点的送货计划，应采取较弹性的系统，才能够随时满足客户需求的变化，为客户提供便利的服务。例如紧急送货、信息传送、顺道退货、辅助资源回收等。

5. 经济性

满足客户的服务要求，不仅品质要好，价格也是客户重视的要素。因而若能让送货中心本身运作有效率，成本控制得当，自然对客户的收费也能降低，也就更能以经济性来抓

住客户了。

二、 配送线路优化

合理地规划配送线路能够有效节约配送里程，降低油耗费用，节省成本，提高配送时效性，保证配送作业的及时完成，因此需要对配送作业线路进行合理的规划。

（一）单车单点配送

在实际送货过程中我们常常会遇到要从配送中心给单个客户送货的问题，这时我们所期望的通常是能够找到一条从配送中心到客户点的最短的运行路线，因为这样能够节省油耗，节省成本。这种需要求从始点到终点的一条路径，使得路径总长最短的问题，被称为最短路程问题。

最短路程问题一般描述如下：在一个网络图中，给定一个始点和一个终点，求始点到终点的一条路径，使得路径总长最短。

除配送路径选取问题外，有许多实际问题都可以归结为最短路程问题，例如两地之间的管道铺设、线路安装、道路修筑等都属于最短路程问题。下面介绍一种解决本问题较简单的方法。

1. 找最近点法

本方法较简单，思路为：从始点或终点开始，找与该点相连的所有点中最近的点，从而得到第二个点，再找与第二个点相连的所有点中最近的点得到第三个点，依此类推。但是注意不能够走回头路，也就是前面找到的点，不能够再被找出来一次。

例 1 配送中心 S 向 t 客户配送货物，S 到 t 的道路如下图所示，各条道路距离已经标在路线旁，该车应该如何运行，才能使行走的总距离最短？

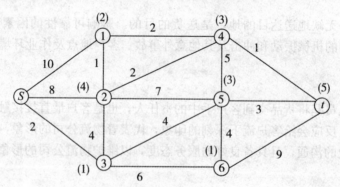

解：如果从始点 S 点开始，过程如下图所示：

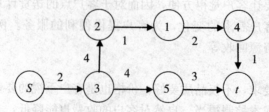

可以得到两条路线：$S \to 3 \to 5 \to t$ 距离9

$S \to 3 \to 2 \to 1 \to 4 \to t$ 距离10

显然，$S \to 3 \to 5 \to t$ 为最短路。

如果从终点 t 开始，过程如下图所示：

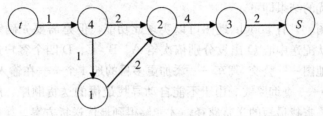

显然，两条路线中 $S \to 3 \to 2 \to 4 \to t$ 最短，距离为9。

所以，本问题具有两条最短路 $S \to 3 \to 5 \to t$ 和 $S \to 3 \to 2 \to 4 \to t$，距离为9。

提示板

交通管制及单行道的处理方法

在车辆运行中时常会遇到道路交通管制和单行道的情况，这种情况要看该道路是否处在最短路上，如果处在最短路上会对最短路程的方案有影响，否则就不会有影响。如在例1中如果3到2间的道路交通管制禁止通行，就可以认为3到2的道路不存在，则 $S \to 3 \to 2 \to 4 \to t$ 最短路的方案就不会存在了。如果3到2是单行道，也就是在图中会有3 $\to$ 2的箭头标识，则只能从3到2，不能够从2到3。所以，回程时就不能够行走 $t \to 4 \to 2 \to 3 \to S$ 这条路线了。

2. 其他方法

解决单车单点问题的方法很多，下面两种方法请自己尝试，此处不再详细讲述。

（1）WINQSB 软件。WINQSB 软件可以从网络中下载，使用该软件 Network Modeling 模块中的 Shortest Path Problem 的问题类型，可以容易解决单车单点问题，但是对于例1这种有多种解决方案的问题，只能得出一种解决方案。

（2）电子地图。对于实际问题可以采用电子地图中驾车最短路线的方法，该功能所有的车载 GPS 电子地图都有。以百度地图为例，步骤如下：百度地图——驾车——输入起点到终点——白度一下——选择最短路程，得到最优的运行路径。

（二）单车多点配送

在实际配送作业中，为了能够充分地利用车辆的载重量和吨位，节省运费，经常会将某些客户点的货物装载在同一辆车上进行配送作业，送完所有客户点的货物后再回到配送中心，同时我们也希望所行走的路径最短，这就是单车多点作业。这种问题被称为旅行商问题（TSP 问题，Traveling Salesman Problem）。该问题是这样定义的：假设有一个旅行商人要拜访 n 个城市，他必须选择所要走的路径，路经的限制是每个城市只能拜访一次，而且最后要回到原来出发的城市。路径的选择目标是求得的路径路程为所有路径之中的最小值。

解决单车多点问题也可以采用 WINQSB 软件和电子地图的方法，可以根据下面的提

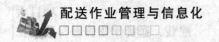
示自己尝试。

（1）WINQSB 软件。WINQSB 软件可以从网络中下载，使用该软件 Network Modeling 模块中的 Traveling Salesman Problem 的问题类型，可以解决单车多点问题，但是在解决问题时会要求选择不同的算法，不同的算法可能会得到不同的结果，选择所有算法所得结果中最优的结果即可。

（2）电子地图。只有 google 地图可以实现此功能，但是需要先确定各点的到达先后顺序。例如需要从配送中心 O 出发分别依次给 A、B、C、D 四个客户送货，可以采用如下步骤：google 地图——公交/驾车——添加更多目的地 4 个——在输入框中依次输入 O、A、B、C、D、O——查询路线。由于不能自动寻找最优的送货顺序，所以需要分别试验所有的送货顺序，查找最短的送货路径，才能够得到最优送货方案。

（三）多车多点配送

现实状况中经常会遇到有多个客户点需要配货，客户点的位置和货物需求状况已知，但是不能够采用一辆车装载所有客户点的货物，这就需要派多辆车来完成配送作业，这时我们同样也希望配送成本最低，如配送车辆最少，所有车辆的行驶总路线里程最短。这种问题通常被称为车辆路径问题。解决这种方法我们常采用里程节约法。

1. 里程节约法的基本原理

里程节约法的基本条件是同一条线路上所有客户的需求量总和不大于一辆车的额定载重量。送货时，由这辆车装着所有客户的货物，沿着一条精心挑选的最佳线路依次将货物送到各个客户的手中，这样既保证按时按量将用户需要的货物及时送到，又节约了费用，缓解了交通紧张的压力，并减少了运输对环境造成的污染。

（1）里程节约法的基本规定。利用里程节约法确定配送线路的主要出发点是，根据配送方的运输能力及其到客户之间的距离和各客户之间的相对距离来制定使配送车辆总的周转量达到或接近最小的配送方案。

下面假设：

①配送的是同一种或相类似的货物；

②各用户的位置及需求量已知；

③配送方案有足够的运输能力；

里程节约法制定出的配送方案除了使总的周转量最小外，还应满足：

①方案能满足所有用户的到货时间要求；

②不使车辆超载；

③每辆车每天的总运行时间及里程满足规定的要求。

（2）里程节约法的基本思想。如图所示，设 P_0 为配送中心，分别向客户 P_i 和 P_j 送货。P_0 到 P_i 和 P_j 的距离分别为 d_{0i} 和 d_{0j}，两个客户 P_i 和 P_j 之间的距离为 d_{ij}，送货方案只有两种即配送中心 P_0 向客户 P_i、P_j 分别送货和配送中心 P_0 向客户 P_i、P_j 同时送货，如图 6-12 a 和 b。比较两种配送方案：

122

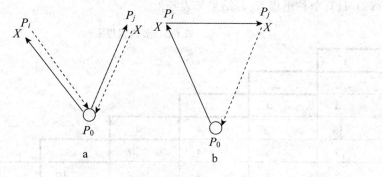

图 6-5　里程节约法原理图

方案 a 的配送线路为：$P_0 \rightarrow P_i \rightarrow P_0 \rightarrow P_j \rightarrow P_0$，配送距离为：$d_a = 2d_{0i} + 2d_{0j}$；

方案 b 的配送线路为：$P_0 \rightarrow P_i \rightarrow P_j \rightarrow P_0$，配送距离为：$d_b = d_{0i} + d_{0j} + d_{ij}$；

我们用 S_{ij} 表示里程节约量，即方案 b 比 a 节约的配送里程：

$$S_{ij} = d_{0i} + d_{0j} - d_{ij}$$

根据节约法的基本思想，如果一个配送中心 P_0 分别向 N 个客户 P_j（$j = 1$，2，…，N）配送货物，在汽车载重能力允许的前提下，每辆汽车的配送线路上经过的客户个数越多，里程节约量越大，配送线路越合理。

2. 解决方法

仍然以例 1 为例，S 为配送中心，其他各点为客户点，各客户点的货物需求量（t）已经标在了旁边的括号中，配送中心有额定吨位 4t、5t、6t 三种车型可用，运力足够。如果货物每吨公里周转量的运价是 2 元，则应该如何安排车辆运行方案，才能使得总费用最省。

（1）计算最短距离。根据配送网络中的已知条件，使用最短路的计算方法，计算配送中心与客户之间及各客户之间的最短距离，结果如表 6-2：

表 6-2　任意两客户点间的距离表

S							
7	1						
6	1	2					
2	5	4	3				
8	2	2	6	4			
6	6	6	4	4	5		
8	10	10	6	8	4	6	
9	3	3	7	1	3	7	t

（2）计算节约里程 S_{ij}，结果如表6-3。

表6-3 节约里程表

1						
12	2					
4	4	3				
13	12	4	4			
7	6	4	10	5		
5	4	4	8	10	6	
13	12	4	16	12	10	t

（3）将节约里程 S_{ij} 进行分类，按从大到小的顺序排序，得到表6-4。

表6-4 节约里程排序表

序号	路线	S_{ij}	序号	路线	S_{ij}
1	4—t	16	12	1—5	7
2	1—4	13	13	2—5	6
3	1—t	13	14	1—6	5
4	1—2	12	15	1—3	4
5	2—4	12	16	2—3	4
6	2—t	12	17	3—4	4
7	5—t	12	18	3—5	4
8	4—5	10	19	3—6	4
9	5—6	10	20	2—6	4
10	6—t	10	21	3—t	4
11	4—6	8			

（4）确定配送线路。从分类表中，按节约里程大小顺序，组成线路图。

在进行线路安排前先根据车辆的额定载重量和两点的需求量，去掉两点同车配送超载的路线，很容易看出上表中4—t，1—t，2—4，2—t，5—t，2—5都超出了最大载重量车的额定载重量，所以排除掉，每次路线选择时，都不考虑这两点的组合。

备选线路Ⅰ：

①初始方案：对每一客户分别单独派车送货，原路返回，如图6-6：

配送线路：7条；

配送距离 S_0：92km；

配送车辆：4t×6＋5t×1。

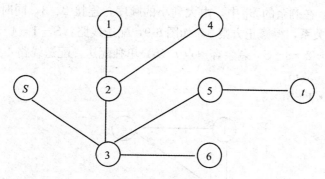

图 6-6　初始方案

②修正方案 1：按节约里程 S_{ij} 由大到小的顺序，同时考虑车辆额定载重和各点需求量的关系，将 1、4 连成一条线路，得修正方案 1，如图 6-7，配送线路：

$S-1-4-S$，剩余客户点单独配送，配送线路 6 条；

配送距离 S_1：79km；

配送车辆：4t×4＋5t×2。

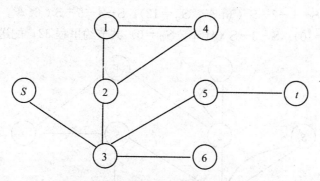

图 6-7　修正方案 1

③修正方案 2：在剩余的 S_{ij} 中，由大到小的顺序，连接 5、6，同时考虑车辆额定载重和各点需求量的关系，得修正方案 3，如图 6-8，配送线路：$S-1-4-S$，$S-5-6-S$（$S-6-t-S$），剩余客户点单独配送，配送线路 5 条；

配送距离 S2：69km；

配送车辆：4t×3＋5t×2。

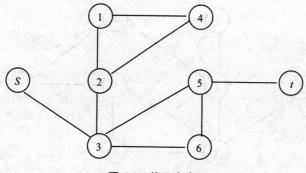

图 6-8　修正方案 2

④修正方案 3：在剩余的 S_{ij} 中，由大到小的顺序，连接 2、3，同时考虑车辆额定载重和各点需求量的关系，得修正方案 3，如图 6-9，配送线路：$S-1-4-S$，$S-5-6-S$（$S-6-t-S$），$S-2-3-S$，剩余客户点 t（5）单独配送，配送线路 4 条；

配送距离 S_3：65km；

配送车辆：4t×1＋5t×3。

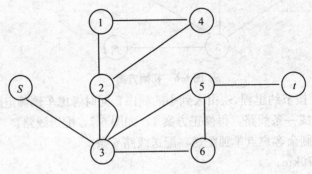

图 6-9 修正方案 3

备选线路Ⅱ：$S-1-2-S$（6t 车，$S_{ij}=12$）；$S-4-5-S$（6t 车，$S_{ij}=10$）；$S-6-t-S$（6t 车，$S_{ij}=10$）；$S-3-S$（4t 车，$S_{ij}=0$）共节约里程 32，配送距离 60；

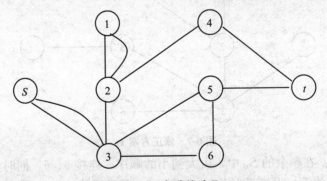

图 6-10 备选线路Ⅱ

备选线路Ⅲ：$S-1-2-S$（6t 车，$S_{ij}=12$）；$S-5-6-S$（4t 车，$S_{ij}=10$）；$S-3-4-S$（6t 车，$S_{ij}=4$）；$S-t-S$（4t 车，$S_{ij}=0$）共节约里程 26Km，配送距离 66Km；

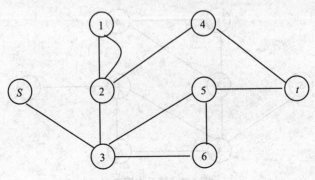

图 6-11 备选线路Ⅲ

备选线路Ⅳ：$S-2-1-S$（6t车，$S_{ij}=12$）；$S-6-t-S$（4t车，$S_{ij}=10$）；$S-3-4-S$（$S-3-5-S$）（6t车，$S_{ij}=4$）；$S-5-S$（$S-4-S$）（4t车，$S_{ij}=0$）共节约里程26Km，配送距离66Km；

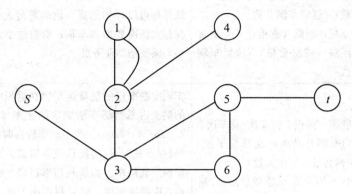

图 6-12　备选线路Ⅳ

以后的可能线路节约里程会更小，因此不再考虑。从以上可以看出备选线路Ⅱ节约里程最大，所以备选线路Ⅱ是最优方案，最优运行线路为：

$S-3-\boxed{2}-\boxed{1}-2-3-S$；$S-3-2-\boxed{4}-t-5-3-S$；$S-3-\boxed{6}-5-\boxed{t}-5-3-S$；$S-3-S$

线路中 □ 的为配送货物的客户点，未标 □ 的为途径客户点。

最小运费为 $2\times$ 货物总吨位 $\times$ 车辆运行总里程 $=2\times19\times66=2508$ 元。

三、送货作业分析指标

物流配送作业任一环节的作业效果直接影响到整个配送作业的经济效益，因此需要对每一个作业环节进行分析，这样就需要用到配送作业分析指标。送货作业的分析指标主要包括人员负担、车辆负荷、车辆安排、时间效益、配送成本、配送质量等。主要分析指标如表 6-5 所示。

表 6-5　送货作业分析指标

指标类型	指标	指标分析
1. 人员负担	人均送货量＝出货量/配送人数 人均送货距离＝送货总距离/配送人数 人均送货重量＝送货总重量/配送人数 人均送货车次＝送货总车次/配送人数	这四个指标可以充分了解送货作业人员的工作量，并根据实际情况及时调整送货作业人员数量；也可以反映送货人员的作业贡献，从而对相关人员进行绩效考核

续表

指标类型	指标	指标分析
2. 车辆负荷	每车周转量＝（送货总距离×总吨数）/送货车辆总数 每车配送距离（或重量）＝送货总距离（或总重量）/送货车辆总数	该指标可以评估送货车辆的负荷大小，如果车辆负荷过大就需要增加车辆；负荷过小说明配送业务量小，需要增加业务量
3. 车辆安排	空驶率＝回程空驶车次/总车次 送货车辆开动率＝送货总车次/（车辆数量×工作天数） 送货平均速度＝送货总距离/送货总时间	车辆空驶率指的是货运车辆在返程时处于空载状态的辆次占总货运车辆辆次的比率（物流术语 GB－T—18354－2006）。当空驶率较高时，表明有部分车"回程空驶"，这时配送成本较高。车辆开动率反映车辆的利用率。如果利用率过高，表明车辆负荷较重，应增加车辆；如果利用率太低，则应该减少车辆或增加配送货物。送货平均速度可以反映送货路线是否最佳，路线上的交通状况是否良好
4. 时间效益	送货时间比率＝送货总时间//（送货人数×工作天数×每天工作时数） 单位时间送货量＝出货量/送货总时间	此指标用于分析单位时间对于送货量的贡献率
5. 配送成本	送货成本比率＝车辆送货成本/物流总费用 每吨（车次或公里）送货成本＝车辆送货成本/总送货吨位（车次或里程）	用于分析配送成本，通过跟绩效指标水平对比，从而采取一定的措施，提高效益降低成本
6. 配送质量	送货延误率＝送货延误车次/送货总车次	送货延误率较高，会对企业信誉造成严重影响。造成该指标较高的原因可能是车辆故障、路况不良等，要根据具体原因逐一进行改进

例：配送中心 6 月份全天候工作，平均有配送人员 30 人，平均有车辆 30 辆，共完成出货量 3 万吨，送货总距离 3000 公里，共发送车次 600 次，其中延误车次 3 次。求该配送中心人均送货量、每车周转量、送货车辆开动率、送货延误率。

解：人均送货量＝出货量/配送人数＝30000/30＝1000 吨

每车周转量＝（送货总距离×总吨数）/送货车辆总数＝（3000×30000）/30＝300 万吨公里

送货车辆开动率＝送货总车次/（车辆数量×工作天数）＝600/（30×30）＝66.7%

送货延误率＝送货延误车次/送货总车次＝3/600＝0.5%

四、 送货作业效率提高的措施

目前多数客户都要求配送中心采取准时化（Just In Time）的配送，"距离最小"、"时间最小"、"成本最小"是输配送效率追求的三个目标。为了实现这三个目标，应从提高每次输配送量、提高车辆运行速率、削减车辆使用台数、缩短输配送距离及适当配置物流设施据点等方面考虑。送货作业效率提高的措施如下表所示：

表 6-6 提高送货作业效率的措施

措施	要点
1. 消除交错输送	可采用缓和交错输送的方式，例如，将原直接由各工厂送至各客户的零散路线以配送中心来做整合并调配转送，如此可以舒缓交通网路的复杂程度，且大大的缩短输配送距离
2. 直配、直送	厂商与零售商做直接交易，零售商的订购单可通过信息网络直接传给厂商，因此各工厂的产品可从厂商的配送中心直接交货到各零售店
3. 共同配送	指多家企业共同参与只由一家运输公司独自进行的配送作业，这种模式的形成要点在于参与配送者要能认清自身的条件、定位、未来成长的目标，并加强各自体系的经营管理与物流设备
4. 建立完整的信息系统	建立完善的运输管理与配送管理系统，要求该系统能够依交货配送时间、车辆最大积载量、客户的订货量、个数、重量来选出一个最经济的输配送方法；依货物的形状、容积、重量及车辆的运输能力等，自动安排车辆、装载方式；依最短距离原则找出各客户的最便捷路径
5. 改善运行中载运工具的通信	运行中的车辆具有即时通信功能，能够把握车辆及司机的状况；传达道路信息或气象信息；把握车辆作业状况及装载状况；进行作业指示；传达紧急的信息；提高运行效率及安全运转；把握运行车辆的所在地
6. 控制出货量	采用给予大量订货客户折扣；确定最低订货量；调整交货时间；对于季节性的变动尽可能引导客户提早预约等方式使出货量尽量平准化
7. 配送规划	规划中需要考虑静态的如配送客户的分布区域、道路交通网路、车辆通行限制（单行道、禁止转弯、禁止货车进入等）、送达时间的要求等；动态的如车流量变化、道路施工、配送客户的变动、可供调度车辆的变动等诸多因素

任务四　配载与送货作业信息化解决方案

配载和送货同样有效利用基于 RFID 的信息系统，完成作业过程。具体如下：

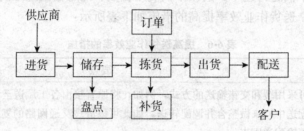

图 6-13　配送中心作业流程图

一、　出库管理

出库操作根据出库计划指定出库物品的具体位置和数量，采用扫描出库方式提高出库速度和准确度，避免人工操作的失误。

二、　发运管理

系统可接收（或直接输入）发货计划，自动根据发货设置来生成发货位置和数量列表，为员工进行发货指导，配合发货扫描提示，保证所发货物的正确性。

三、　货物运输调度管理系统

车辆调度管理系统是智能物流系统的重要组成部分，采用先进的信息通信技术，收集道路交通的动态、静态信息，并进行实时地分析，并根据分析结果安排车辆的行驶路线，出行时间，以达到充分利用有限的运输资源，提高车辆的使用效率，同时也可以了解车辆运行情况，加强车辆的管理。

RFID 技术可以作为物流调度系统信息采集的有效手段，在车辆调度管理系统中得以应用。比如利用将 RFID 应用于货场车辆管理系统，可以实现货运车进出场，信息自动、准确、远距离、不停车采集，使调度系统准确掌握运输车辆进出的实时动态信息。通过实施该系统可有效提高流动货物的管理水平，对采集的数据利用计算机进行研究分析，可以掌握车辆运用规律，杜绝物流车辆管理中存在的漏洞。同时，针对特殊群体用户需求，采用 GPS 导航通信用户机与 RFID 技术相结合，可以方便的时时在线监控、调度异地车辆，随时掌握物资、人员及车辆本身状况。

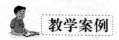 **教学案例**

送货与退货：服务与成本的决策

在物流运送中，送货作业必须及时快速，退货作业必须合理的处置，才能够提高服务质量获得顾客满意，但是同时也提高了作业成本。所以需要在服务质量和成本中进行合理的决策，采取合理的措施在降低成本的同时，保证服务质量。

为餐饮连锁企业提供物流服务的百盛物流采用多种方法，降低送货成本。通过合理安排配送排程，使得车辆总行驶里程最短，同时又提高了车辆利用率，从而降低了车辆行驶成本；通过经常和客户沟通，减少不必要的配送，降低总运输里程；通过采用大吨位车配送，改变作业班次，二次出车，增加每周运行天数来提高车辆的利用率；通过夜间歇业时间送货，避开城市交通高峰，从而缩短了送货时间；既保证了为客户提供了满意的物流服务，又帮助连锁餐饮企业降低了送货成本。

百事可乐在发现所生产的某一批次可乐泡沫不足时，及时派出了 90 队人马，回收不合格的产品，并同时用合格产品替换了各销售商货架上的不合格产品，同时对于已销售出去的产品及时召回，并对顾客采取赔偿措施。虽然退货成本提高了，但是及时阻止了不良产品的影响，提高了公司的服务质量。

所以，在送货与退货作业中，不仅仅要保证提供客户满意的服务，同时还要注意采取合理的措施，降低物流作业成本。那么送货和退货作业如何进行才能保证服务质量？采取何种措施才能够降低送货和退货成本？本章将解决这些问题！

章节思考题

1. 简述配装作业过程。
2. 介绍配送线路优化的方法。
3. 叙述物联网在配载、车辆管理和送货环节的应用。

项目七　退货作业管理与信息化

教学目标

知识目标

1. 了解退货作业流程及信息化解决方案。
2. 熟悉商品退货会计作业流程。

能力目标

1. 掌握商品退货作业的操作。
2. 熟练使用退货环节信息化操作。

任务一　退货作业概述

在送货作业完成后，往往会由于部分原因，顾客会要求退货，这样会对于企业造成一定的损失。因此配送作业企业必须制定合理的退货作业规定和退货作业流程，既保证满足客户要求，又能够尽量降低企业的损失。

一、退货作业概述

（一）退货作业的含义

配送中心在完成送货过程中，当遇到交货中或将货物交到用户后，因为货物包装损坏、商品损坏、商品质量、商品保质期临近或已过期、送交的商品与要求的商品不相符等情况时，客户就会要求退货。商品退货作业是指在进行配送活动中，由于配送方和用户方关于配售物品的有关影响要素存在异议，而进行的处理活动。

一般退货作业包括如下各项任务：

（1）尽量减少或消除退货；

（2）明确退货流程及处理原则；

（3）退货商品的处理。

（二）退货作业的原因

根据退货产生的原因，应采取相应的处理方法进行处理，表7-1列出了常见的退货原因和退货处理方法。

表7-1 退换货的常见原因及处理方法

原因	处理办法	具体细则
1. 按订单发货发生错误	无条件重新发货	1. 及时联系发货人，要求重新调整发货方案，收回错发的货物，重新按正确的订单发货，所有费用由发货人承担 2. 核查产生问题的原因，如订单错误、拣货错误、出货错误、出货单贴错、装错车等，找到原因后应立即采取有效措施，如在常出错的地方增加控制点
2. 运输途中货物受到损坏	给予赔偿	1. 依据退货情况，由发货人确定所需要的修理费用或赔偿金额，然后由运输单位负责赔偿 2. 重新研究包装材料的材质、包装方法和搬运过程中各项装车、卸货动作，找出真正的原因并加以改善
3. 客户订货有误	收取费用重新发货	1. 按客户新订单重新发货 2. 所产生费用由客户承担
4. 货物本身缺陷	重新发货或提供替代品	1. 物流公司接到退货通知后，应派车派工收回退货，并将被退货物集中到仓库退货处理区进行处理 2. 货物回收结束后，物流公司应督促发货方采取措施，用没有缺陷的同种商品或替代品重新向收货人发货

知识链接

零售业的退货处理方法

为了降低退货过程中的无效物流成本，目前连锁超市公司通常采取的做法是在淘汰商品确定后，立即与供应商进行谈判，商谈2个月或3个月后的退货处理方法，争取达成一份"退货处理协议"，按以下两种方式处理退货：一是将该商品作一次性削价处理；二是将该商品作为特别促销商品。

这种现代退货处理方式为非实际退货方式（即并没有实际将货物退还给供应商），它除了能大幅度降低退货物流成本外，还为超市促销活动增添了更丰富的内容。需要说明的是：

（1）选择非实际退货方式还是实际退货方式的标准，是削价处理或特别促销的损失是否小于实际退货的物流成本。

（2）采取非实际退货方式，在签订的"退货处理协议"中，要合理确定连锁商和供应商对价格损失的分摊比例，零售企业切不可贪图蝇头小利而损害与供应商合作的良好企业形象和信誉。

（3）对那些"保质期"是消费者选择购买重要因素的商品，零售商与供货商之间也可参照淘汰商品（虽然该商品本身不属于淘汰商品）的非实际退货处理方式，签订一份长期"退货处理协议"，把"即将到达或超过保质期的库存商品的削价处理或特别促销处理办法"纳入程序化管理轨道，避免频繁退货产生重发成本。

（4）如果退货物流成本小于削价处理损失，而采取实际退货处理方式时，超市公司要对各门店退货撤架以及空置陈列货架的调整补充进行及时统一安排，保证衔接过程的连续性。

二、 退货作业流程

退货作业的基本流程如下图：

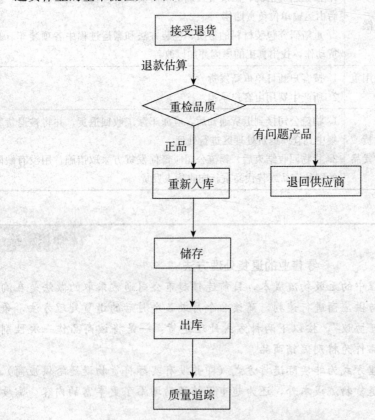

图7-1 退货作业基本流程

（一）接受退货

发生退货时，销售部门将退货信息通知质量管理部门和市场部门；同时由销售部门与质量管理部门确认退货原因。退货时应该由销售部门主动告知用户应该持有哪些资料，主动协助用户退货。若该批退货经销售部门与客户协商需要补货时，销售人员要将补货订单及时传递给采购或库存部门，迅速拟定不交货计划，以提供相应货号、数量的商品给客户，避免因停工而效益受到影响。如果客户的生产、经销需求比较迫切时，销售部门要依据客户的书面需求或电话记录并经主管同意后，由相关部门安排进行商品更换，不得私下换货。

（二）重检品质

对于接受的退回商品，由质量管理部门进行重新检验。对于合格商品，则进入储存或分拣环节（按一般配送中心的作业流程进行处理）；若属于问题商品（如运输不当、包装不当、拣货出错等），贴拒收标签，单独存放，这些由配送中心负责；若为产品质量问题则退回供应商。

（三）重新入库

对于客户退回的商品，配送中心的销售部门要进行初步的审核。由系统生成销售退回单，上面详细记载货品编号、货品名称、货主编号、货主名称、退货原因等信息。经销售人员核对后，确认退货基本无误，并且重检品质是正品的情况下，交由库存部门将退货商品重新入库。

（四）退款估算

退货给配送中心带来诸多不便，诸如打乱购销计划，增加作业量如运输仓储等。对于任何一家配送中心来说都不愿意过多的执行退货活动，因此一定要加强平时管理，减少退货现象的发生。考虑退货要消耗人力、物力、财力等，除因配送中心自身的原因外，都需要加收一定的费用。

另外，当所退商品在销货与退货时价格不同，由配送中心的财务部门在退货发生时，要进行退货商品的退款估算，将退货商品的数量、销货时的商品单价及退货时的商品单价信息输入配送中心的信息系统，并依据销货退回单办理扣款业务。

（五）跟踪处理

商品退货后，质量管理部门应主动与客户沟通，追踪退回商品的处理情况，将结果予以记录。同时在问题得到妥善解决后，要对客户加强后续服务，以维护与客户之间的良好合作关系。将处理退货的资料收存，以便将来需要时能及时调取资料，或者为将来与客户的更好合作奠定基础。

补充阅读

某零售连锁企业退货流程

（1）采购人员根据供应商所下退货通知，将退货通知一式两份，一份下发给销售部门，一份下发给物流部门。

（2）销售部门根据采购人员所下发的退货通知再将退货通知下发给各门店、客户。

（3）物流部门根据采购所下发的退货通知，收取给相关部门的退货，并清点归位。

（4）物流部门根据采购所下退货通知，对货物进行收退审核，若审核无误，则退回供应商；若审核有误或超出截止日期，则将货物再返退给各门店、卖场。

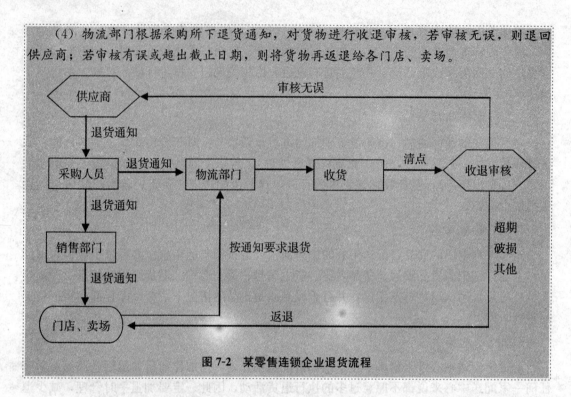

图 7-2　某零售连锁企业退货流程

三、退货作业管理

为了降低由于退货作业给配送中心造成的损失，同时也为了保证对顾客的服务质量，在处理客户退货时需要遵循一定的原则，在处理经销商的理赔退返工作时也需要严格遵循一定的流程，同时也需要在会计流程上对客户所退商品加以控制。

（一）退货作业管理的原则

配送中心在处理客户退货时，需要遵循以下原则：

表 7-2　退货管理原则及要点

原则	要点
责任原则	商品发生退换货问题，配送中心首先要界定产生问题的责任人，就是配送中心在配送时产生的问题，还是客户在使用时产生的问题。与此同时，配送中心还要鉴别产生问题的商品是否由己方送出，从而做出最佳的解决方案
费用原则	进行商品的退换货要消耗企业的大量物力、人力、财力。配送中心在实施退换商品时，除由配送中心自身原因导致的商品退换外，通常需要对要求进行商品退换的客户加收一定的费用
条件原则	配送中心应当事先决定接受何种程度的退货，或者在何种情况下接受退货，并且规定相应的时间作为退换期限。例如决定仅在"不良品或商品损伤的情况下接受退货"，或"销售额的10%以内的退货"等

续表

原则	要点
凭证原则	配送中心应该规定客户以何种凭证作为退换商品的证明，并说明该凭证得以有效使用的方法
计价原则	退换货的计价原则与购物价格不同。配送中心应该将退换货的作价方法进行说明，通常是取客户购进价与现行价的最低价进行结算

提示板

退货处理注意事项

退货处理对生产厂家和流通网络中的各方来说都是一件极其严重的事情。高层管理部门应参加回收产品的一切活动，其他有关人员包括企业的法律人员、会计人员、公关人员、质量管理人员、制造工程人员以及销售人员也都应参加。并且企业应选派专人负责处理产品回收事件，制定一些预防措施。这样不仅能更好地应对紧急情况，而且在产品回收事件处理不成功，结果诉诸法律时，企业可以将已采取的预防措施作为申辩的一部分内容。

（二）退货作业会计流程管理

当客户将商品退回时，企业内部必须通过会计流程，对客户所退的商品加以控制，并在账款管理上予以调整，商品退货的会计流程如图7-3。

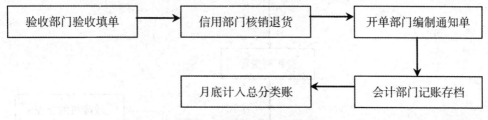

图7-3 商品退货会计流程

1. 验收部门验收填单

客户退回货品后，销售部门将"销货退回单"送至配送中心的商品验收部门。验收部门据此进行退回商品的数量和质量清点验收后，填制验收单二联，第二联依验收单号码顺序存档，第一联送交信用部门核准销货退回。

2. 信用部门核销退货

信用部门收到验收单后，根据验收部门的报告核准销货退回，并在验收单上签名，以示负责；同时将核准后的验收单送至开单部门。

利用信用部门核销退货的主要目的是为了防止有关人员不按退货作业流程处理退货，私自退换货，造成退换货品的数量和质量出现严重问题，导致以后的配送供应中少发商品或误发质量缺失的退货商品，对企业产生负面效应。

3. 开单部门编制通知单

开单部门接到信用部门转来的验收单后，编制"货项通知单"一式三份，第一联同核准后的验收单送至财会部门，编制应收账款明细账，贷记应收账款；第二联送达客户，通知客户销货退回已核准并已记入账册；第三联依"贷项通知单"号码顺序存档。

贷项通知单的内容主要包括：货品编号，货品名称，货品规格型号，货主编号，货主名称，数量，单位，单价及金额等信息。

4. 会计部门记账存档

配送中心的财务会计部门，在收到开单部门转来的"贷项通知单"第一联及已核准的验收单后，经核对正确无误，于"应收账款明细账"中贷入客户明细，于"存货明细账"中贷入退货数量，以保证"应收账款余额"和"存货余额"的正确无误，并将贷项通知单及核准后验收单存档。

5. 月底计入总分类账

配送中心由于流通品种繁杂，客户需求变幻不定，故退换现象十分普遍。为了加强退换货的账面管理，配送中心的财务部门每月月底记录总账的人员都要从开单部门取出存档的贷项通知单，核对其编号顺序无误后，加总一笔过入总分类账。

（三）理赔退返管理

需要经过经销商销售的商品，客户在退货时，往往直接退给经销商，因此配送中心必须做好对经销商的理赔退返工作，理赔退返工作的流程内容如图7-4所示：

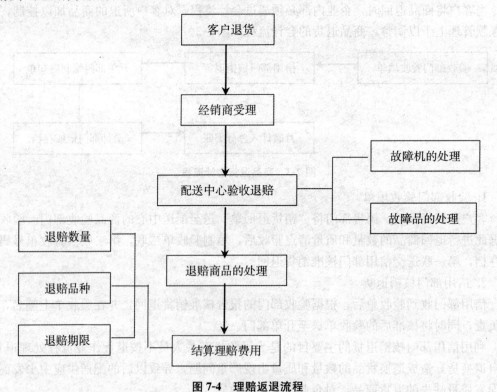

图7-4 理赔返退流程

1. 验收和退赔

对于经销商因商品质量缺损退回的商品，配送中心要经过验收，可能出现以下两种情况。

（1）故障机的处理。故障机原则上不更换，不退货，但是可由生产厂家进行修复，修复后退还经销商。

（2）故障品的处理。故障品的处理流程如下：收到经销商退返故障货品后，配送中心应组织人员对商品进行检验，并在"接收清单"上详细记录检验结果。配送中心与经销商代表在"接收清单"上签字确认后，由经销商留存"接收清单"商家保管联，配送中心将故障品交由厂家处理。故障品修复后，经销商凭"接收清单"保管联提回商品，并在备注栏注明"已归还"字样并签名。同时配送中心计算经销商应付的修理费，并列出清单，由经销商支付费用。其流程见图 7-5。

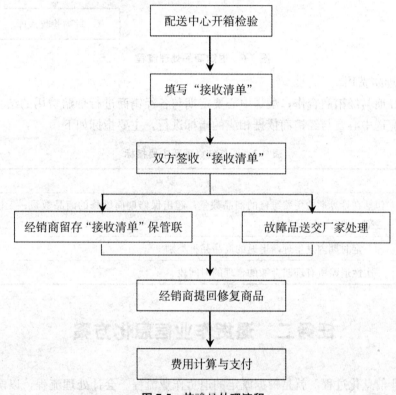

图 7-5　故障品处理流程

2. 退赔商品的处理

若经销商要求退赔的商品无法修复，配送中心的销售部门要会同市场部门、财务部门及生产厂家进行审核，确认无误后，经有效审批人员签名和财务核实，按"商品退货作业流程"实施商品退换。仓管人员凭已审批同意的"商品退换货申请表"办理货物验收入库手续，同时填写"商品退换货验收情况表"。凡未经公司有效审批，擅自办理退换货手续者要处罚相关责任人。

其流程如图 7-6。

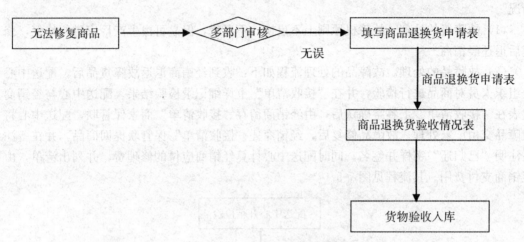

图 7-6　退赔商品处理流程

3. 结算理赔费用

为了更好地与经销商合作，配送中心要定期与各经销商进行理赔费用的结算。结算理赔费用时，配送中心要与经销商依据相应的指标进行，主要指标如下：

表 7-3　退货结算理赔主要指标

指标	要点
退赔数量	包括在计算期内免费维修的商品数量；超出保修期而维修的商品数量；无法维修全部或部分退货的商品数量
退赔品种	即一定时期内发生理赔退返的商品品种类别
退赔期限	一次性退赔所有理赔金额的合理的时间段

任务二　退货作业信息化方案

退货作业信息化过程，就是根据既定的退货作业流程、会计处理流程，以配送信息技术和配送信息系统为载体，处理退货业务，并由此完成物流和财务资金流的过程。

退货过程中涉及原始凭证、文件、单据，以 RFID 或条码系统标识退货商品、跟踪退货商品，以配送信息管理系统为平台，以表单、凭证和发票的形式，记录退货过程，并由此调整库存和应收、应付账目，进行财务核算。

用户凭借退货商品条码或退货单编号，可以查询退货作业进程，核对库存、账务和资金进出，方便、及时又准确。

近几年，虽着电子商务的发展以及消费者维权意识的增强，使得产品退回，尤其是在线退货事件趋于增多，对企业运营产生了巨大的影响，它是今后各在线商家竞争的焦点，应予以高度的重视。

其影响主要体现在以下几个方面：

（1）退货量的增加无形中提高了退货成本，从而降低了电子商务运用所带来的利润。在电子商务业务量迅速增长的条件下，退货的增长是必然的，且增长速度很快。然而，退货量的增加伴随着的是在线商家运作成本的增加，这种退货成本必然会冲减电子商务的利润。尽管产品被退回对于商家来说并不是好事，但是如果退货能在逆向物流中处理得当，同样能为在线商家带来正面效应，至少可以在一定程度上减少部分利润损失。

（2）网络退货比实体经营的门店退货相比，对企业的信誉度影响更大。90％的消费者称，网站方便的退货政策和退货程序对于他们做出购买决定起着重要作用；85％的消费者认为，如果退货条款不方便的话，他们可能不会到该店购物；而81％的消费者表示，当他们选择购物商店的时候，都会把退货的方便与否纳入考虑因素中。这些因素使得退货管理成为网上零售商不得不高度关注的问题。

（3）网络退货直接影响销售业绩。

（4）方便的退货政策十分有利于网上零售开展。

网络退货的流程大体如下：

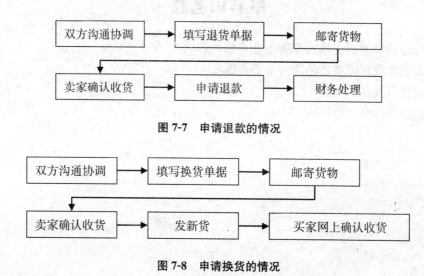

图7-7　申请退款的情况

图7-8　申请换货的情况

教学案例

苏宁电器退货作业流程

电器类连锁销售企业配送中心的退货流程大体如下图所示（不同企业背景，其流程存在着一定的区别）：

对于门店商品的退货流程大体如下图所示：

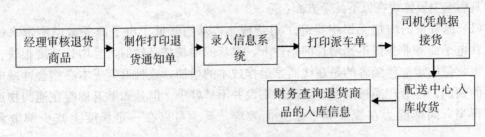

图 7-9　门店商品的退货流程

家电企业退货的负面影响：

1. 造成供应链中游环节需求放大效应，提高了库存控制成本，降低了资金利用率。在这方面，两种类型的配送中心都有这方面的影响。

2. 高退货造成企业供应链中游的逆向物流营运成本增加，直接影响配送中心的成本支出。

3. 高退货损害供应链上游供应商的利益，对塑造企业的价格形象造成压力程度不同。

章节思考题

1. 进行商品的退货工作对配送企业有哪些影响？

2. 通常发生退货或换货的原因主要有哪些？

3. 如何进行商品的退换？

4. 商品退货的会计流程。

项目八 配送管理过程与信息化

 **教学目标**

知识目标

1. 熟悉配送客户关系管理。
2. 了解并熟悉配送中心成本管理系统。
3. 熟悉信息化下的配送计划与组织实施。
4. 了解配送中心绩效评价的方法。

能力目标

1. 会使用客户关系管理、配送中心成本管理信息化模块。
2. 能够制订配送计划并组织实施。
3. 熟悉个人和部门的 KPI（关键绩效指标 Key Performance Indtcators）绩效评价。

任务一 客户关系管理

一、物流企业应用客户关系管理的战略意义

1. 物流企业的特殊性

物流企业是指至少从事运输（含运输代理、货物快递）或仓储一种经营业务，并能够按照客户的物流需求对运输、储存、装卸、包装、流通加工、配送等基本功能进行组织和管理，具有与自身业务相适应的信息管理系统，实行独立核算、独立承担民事责任的经济组织。

物流企业是一种介于供方和需方中间、为双方提供专业物流的特殊企业。客户关系管理作为一种先进的管理理念和经营策略，对于提升物流企业的核心竞争力、提高物流服务水平、提高资源管理的效率具有重要的作用。

2. 客户关系管理的应用对物流企业的意义

（1）有利于增强其核心竞争力。

（2）有利于提高物流服务水平。

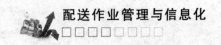

（3）提高资源管理的效率。

物流企业要提升自身的实力，在竞争中立于不败之地，拥有稳定、可靠的客户是重中之重。客户是物流企业生存和发展的根本，对客户自愿的不重视必将成为制约物流企业发展的瓶颈。因此，在竞争日趋激励的市场状况下，物流企业应该充分利用 CRM 客户关系管理系统，与客户建立和保持一种长期稳定的合作关系，掌握客户资源、赢得客户信任、分析客户需求，从而制定出科学的企业经营发展战略，为客户提供满意的服务，扩大市场份额，获得最大利润。

二、 客户关系管理内涵

当今的营销有两个基本特点：一是绝大部分产品供过于求，买方市场已经形成；二是产品同质化程度较高，差异化程度逐渐降低。因此光靠传统的差异化营销或降价打折等老套的做法已无多大作用。企业间竞争更明显表现在对顾客资源的争夺与占有，追求顾客忠诚度成为商业中最重要的原则。而提高顾客的忠诚度正是客户关系管理带给企业的最大价值。

客户关系管理的实质是客户战略，即以客户为中心。利用 CRM，企业通过搜集、追踪和分析每一个客户的信息，根据不同的要求，为他们量体定做产品，并把客户想要的产品和服务及时地送到他们的手中。在客户关系管理中，企业把任何产品的销售都建立在良好的客户关系基础上，使客户关系成为企业发展的本质要素。而在网络时代的客户关系管理，应该是利用现代信息技术手段，在企业与客户之间建立一种数字的、实时的、互动的交流管理系统。

三、 物流企业 CRM 系统的构架

物流企业 CRM 系统可以分为接触层、功能层和支持层。

1. 接触层

接触层是客户与企业接触的层面，主要有 Web 信息门户和呼叫中心两个渠道，用于实现客户接触点的完整管理及客户信息的获取、传递、共享和应用。

Web 信息门户利用 Web 技术，为企业内部员工、合作伙伴及最终客户提供多个服务和信息资源的单一入口，把分散于各个系统模块的信息有组织的、个性化的集中到一个用户 Web 窗口，实现系统显示层的整合，加快信息的传递速度，达到提高用户工作效率的目的。而其中的伙伴信息门户通过与企业合作伙伴系统的对接，是组建虚拟企业、实现规模化经营的重要手段。

呼叫中心则通过电话、邮件、传真、E-mail 等渠道，实现与客户的实时在线交流，给客户提供人性化的服务，客户能以自己的方式，方便获得他所需要的信息，形成更好的客户体验。

2. 功能层

功能层主要包括销售管理、市场营销、客户服务 3 大模块，并通过过程管理模块的支持，实现物流商务活动的维护和自动化。

销售管理模块通过对各种销售渠道和销售环节的有机组合，帮助企业达到提升销售水

平和实现销售自动化的目的。随着销售自动化的逐步实现，销售人员将由更多的时间与客户进行面对面的销售活动。同时，它通过提供企业最新的信息，使销售人员更有效地与客户面对面交流，提高销售成功率。

市场营销模块是针对客户和市场信息的全面分析，对物流市场进行细分，从而产生高质量的市场营销活动。对客户信息的分析还能得到客户资源、客户价值等重要的客户信息，从而实现企业资源的合理分配。同时，引入"一对一市场营销"理念，为不同客户提供个性化和专业化的服务，提高客户满意度。

客户服务模块是 CRM 系统的重要组成部分。针对不同的客户采取不同的服务模式。比如，由于货物在运输途中遇到意外的情况，货物可能延迟到达目的地，提前告知客户做好准备，方便客户安排生产活动，从而体现对客户的关怀。同时，支持和改善所有与物流过程有关的人员的协同工作，争取尽可能早一点把货物送到目的地。

3. 支持层

支持层主要包括决策分析模块和信息数据库两大部分。

信息数据库储存了与客户关系管理相关的信息数据，包括客户数据集市、服务数据集市以及客户互动数据集市等，它是整个 CRM 系统运行的基础。

决策分析模块则通过联机分析、数据挖掘等手段，对个体信息进行分析、提取、转换和集成，得到集成的、面向主体的统一数据，供相关部门及整个系统使用，从而为物流企业新客户的获取、交叉销售、客户个性化服务、重点客户发现等操作应用提供有效支持。

四、 物流企业 CRM 系统的实施步骤

1. 项目准备阶段

在准备阶段，需要企业领导层对 CRM 支持，并将其理念灌输给各级员工。

首先，领导者的创新观念及市场反应能力、分析研究事物发展趋势的能力对于企业的发展都极其重要。只有高层领导者所具有的权利和高度才能确定 CRM 的战略方向，保证 CRM 的正常推动，并与员工进行有效的沟通。

其次，员工是否具备 CRM 素质对 CRM 的实施至关重要。在对员工的 CRM 素质进行评估和测试后，企业领导者应当坚持"以客户为中心"的经营理念，力争在企业内部形成一种企业文化，将此管理和经营理念灌输到企业的每一位员工之中。

2. 项目启动阶段

在启动阶段，需要制定项目目标并进行软件的选型。

首先，项目目标的制定是一个从上到下、层层分解的过程，总体项目计划的制定包括时间进度表、成本支出表和培训计划表。时间精度表说明了完成每一个工作部件所需的预计时间和各个工作部件之间的相互关系；成本支出应当在项目预算中加以说明，由于这时的成本支出表是估计未来的成本支出，所以考虑到可预见的未来成本同时也应考虑到不可预见的未来成本；培训在 CRM 系统实施过程中是非常重要的因素，它贯穿于项目的各个阶段，培训计划可以根据企业最终选定的 CRM 系统，针对不同的对象，安排在不同的时间和地点。

其次，企业进行产品选型有一个基本原则，就是根据管理需要来选择功能，而不是让

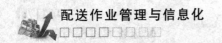

软件系统的功能来制约企业的管理。企业可以根据自身对 CRM 市场的了解，选择几家合适的供应商进行选择，但这种选择容易受到企业的视野和固有社会关系的限制。所以，根据企业对自身的需求，进行软件产品的招标，是企业进行软件选型的一个比较理想的选择。

任务二 配送计划管理

一、 配送计划概述

（一） 配送计划的含义

配送计划就是未来行动的配送方案，有三个方面的属性，第一，是关于未来的；第二，是要付出行动实施的；第三，是一种方案。配送计划的属性要求有两点。其一，计划必须付出行动，要进行实施。如果编制一个方案，不打算进行实施或付出行动，则其不能称为计划；其二，计划作为一种方案是可以进行调整的，但调整的范围、幅度与次数不能过大，否则就失去了计划的严肃性。如果客观实际情况发生了很大的变化，原有的计划已不适应客观情况与需要，则可以重新编制计划。指标是配送计划的主要内容，任何一个配送计划都应该由一定的指标构成。从大的方面来说，其指标主要有利润指标、成本指标、效率指标和服务指标等；如果按环节来考虑，则主要指标有运输方面的指标、存货方面的指标、分拣方面的指标等。

（二） 配送计划的生成确认

配送计划是由商家的采购进货单与销售发货单确认后直接生成，通过对销售订单与采购订单的勾兑，将商家的进货和发货联系起来，完成对配送计划的分配。

对待确认的配送计划进行确认，直接根据记录生成销货发货单和采购进货单，同时给对应的销售订单，采购订单和配送计划进行标记。

根据已确认的具体订单通过配送计划管理传输系统传输给配送中心相关部门确认并接口。

二、 配送计划制订的步骤

（一） 配送计划制订的主要依据

（1）客户订单。客户订单对配送商品的品种、规格、数量、送货时间、送达地点、收货方式等都有要求。因此。客户订单是拟订配送计划的最基本的依据。

（2）客户分布、送货路线、送货距离。客户分布是指客户的地理位置分布。客户位置离配送中心的距离长短、配送中心到达客户收货地点的路径选择。直接影响到配送成本。

（3）物品特性。配送货物的体积、形状、重量、性能、运输要求。是决定运输方式、车辆种类、载重、容积、装卸设备的制约因素。

（4）运输、装卸条件。道路交通状况、送达地点及其作业地理环境、装卸货时间、气候等对配送作业的效率也起相当大的约束作用。

（5）根据分日、分时的运力配置情况。决定是否要临时增减配送业务。

（6）调查各配送地点的物品品种、规格、数量是否适应配送任务的要求。

（二）配送计划制订的影响因素

配送计划作为指导配送活动的方案，在配送方案设计中具有重要意义。配送计划的制订受以下因素的影响：

（1）配送对象（客户）。客户是分销商、配送中心、个人消费者或连锁店铺、百货公司、便利店、平价商店等业态中的一种或几种。不同的客户其订货量不同。出货形态也不尽相同。比如分销商、配送中心及连锁门店等的订货量较大，它的出货形态可能大部分为整托盘出货（P＞P），小部分为整箱出货（P＞C）；超市的订货量其次，它的出货形态可能10%属于整托盘出货（P＞P），60%属于整箱出货（P＞C），30%属于拆箱出货（C＞B）；便利店及平价商店的订货量较小，它的出货形态可能30%属于整箱出货（P＞C），70%属于拆箱出货（C＞B）。出货形态不一致。会影响到理货、拣货、配货、配装、包装、送货、服务与信息等作业在人员、设备、工具、效率、时间和成本等方面的不同。也就是配送计划的内容会有所不同。

（2）配送物品种类。配送中心处理的货物品项数，多则几千甚至上万种，少则数百种甚至数十种。品项数不同，复杂性与困难性也不同。另外，配送中心所处理的货物种类不同，其特性也不完全相同。目前配送的货品主要集中在食品、日用品、药品、家用电器、服饰、录音带、化妆品、汽车零件及书籍等方面，它们分别有其特性。配送中心的厂房硬件及物流设备的选择也不完全相同。

（3）配送数量或库存量。配送中心的出货数量、库存量、库存周期，影响到配送中心的作业能力和设备的配置，也影响到配送中心的面积和空间的需求。因此，应对库存量和库存周期进行详细的分析。

（4）配送物品价值。配送计划预算或结算时，配送成本的计算往往会按物品的比例进行计算。如果物品的价值高则其百分比相对会比较低，客户能够负担得起；如果物品的单价低则其百分比相对会比较高，客户会感觉负担较重。

（5）物流渠道。物流渠道大致有以下几种模式：

①生产企业—配送中心—分销商—零售商 -消费者。

②生产企业—分销商—配送中心—零售商—消费者。

③生产企业—配送中心—零售商—消费者。

④生产企业—配送中心—消费者。

制订物流配送计划时。根据配送中心在物流渠道中的位置和上下游客户的特点进行规划。

（6）物流服务水平。衡量物流服务水平的指标主要包括：订货交货时间、货品缺货率、增值服务能力等。配送中心应该针对客户的需求，制订一个合理的服务水准，使配送服务与配送成本均衡，实现客户满意。

（7）物流交货期。物流交货期是指从客户下订单开始，经过订单处理、库存查询、集货、流通加工、分拣、配货、装车、送货到达客户手中的这一段时间。物流的交货时间依厂商的服务水准不同，可分为 2h、12h、24h、2 天、3 天、1 星期等几种。阅读材料：物流方案的组成：①网络结构设计方案；②渠道设计方案；③运输路线规划方案；④行车路线和时刻表的制定方案；⑤物流方案相关设计文件及写作。

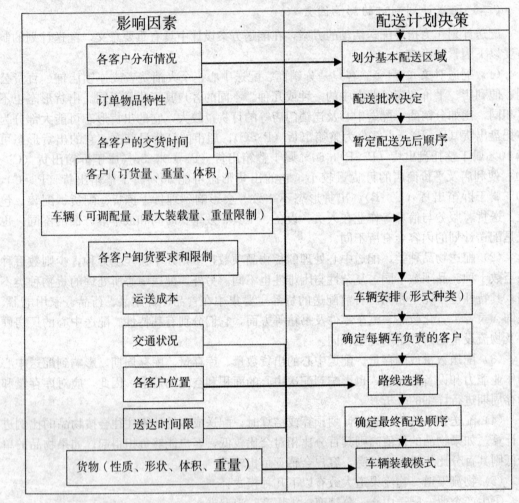

图 8-1　配送作业计划的制订及其决定影响因素

（三）配送计划制订的步骤

一个高效的配送计划不仅仅是为了满足客户的要求，而且应该能够对客户的各项业务起到有效的支撑作用，起到帮助客户创造利润的目的，也就是我们所说的发掘"第三利润源泉"，最终使客户和物流企业同时受益，达到"双赢"的效果。因此，一个高效的配送计划是在分析外部需求和内部条件的基础上按一定的程序制订出来的，这个程序如下图所示制订配送计划的步骤：

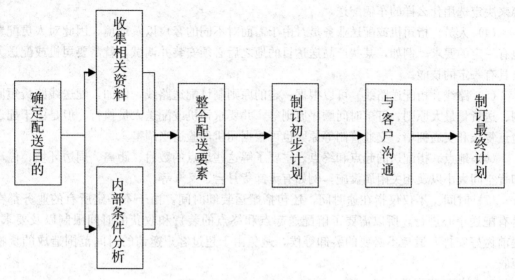

图 8-2 配送计划制订的步骤

1. 确定配送计划的目的

配送计划的目的是一定时期配送工作所达到的结果。物流业务的经营运作是以满足客户需求为导向的，并且需要与企业自身拥有的资源、运作能力相匹配。但是，往往由于企业受到自身的能力和资源的限制，对满足客户需求的多变性、复杂性有一定的难度。在这里要注意处理好配送业务是为了满足短期实效性要求，还是长期稳定性要求；处理好配送业务是服务于临时性特定顾客还是服务于长期固定客户。配送目的不同，具体的计划安排就不同。

2. 进行调查收集资料

要制订出一定时期的配送计划，要对未来一定时期的需求进行正确的预测与评估，要使此评估可靠，就必须依据大量的数据。不了解客户的需求，就无法满足客户需求，因此，这阶段是计划工作的基础。需要调查收集的资料有：一是配送活动的主要标的物情况，如原材料、零部件、半成品、产成品等。二是了解当年销售计划、生产计划、流通渠道的规模以及变化情况、配送中心的数量、规模、运输费用、仓储费用、管理费用等数据。三是了解竞争对手的情况。

3. 内部条件分析

配送往往受到自身能力和资源的限制，故要对配送中心配送人员（司机或者配送业务员、配送实务员）、配送中心的车辆及其他配送设施进行分析，确定配送能力。

4. 整理配送的七要素

这些配送要素是指：货物、客户、车辆、人员、路线、地点、时间这七项内容，也称作配送的功能要素。在制订计划时要对这些要素进行综合分析。

（1）货物。指配送标的物的种类、形状、重量、包装、材质、装运要求等。

（2）客户。指委托人、收货人。

（3）车辆。指配送工具，需根据货物的特征、数量、配送地点以及车辆容积、载重量

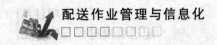

等来决定选用什么样的车辆配送。

（4）人员。指司机或配送业务员。由于需面对不同的客户以及环境，因此对人员配置也有一定的要求。例如，某些产品送达目的地之后必须安装并调试，就需要司机或配送人员具有一定的技能。

（5）路线。指配送路线。可以根据一定的原则制订配送路线，例如，配送线路最短原则、送货量最大原则、订单时间顺序原则等，并要求司机或配送人员执行，但是由于配送地点复杂和交通拥堵、交通管制等原因也可根据司机经验适当调整。

（6）地点。指配送的起点和终点。主要了解这些地点的数目、距离、周边环境、停车卸货空间大小以及相关附属设施，例如有无卸货月台、叉车等。

（7）时间。不仅仅指在途时间，还包括搬运装卸时间。由于不一定所有的业务都在自有配送中心进行，所以需要了解配送起点和终点的装货和收获的时间限制以及要求，提前做好安排，避免不必要的装卸等候，避免由于超过客户邀请的时间范围造成的货物拒收。

5. 制订初步配送计划

在完成上述步骤之后，结合自身能力以及客户需求，便可以初步确定配送计划。初步配送计划应该包括：配送线路的确定原则、每日最大配送量、配送业务的起止时间、使用车辆的种类等，并且可以有针对性地解决客户现存的问题。如果客户需要，这个计划可以精确到到达每一个配送地点的具体时间、具体路线的选择，以及货运量发生突然变化时的应急办法等方面。

6. 进一步与客户协调沟通

给客户制订配送计划的目的就是要让客户了解在充分利用有限资源的前提下，客户所能得到的服务水平。因此，在制订了初步的配送计划之后，再进一步与客户进行沟通，请客户充分参与意见，共同完善配送计划。并且应该让客户了解其现有的各项作业环节在未来操作时间内可能出现的各种变化情况，以免客户的期望与具体操作产生重大落差。在具体业务地操作上，要取得良好的配送服务质量，是需要客户与配送公司密切配合，而并不是单纯某一方的责任。这一环节对于提高配送计划质量是非常重要的。

7. 确定正式配送计划

经过与客户几次协调沟通之后，初步配送计划经过反复修改最终确定。如果是一对一的配送，此计划也是配送合同的组成部分。

三、 配送计划的内容

整理配送的要素，配送的要素包括货物、客户、车辆、人员、路线、地点、时间这七项内容，也称作配送的功能要素。在制定配送计划时应对这七项内容作深入了解并加以分析整理：

具体地讲配送计划内容包括：

配送计划应确定的内容主要包括以下几项：

（1）确定地点、数量与配送任务。在配送作业中，地点、数量与配送服务水平有密切关系。地点是指配送的起点和终点。由于每一个地点配送量的不同，周边环境、自有资源的不同，应有针对性的，综合考虑车辆数量、地点的特征、距离、线路，将配送任务合理分配，并且逐步摸索规律，使配送业务达到配送路线最短，所用车辆最少，总成本最低，服务水平最高。

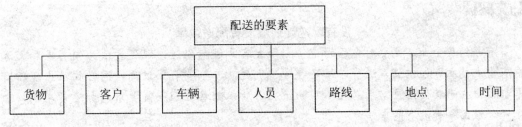

图 8-3　配送要素

（2）确定车辆数量。车辆数量很大程度上影响配送时效。拥有较多的配送车辆可以同时进行不同线路的配送，提高配送时效性，配送车辆数量不足，往往会造成不断往返装运，导致配送延迟。但是，数量庞大的车队，会增加购置费用、养护费用、人工费用、管理费用等项支出，这与提高客户服务水平之间存在很大的矛盾。如何能在客户制定的时间内送达，与合理经济的车辆数量配置有十分密切的关系。

（3）确定车队构成以及车辆组合。配送车队一般应根据配送量、货物特征、配送路线、配送成本分析进行自有车辆组合。同时，必要时也可考虑通过适当的选用外车组建配送车队，适合的自有车辆与外车的比例，可以适应客户需求变化，有效的调度自有车辆，降低运营成本。

（4）控制车辆最长行驶里程。在制订配送计划的人员配置计划时，应尽量避免由于司机疲劳驾驶而造成的交通隐患，全面保证人员以及货物安全。通常可以通过核定行驶里程和行驶时间评估工作量，有效避免超负荷作业。

（5）确定车辆容积、载重限制。选定配送车辆需要根据车辆本身的容积、载重限制结合货物自身的体积、质量考虑最大装载量，以便车辆的有限空间不被浪费，降低配送成本。

（6）确定路网结构。通常情况下，配送中心辐射范围为 60 千米，也就是说以配送中心所在地为圆点，半径 60 千米以内的配送地点，均属于配送中心服务范围。这些配送地点之间可以形成很多区域网络，所有的配送方案都应该满足这些区域网络内的各个配送地点的要求。配送路网中设计直线式往返配送路线较为简单，通常只需要考虑线路上的流量。

（7）确定时间范围。客户通常根据自身需要指定配送时间，这些特定的时间段往往在特定路段与上下班高峰期重合，因此在制订配送计划时应对交通流量等影响因素予以充分考虑，或者与客户协商，尽量选择夜间配送、凌晨配送、假日配送等方式。

（8）与客户作业层面的衔接。配送计划应该对客户作业层面有所考虑，如货物装卸搬运作业是否托盘标准化、一贯化，是否容器化，有无装卸搬运辅助设备。配送作业岗位管理客户方面是否有作业配合，是否提供随到随装条件，是否需要搬运装卸等候，停车地点

距货物存放地点远近等等。

（9）达到最佳化目标。物流配送的最佳化目标是指：按"四最"的标准，在客户指定的时间内，准确无误的按客户需求将货物送达指定地点。"四最"是指：配送路线最短、所用车辆最少、作业总成本最低、服务水平最高。

补充阅读

没有配送计划就没有配送效率

有一销售企业，主要对自己的销售点和大客户进行配送，配送方法为销售点和大客户有需求就立即组织装车送货，结果经常造成送货车辆空载率过高，同时往往出现所有车都派出去而其他用户需求满足不了的情况。所以销售经理一直要求增加送货车辆，由于资金原因一直没有购车。

思考题：

（1）如果你是公司决策人，你会买车来解决送货效率低的问题吗？为什么？

（2）请用配送计划的含义分析该案例，并提出解决办法。

四、 配送计划的组织实施

配送计划制订后，需要进一步组织落实，完成配送任务。首先应做好准备工作，配送计划的实施过程，通常分为三个阶段或步骤：

（一）下达配送计划

配送计划确定后，将到货时间、到货品种、规格、数量以及车辆型号分别通知用户和配送点，以便用户做好接货准备，配送点做好配送准备。

（二）按计划给配送点进行配货

各配送点按配送计划审定库存物品的保有程度，若有缺货情况应立即组织进货。同时配送点各职能部门按配送计划进行配货、分货包装、配装等工作。

（三）装车发运

各理货部门按计划将用户所需的各种货物进行分货及配货，然后进行适当的包装并详细标明用户名称、地址、送达时间以及货物明细，按计划将各用户货物组合、装车，发货车辆按指定的路线送达各用户，并通知财务结算，完成配送工作。

五、 配送计划组织实施中的注意问题

要搞好配送服务，就必须根据配送的特点，加强对这项业务的计划、组织、指挥、协调及控制，不断完善和发展。

（一）全面掌握用户的需求情况

要深入本配送区域的客户，进行细致周密的调查研究，了解和掌握各客户企业销售、加工、设备维修和基本建设等情况，以及所需原材料、燃料、辅助材料和各种配件的品种、规格、型号、数量、接受价格和供应周期等情况，并进行科学的预测。在此基础上，

建立配送档案，深入客户，随时掌握客户需要，迅速传递信息，保证按需组织配送。只有全面、准确地掌握了客户的需要情况，配送才有明确的目标和方向。

（二）建立稳定的资源基地和客户需求

有没有稳定的资源基地，是配送能否持续稳定发展的关键。为保证配送的服务水平，配送部门不能现买现卖，而需要与资源单位密切联系，建立一批稳定的资源基地，为配送打下物质基础，通过各种形式的联合，保证配送有稳定的资源渠道。客户的需求是否稳定也是配送效率能否提高的重要因素。客户需求稳定，有利于配送计划的制订和配送作业的管理，可以提高配送效率，还可以降低配送成本。与客户建立稳定的供需关系，可以通过多种渠道，如签订长期配送协议，建立合作伙伴关系等。

（三）加强配送的计划管理

生产和销售的连续性和计划性，决定了配送要有很强的计划性。从配送业务本身来看，它也是一项需要多方面密切协调配合的工作，组织资源、配货、储运、送货上门等一系列活动，都要有严密的计划。要在掌握客户需求的基础上，制定发展配送的总目标和分阶段目标，以及实施步骤和措施，做到有计划分期地订货和采购，确定合理的库存储备。客户要提前向配送企业或部门提出分期使用计划，列出所需商品的品种、规格、数量和供货时间，经衔接

（四）调整建立与配送相适应的组织结构

一定的组织结构是发展配送的组织保证。在企业自营配送的情况下，应设立独立的配送管理和执行部门，并应与其他部门如销售、市场等处于相同级别，配送管理机构的设置应与配送的重要性相匹配。在专业的物流企业或配送企业中，对配送业务的管理也应有与之相适应的部门，并将配送业务的管理与其他物流业务的管理分开进行。

（五）科学地组织好配送

配送作业具有很强的科学性。比如配送半径的确定，有一个经济合理的范围，需要根据配送运输和整车运输的成本进行分析。在保证按客户要求及时齐备地组织配送的前提下，按商品流通合理化的要求，科学地确定配送路线和批量，在客户比较集中的地区做到定线送货，有利于降低配送成本。在组织配送作业时，要科学地安排人力、物力和财力的比例关系，衔接好各环节的作业活动，合理调度和指挥各要素的运动，使整个配送业务过程迅速、协调地进行。

（六）争取各方面的协作和支持

配送是一项系统工程，涉及资源单位、客户和运输部门等有关部门和单位，只有得到各方面的支持，才能做好这项工作。配送企业或部门要协调好各方面的关系，争取他们的协作，共同搞好配送活动。为使配送正常运行和发展，有关管理部门还要研究和制定保证配送的政策、法规、管理措施和办法，使配送的具体做法，如价格、结算办法和利益分配等逐步规范化。

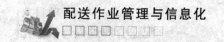

任务三　配送成本管理与分析

一、配送成本

(一) 配送成本的特性

1. 配送成本的隐蔽性

日本早稻田大学的教授，物流成本研究的权威——西泽修先生提出了著名的"物流成本冰山"说，其含义是说人们对物流成本费用的总体内容并不掌握，提起物流费用大家只看到露出海水上面的冰山的一角，而潜藏在海水里的整个冰山却看不见，事实上海水中的冰山才是物流费用的主体部分。他透彻地阐述了物流成本的难以识别性。同样，要想直接从企业的财务中完整地提取出企业发生的配送成本也是难以办到的，例如通常的财务会计通过"销售费用、管理费用"科目可以看出部分配送成本的情况，但这些科目反映的费用仅仅是全部配送成本的一部分，即企业对外支付的配送费用。而且这一部分费用往往是混同在其他有关费用中，而不是单独设立"配送费用科目进行独立核算。因此，配送成本确实犹如一座海里的冰山，露出水面的仅是冰山一角。

2. 配送成本削减的乘法效应

配送成本削减具有乘法效应，配送成本的减少可以显著增加企业的效益与利润。假定销售额为 1000 元，配送成本为 100 元。如果配送成本降低 10％，就可能得到 10 元的利润。假定这个企业的销售利润率为 2％，则创造 10 元利润，需要增加 500 元的销售额。即降低 10％ 的配送成本所起的作用相当于销售额增加 50％ 所带来的利润。可见，配送成本的下降会产生极大的效益。

3. 配送成本的"效益背反"

所谓的效益背反是指在同一资源的两个方面处于相互矛盾的关系之中，要达到一个目的必然要损失一部分另一目的；要追求一方，必得舍弃另一方的一种状态。这种状态在配送诸活动之间也是存在的。譬如，尽量减少库存据点以及库存，必然引起库存补充频繁，从而增加运输次数，同时，仓库的减少，会导致配送距离变长，运输费用进一步增大。此时一方成本降低，另一方成本增大，产生成本效益背反状态。如果运输费的增加超过保管费的降低部分，总成本反而会增加，这样减少库存据点以及库存变得毫无意义。

4. 配送成本与服务水平的背反

高水平的配送服务是由高的配送成本来保证的，企业很难既提高了配送服务水平，同时也降低了配送成本，除非有较大的技术进步。要想超过竞争对手，提出并维持更高的服务标准就需要有更多的投入，因此一个企业在做出这种决定时必须经过仔细研究和对比。

5. 配送系统各功能活动的效益背反

所谓"鱼和熊掌不可兼得"，配送系统的各项活动处于一个相互矛盾的系统中，要想较多地达到某个方面的目的，必然会使另一方面受到一定的损失。在物流活动中，一种功能成本的削减会使另一种功能的成本增高，也就是说出现了此消彼长的现象。例如，企业尽量减少库存点以及库存，必然引起库存补充频繁，从而增加运输次数，同时，仓库的减少，会导致配送距离变长，运输费用进一步增大。此时库存费用降低，而运输费用增加，产生配送成本的效益背反状态。因此，配送活动是个整体，企业必须考虑整个配送系统的成本最低，而非局部或某个环节的节约，这就要求从系统高度寻求总体成本的最优化。

其实，物流系统诸要素间存在"效益背反"现象——同一资源所完成的诸多功效间存在互相制约的现象。如果成本的两个方面处于相互矛盾的关系之中，想要较多地达到其中某一方面的目的，必然使另一方面的目的受到部分损失。

6. 配送成本的不可控性

配送成本中有许多是物流管理部门不可控制的，例如保管费用中包括了出于过多进货或过多生产而造成积压的库存费用，以及紧急运输等例外发货的费用。这些费用是物流部门不能控制的。

（二）影响配送成本的因素

配送成本的高低受多种因素的影响，有配送管理因素、配送货物自身的因素，货物的数量、重量、体积及作业过程等，也有市场因素配送的距离及外部其他因素等，具体包括：

1. 配送管理因素

（1）配送满足率。配送中心的取货量占顾客所需要的货物数量的比率。如果配送满足率高，可以一次性、大批量地进行配送，而配送满足率较低，则配送中心就会分次进行配送，对不足的货物还需要花费另外的时间和车辆进行配送，这些额外的工作同样也会增加配送成本。有时还可能因缺货而失去客户。

（2）配送周期。配送持续时间的长短直接影响配送成本的高低，如果配送效率低下，对配送中心的占用时间长，就会耗用更多的仓储固定成本。而这种成本往往表现为机会成本，使得配送中心不能提供其他配送服务获得收入或者在其他配送服务上需要另外增加成本。

（3）配送工具。不同的配送工具，其成本高低不同，运输能力大小也不同。运输工具的选择，一方面取决于所运货物的体积、重量及价值大小，另一方面又取决于企业对所运货物的需求程度及工艺要求，因此选择运输工具既要保证客户的需求，又要力求配送成本最低。

（4）配送物的数量、重量。数量和重量增加虽然会使配送作业量增大，但大批量的作业往往使得配送效率提高。配送的数量和重量是配送企业获得折扣的理由。而单件、小批量的配送不仅不能体现配送的优势，而且由于单位固定成本较高，因此其配送成本相对也会较高。

2. 配送货物自身的因素

（1）配送货物的价值。配送货物价值的高低会直接影响配送成本的大小。随着所配送货物价值的增加，每一物流活动的成本都会增加，运费在一定程度上反映货物移动的风险，一般来说，配送货物的价值越大，对其所需要的运输工具要求就越高，其分拣、配装、流通加工所花费的成本也会增加。

（2）配送货物的密度。配送货物的密度越大，相同运输单位所装的货物越多，运输成本就越低。同样，配送中心一定空间领域存放的货物也越多，库存成本也会降低。

（3）易碎性。易碎性的货物，在配送时对运输、包装、储存等提出了更高的要求，自然会增加成本。

（4）特殊要求的货物。有些货物在配送过程中有特殊要求（如加热、制冷等），这些都会增加配送成本。

3. 市场因素

（1）配送距离。运输成本是构成配送成本的主要内容，而距离则是影响运输成本的主要因素。距离越远，也就意味着运输成本越高；同时造成运输设备需要增加，送货员工需要增加。

（2）外部成本。配送经营时有时还需要使用到配送企业以外的资源。而外部资源的使用成本是企业无法控制的，特别是一些垄断性的外部资源，配送企业在使用的过程中都会增加额外的成本开支。

（三）降低配送成本的途径及意义

降低配送成本的途径主要有如下几种：

1. 利用标准成本法控制配送成本

（1）制定控制标准。成本控制标准是控制成本费用的重要依据，物流配送的成本标准的制定，应按实际的配送环节分项制定。

（2）揭示成本差异。成本的控制标准制定后要与实际费用比较，及时揭示成本差异。差异的计算与分析也要与所制定的成本项目进行比较。

（3）成本信息反馈。成本控制中，成本差异的情况要及时反馈有关部门，以便及时控制与纠正。

2. 合理选择配送策略

混合策略。混合策略是指配送业务一部分由企业自身完成，另一部分则外包给第三方物流公司完成。这种策略的基本思想是，尽管采用纯策略（即配送活动要么全部由企业自身完成，要么完全外包给第三方物流公司完成）易形成一定的规模经济，并使管理简化，但由于产品品种多变、规格不一、销量不等等情况，采用纯策略的配送方式超出一定程度不仅不能取得规模效益，反而还会造成规模不经济。而采用混合策略，合理安排企业自身完成的配送和外包给第三方物流企业完成的配送，能使配送成本最低。差异化策略。差异化策略的指导思想是：产品特征不同，顾客服务水平也不同。当企业拥有多种产品线时，不能对所有产品都按同一标准的顾客服务水平来配送，而应按产品的特点、销售水平来设置不同的库存、不同的运输方式以及不同的储存地点，忽视产品的差异性会增加不必要的配送成本。

合并策略。合并策略包含两个层次，一是配送方法上的合并；另一个则是共同配送。配送方法上的合并是指企业在安排车辆完成配送任务时，充分利用车辆的容积和载重量，做到满载满装。共同配送是一种产权层次上的共享，也称集中协作配送。它是几个企业联合集小量为大量共同利用同一配送设施的配送方式。

延迟策略。实施延迟策略常采用两种方式：生产延迟（或称形成延迟）和物流延迟（或称时间延迟），而配送中往往存在着加工活动，所以实施配送延迟策略既可采用形成延迟方式，也可采用时间延迟方式。具体操作时，常常发生在诸如贴标签（形成延迟）、包装（形成延迟）、装配（形成延迟）和发送（时间延迟）等领域。美国一家生产金枪鱼罐头的企业就通过采用延迟策略改变配送方式，降低了库存水平。历史上这家企业为提高市场占有率曾针对不同的市场设计了几种标签，产品生产出来后运到各地的分销仓库储存起来。由于顾客偏好不一，几种品牌的同一产品经常出现某种品牌的畅销而缺货，而另一些品牌却滞销压仓。该企业在产品出厂时都不贴标签就运到各分销中心储存，当接到各销售网点的具体订货要求后，才按各网点指定的品牌标志贴上相应的标签，这样就有效地解决了此缺彼涨的矛盾，从而降低了库存。

延迟策略的基本思想就是对产品的外观、形状及其生产、组装、配送应尽可能推迟到接到顾客订单后再确定。一旦接到订单就要快速反应，因此采用延迟策略的一个基本前提是信息传递要非常快。一般说来，实施延迟策略的企业应具备以下几个基本条件：①产品特征：模块化程度高，产品价值密度大，有特定的外形，产品特征易于表述，定制后可改变产品的容积或重量；②生产技术特征：模块化产品设计、设备智能化程度高、定制工艺与基本工艺差别不大；③市场特征：产品生命周期短、销售波动性大、价格竞争激烈、市场变化大、产品的提前期短。

标准化策略。标准化策略就是尽量减少因品种多变而导致附加配送成本，尽可能多地采用标准零部件、模块化产品。如服装制造商按统一规格生产服装，直到顾客购买时才按顾客的身材调整尺寸大小。采用标准化策略要求厂家从产品设计开始就要站在消费者的立场去考虑怎样节省配送成本，而不要等到产品定型生产出来了才考虑采用什么技巧降低配送本。

3. 优化配送流程

配送是配送中心的核心环节。高效的配送需要的是在配送调度和配送运输、交货等具体操作的整合优化。在专业化分工越来越细的经济环境下，物流配送流程优化的发展方向将趋向于利用集成供应链来达到配送流程的上中下游的连贯性以及降低各相关企业的物流成本。

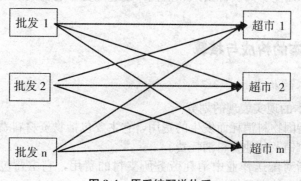

图 8-4　原系统配送体系

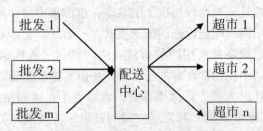

图 8-5　原系统经过优化后的配送体系

4. 推广使用现代化信息技术

提高配送作业效率加强自动识别技术的开发与应用，提高入货和发货时商品检验的效率。配送企业可以通过加强自动识别技术的开发与应用来提高入货和发货时商品检验的效率。使用自动化智能设备提高保管、装卸、备货和拣货作业的效率。采用先进的计算机分析软件，优化配送运输作业，降低配送运输成本。可以采用解析法、线性规划法或静态仿真法对配送中心选址进行合理布局，使用车辆安排程序，合理安排配送运输的路线、顺序、权载等来降低成本。

5. 实行责任中心管理

随着企业规模的扩大，企业应把配送中心作为一个责任中心来对待，并考虑划分若干责任区域，并指派下属经理———配送经理进行管理。为了指导各责任中心管理者的决策，并评估其经营业绩和该中心的经营成果，企业实施责任中心管理的关键是制定一个业绩计量标准。总之，配送中心既要提高服务水平，又要降低配送运营总成本，是一个难度很大的课题，配送企业应在整个物流企业的总成本目标和服务水平总体要求的指导下，进行合理的控制。

降低配送成本与提高配送服务水平是配送成本管理最基本的课题，其意义在于通过对配送成本的有效把握，利用物流要素之间的效益背反关系，科学、合理地组织物流活动，加强对配送活动过程中费用支出的有效控制，降低配送活动中的物化劳动和活劳动的消耗，从而达到降低物流总成本，提高企业和社会经济效益的目的。

降低配送成本会给企业带来三个方面的经济效益：一是在其他条件不变的情况下，降低配送成本意味着扩大了企业的利润空间，提高了利润水平。二是配送成本的降低，意味着增强了企业的产品价格竞争优势，企业可以利用相对低廉的价格出售自己的产品，从而提高产品的市场竞争力，扩大销售，并以此为企业带来更多的利润。三是配送成本的下降，意味着企业可以用更少的资源投入和消耗，创造出更多的物质财富，进而推动资源节约型企业的创建。

二、 配送成本的构成与核算

（一）配送成本的构成

1. 按照配送成本的现实表现的划分

（1）材料费：指因物料消耗而发生的费用，它主要包括物资材料费、燃料费、消耗性工具、低值易耗品摊销及其他物料消耗费。

（2）人工费：指对配送作业中消耗劳务所支付的费用，它主要包括工资、奖金、补贴、福利以及职工教育培训费等。

（3）维护费：指土地、建筑物、机械设备、车辆、搬运工具等固定资产的事业、运转和维修保养所发生的费用，它主要包括维修保养费、折旧费、房产税、土地、租赁费用、保险费等。

（4）一般经费：相当于财务会计中的一般管理费，指差旅费、会议费、交际费、邮电费、城建税、能源建设税及其他税款，还包括商品损耗费、事故处理费及其他杂费等。

（5）特别经费：指采用不同于财务会计的计算方法计算出来的配送费用，它主要包括按实际使用年限计算的折旧费和企业内利息等。

（6）对外委托费：指向企业外支付的运输费、保管费、包装费、出入库装卸费、委托物流加工费。⑦其他企业支付费用：在配送成本中还应该包括向其他企业支付的费用。比如商品购进采用送货制时，包含在购买价格中的运费和商品销售采用提货制时因顾客自己取货而从销售价格中扣除的运费。在这种情况下，虽然实际上本企业内并未发生配送活动，但却发生了相关费用，因此也应该把其作为配送成本计算在内。

2. 配送成本按照在配送过程的发生阶段划分

根据配送流程及配送环节，配送成本实际上是含配送运输费用、分拣费用、配装及流通加工费用等全过程。其成本应由以下费用构成：

（1）配送运输费用。配送运输费用主要包括以下两个方面：

车辆费用。车辆费用指从事配送运输生产而发生的各项费用。具体包括驾驶员及助手等工资及福利费、燃料、轮胎、修理费、折旧费、养路费、车船使用税等项目。

营运间接费用。这是指营运过程中发生的不能直接计入各成本计算对象的站、队经费。包括站、队人员的工资及福利费、办公费、水电费、折旧费等内容，但不包括管理费用。

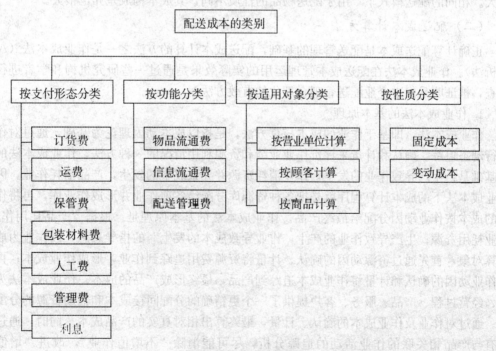

图 8-6　配送成本的类别

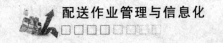

（2）分拣费用：包括人工费用和设备费用。

分拣人工费用。这是指从事分拣工作的作业人员及有关人员工资、奖金、补贴等费用的总和。

分拣设备费用。这是指分拣机械设备的折旧费用及修理费用。

（3）配装费用：包括配装材料费用、辅助费用和人工费用。

配装材料费用。常见的配装材料有木材、纸、自然纤维和合成纤维、塑料等。这些包装材料功能不同，成本相差很大。

配装辅助费用。除上述费用外，还有一些辅助性费用，如包装标记、标志的印刷，拴挂物费用等的支出。

配装人工费用。这是指从事包装工作的工人及有关人员的工资、奖金、补贴等费用总和，即配装人工费用。

（4）流通加工费用。流通加工设备费用。流通加工设备因流通加工形式不同而不同，购置这些设备所支出的费用，以流通加工费用的形式转移到被加工产品中去。

流通加工材料费用。这是指在流通加工过程中，投入到加工过程中的一些材料消耗所需要的费用，即流通加工材料费用。

在流通加工过程中从事加工活动的管理人员、工人及有关人员工资、奖金等费用的总和。

实际应用中，应该根据配送的具体流程归集成本，不同的配送模式，其成本构成差异较大。相同的配送模式下，由于配送物品的性质不同，其成本构成差异也很大。

（二）配送成本计算方法

正确计算配送成本是配送管理的基础，配送成本计算的方法之一是作业成本法（ABC分析法）。作业成本法在配送成本管理运用的实际效果是通过一些研究机构和学者进行的调查，被证明是促进企业配送管理合理化的有效方法。

1. 作业成本法的基本原理

作业成本法，即基于作业的成本核算方法，是指以成本动因理论为基础，通过对作业进行动态追踪、确认和计量来评价作业业绩和资源利用情况的一种方法。作业成本法的理论基础是：生产导致作业的发生，作业消耗资源并导致成本的发生，产品消耗作业，因此作业成本法下的成本计算程序就是把各种资源库分配给各项作业并形成作业库，再将作业库的成本按作业动因分配给最终产品。作业成本法的基本原理是：根据"产品耗用作业，作业耗用资源；生产导致作业的产生，作业导致成本的发生"的指导思想，以作业为成本核算对象，首先通过资源动因的确认、计量将资源费用追踪到作业，形成作业成本；再通过作业动因的确认和计量将作业成本追踪到产品，最终形成产品的成本。作业成本法为作业、经营过程、产品、服务、客户提供了一个更精确的分配间接成本和辅助资源的分配方法。通过对作业及作业成本的确认、计量，最终算出相对真实的产品成本。同时，通过对所有与产品相关联的作业活动的追踪分析，尽可能消除"不增值作业"，改进"增值作业"，优化"作业链"，提供有用信息，促使损失、浪费减少到最低限度，提高决策、计划、控制的科学性和有效性，最终达到提高企业的竞争能力和盈利能力，增加企业价值的目的。

2. 作业成本法的核算程序

作业成本法应用于配送成本的核算时，它突破了产品这个界限，而把成本核算深入到作业层次；它以作业为单位收集成本，并把"作业"的成本按作业动因分配到产品。应用作业成本法核算配送成本并进而进行管理可按如下步骤进行：第一步，界定配送系统中涉及的各个作业。作业是工作的各个单位，作业的类型和数量会随着企业的不同而不同。第二步，确认企业配送系统中涉及的资源。资源是成本的源泉，一个企业的资源包括直接人工、直接材料、生产维持成本（如采购人员的工资成本）、间接制造费用以及生产过程以外的成本（如广告费用）。资源的界定是在作业界定的基础上进行的，每项作业必涉及相关资源，与作业无关的资源应从物流核算中扣除。第三步，确认资源动因，将资源分配到作业。作业决定着资源的耗用量，这种关系称作资源动因。资源动因联系着资源和作业，它把总分类账上的资源成本分配到作业。第四步，确认成本动因，将作业成本分配到产品中。例如，问题最多的产品会产生最多顾客服务的电话，故按照电话数的多少，把解决顾客问题的作业成本分配到相应的产品中去。

3. 作业成本法（ABC 分析法）计算的步骤

第一步，确认和计算耗费的各种资源。通过对公司的总账和明细账进行分析，将属于配送相关的费用从经营费用和管理费用中分离出来，得到该公司所耗用的资源：工资性费用、仓库除湿除潮费用、租金、车辆相关费用、包装打码费用、仓储修理费、分拣配货相关费用。

第二步，将资源分配到作业，开列作业成本单，归集作业成本库成本。首先要将这些资源消耗分配到作业中去。以卷烟配送商的配送为例，将卷烟配送商的配送作业分为储存保管、包装打码、分拣配货、送货四个作业，对作业的分类相对集中，以简化分配和计算，确认各作业所包含的资源，也就是确认每一种作业所包含的成本要素。其次确认各类资源的资源动因，将资源分配到各收益对象（作业），据此计算出该作业的成本要素的成本额。在确认作业所包含的资源以及各类资源的资源动因后，开列成本单，得到作业成本库的总成本额。

第三步，选择作业动因，把作业成本库的总成本分配到产品，开列服务成本单。确认各作业的作业动因，并统计作业动因的因数，据此分别计算各作业的单位成本分配率。根据仓储保管、包装打码、分拣配货、送货作业与服务对象之间的逻辑关系，选择的作业动因依次为库存量、配送量、送货次数、行驶里程。通过成本计算，可以得出成本控制的重点，并进一步采取措施，达到降低配送成本。

（三）作业成本法实例分析

某公司的海运部门在某个会计期的一个月内签订并履行了甲、乙两份物流服务合同，两份合同的基本内容都是将 60000 件相同的 C 电子零配件从台湾运至昆山。甲合同的要求是：60000 件零配件，每三天分送 6000 件到位于昆山的工厂。乙合同的要求是：60000 件零配件，每天分送 2000 件到位于昆山的工厂。

为了满足甲合同的要求，某公司决定：60000 件零配件分两次运到位于昆山开发区的公共型保税仓库，然后每三天分送 6000 件到位于昆山的工厂，用某公司 1000 平方米的仓库一个月。为了满足乙合同的要求，60000 件零配件分六次运到位于昆山开发区的公共型保税仓库，然后每天分送 2000 件到位于昆山的工厂，用某公司 500 平方米的仓库一个月。

为了计算的简便，便于比较，在本案例中随该公司的实际情况做了一下简化和假设：①直接人工费和直接材料费为零，不考虑销售费用和管理费用，物流服务的合同成本全部由营运间接费用构成。②本月会计期间只签订和完成两个合同，且两个合同的起点和终点是相同的。

由于物流企业为完成合同的作业链比较清晰，且作业不是非常复杂，故可省去划分作业中心这一步骤。所以用 ABC 计算 W 公司合同成本的过程可分为四步：

1. 确认主要作业

W 公司为完成甲、乙合同，共需六项作业：①海运作业（包括港口作业），即用货轮运输零配件从台湾到昆山的公共型保税仓库，W 公司把此作业外包给一家海运公司；②报关作业，即代理货物入境报关业务；③入库作业，即装卸搬运货物进入物流公司的仓库；④保管作业，即对仓库中的零配件进行保管；⑤出库作业，即装卸搬运货物发出仓库；⑥配送作业，即用汽车运送零配件从保税仓库到吴江的工厂。

2. 确认和计量资源耗费

W 公司的资源耗费可以划分为人工、燃料和润料、固定资产折旧和外包费。经物流公司统计部门的统计，企业营运间接费用中，人工费用 29880 元，燃料和润料费用 18000 元，固定资产折旧费用 49200 元，外包费为 24000 元。由于各项资源成本可以从发生领域划分为各作业所耗费，可以直接计入各作业成本库（此时资源动因可以认为是作业专属耗费）。其中仓管部门（主要复杂货物的进、出仓库的搬运装卸作业）发生人工费用 20000 元，燃料费用 8000 元，仓管部所用的装卸和升降等设备折旧为 8000 元。报关作业耗费人工费用 1080 元。保管作业发生人工费用 4000 元，仓库折旧费用 16000 元。配送作业发生人工费用 4800 元，燃料费用 10000 元，车辆折旧 25200 元。

3. 确认资源动因，归集资源成本到作业，形成作业成本池

以仓管部门的入库作业为例，仓管部 50% 的员工全职负责货物的入库工作，故可得到入库作业的成本要素中人工费用为 10000 元。类似的，仓管部的搬运设备用于货物进入仓库和发出仓库的操作量是相等的，所以，入库作业的燃料费用为 4000 元，设备折旧费用为 4000 元。所以入库作业的成本池如表 8-1 所示：

表 8-1　入库作业成本池

单位：元

作业	成本要素			入库作业成本池总成本
	人工费	燃料	折旧	
入库作业	10000	4000	4000	18000

类似入库作业，可得到报关作业、保管作业、出库作业、配送作业的成本池。分别如表 8-2、表 8-3、表 8-4、表 8-5 所示。

表8-2　报关作业成本池

单位：元

作业	成本要素			报关作业成本池总成本
	人工费	燃料和润料	折旧	
报关作业	1080	0	0	1080

表8-3　保管作业成本池

单位：元

作业	成本要素			保管作业成本池总成本
	人工费	燃料	折旧	
保管作业	4000	0	16000	20000

表8-4　出库作业成本池

单位：元

作业	成本要素			出库作业成本池总成本
	人工费	燃料	折旧	
出库作业	10000	4000	4000	18000

表8-5　配送作业成本池

单位：元

作业	成本要素			配送作业成本池总成本
	人工费	燃料	折旧	
配送作业	4800	10000	25200	40000

4. 确定作业成本动因，分配成本池成本到成本对象

根据作业动因的选择要与资源消耗高度相关的原则，选择六项作业的作业动因依次为海运次数、报关次数、入库装卸搬运货物的件数、仓库使用面积、出库装卸搬运货物件数、配送次数。

而根据合同及W公司整体服务方案可以统计甲、乙合同消耗作业量如表8-6所示。

表8-6　合同消耗作业动因量

作业动因	单位	作业动因量		
		总计	合同甲	合同乙
海运次数	次	8	2	6
报关次数	次	8	2	6
入库装卸搬运货物件数	件	120000	60000	60000

仓库使用面积	平方米	1500	1000	500
出库装卸搬运货物件数	件	120000	60000	60000
配送次数	次	40	10	30

根据各作业成本池总成本和各作业动因量就可以计算各作业动因分配率，见表 8-7。

表 8-7　作业动因分配率

作业	作业成本池总成本（元）	作业动因	单位	作业动因量	作业动因分配率（元）
海运作业	24000	海运次数	次	8	3000
报关作业	1080	报关次数	次	8	135
入库作业	18000	入库装卸搬运货物件数	件	120000	0.15
保管作业	20000	仓库使用面积	平方米×月	1500	13.33
出库作业	18000	出库装卸搬运货物件数	件	120000	0.15
配送作业	40000	配送次数	次	40	1000

根据表 8-6（合同消耗作业动因量）和表 8-7（作业动因分配率），可计算出合同甲、乙的成本，如表 8-8 所示。

表 8-8　合同甲、乙成本

作业	作业动因分配率（元）	合同甲		合同乙	
		作业动因量	分配成本（元）	作业动因量	分配成本（元）
海运作业	3000	2	6000	6	18000
报关作业	135	2	270	6	810
入库作业	0.15	60000	9000	60000	9000
保管作业	13.33	1000	13333	500	6667
出库作业	0.15	60000	9000	60000	9000
配送作业	1000	10	10000	30	30000
营运间接费用合计			47603		73477
物流服务产品件数		60000		60000	
物流服务单位产品营运间接费用		0.79		1.22	

因为该案例中，假设直接材料和直接人工费为零。同时为了简化，不考虑销售费用和管理费用，所以合同所消耗的营运间接费用就是物流服务合同成本。从表 8-8 中可以看出合同乙的成本比合同甲的成本高 54%。合同甲、乙是把相同数量且一样的零配件，在同样期间内，从同样的始发地运往同样的目的地，而且合同甲租用的仓库面积是合同乙的两倍，为什么合同甲的成本远远低于合同乙的成本呢？

从表 8-8 中可以看出，合同乙的成本比合同甲的成本高的原因以下三条：

(1) 合同乙的海运作业成本比合同甲的高；

(2) 合同乙的报关作业成本比合同甲的高；

(3) 合同乙的配送作业成本比合同甲的高。

这种成本信息较真实地反映了合同甲、乙的成本，因为合同乙要求 W 公司提供更为复杂的物流服务，因而合同乙也就消耗 W 公司更多的作业。

在这个案例中还应注意到，虽然合同甲、乙出入库频率不一样，但因为出入库作业选择的是单位水平的作业动因（件数），算出的甲、乙合同出入库成本相同。而实际上，出入库作业还可以划分为装卸作业、搬运作业、检查作业等，可对作业分别选择作业动因：装卸设备准备次数、搬运零配件件数、检查次数。这样甲、乙合同因出入库频率不同所引起的作业成本差异就可以反映出来。

作业成本法和传统成本法的结果比较：

如果同样的案例，采用传统成本法核算，又会是怎么样一个结果呢？见表 8-9。

表 8-9　传统成本法下合同甲、乙的成本

营运间接费用	成本金额	合同甲	合同乙
人工费用	29880	14940	14940
燃料	18000	9000	9000
固定资产折旧费	49200	24600	24600
外包费用	24000	12000	12000
营运间接费用合计	121080	60540	60540
物流服务产品件数		60000	60000
物流服务单位产品营运间接费用		1.009	1.009

实际上，传统成本法在分配间接费用时就是因为采用单一的单位水平作业动因（件数）进行分配，才使得间接费用在产品之间分配不合理，而作业成本法最大的改进就是找出成本对象成本和成本对象消耗的各个水平作业的逻辑关系，采用有因果关系的多水平的作业动因分配间接费用，克服了传统成本法的缺陷。

在本案例中，不难发现海运作业、保管作业、配送作业是影响甲、乙合同成本的重要因素。由于甲、乙合同的物流方案不同，使得在甲合同中，保管作业成本最高占 28.01%，配送作业成本次之，为 21.01%；而在乙合同中，配送作业成本最高，高达 40.83%，海运作业成本次之，为 24.5%。如表 8-10 合同甲、乙的成本项目分析所示。

表 8-10　合同甲、乙的成本项目分析

作业项目 \ 成本金额	合同甲		合同乙		合同甲乙累计	
	成本	比率	成本	比率	成本	比率
海运作业	6000	12.60%	18000	24.50%	24000	19.82%
报关作业	270	0.57%	810	1.10%	1080	0.89%
入库作业	9000	18.91%	9000	12.25%	18000	14.87%
保管作业	13333	28.01%	6667	9.07%	20000	16.52%
出库作业	9000	18.91%	9000	12.25%	18000	14.87%
配送作业	10000	21.01%	30000	40.83%	40000	33.04%
营运间接费用合计	47603	100.00%	73477	100.00%	121080	100.00%

利用作业成本法对企业物流成本进行核算，能够使企业对自身的物流成本有一个比较清晰的认识，能对物流成本进行横向和纵向比较分析，从而找出降低企业物流成本的关键点和有效方法。

根据以上数据分析，可以知道海运作业成本、保管作业成本、配送作业成本占物流成本的绝大部分，是物流成本降低和控制的主要目标。同时要根据不同的物流方案，调整具体物流成本控制的项目。

本案例中，海运部针对企业存在的实际情况采取了以下几种方法来控制物流成本：

(1) 作业消除。由于与海运部签订甲、乙物流合同的货主公司是 W 公司长期合作的老客户，该客户重心守法，历年来都被有关部门评定为开发区信誉优秀的企业。所以在出入库时候，针对该企业的货物品种和数量的检验工作改为抽样检查，而不是每单货物必查。这样以来减少了出入库作业中 22% 的人工费。

(2) 作业选择。由于 W 公司的车队是自己经营的，在货物配送时候，有时候车辆是半厢配送，有时候是满载配送，这无形之中增加了配送承包。针对这一情况，W 公司与其他专业短途配送车队（短拨车队）合作，当 W 公司货物量不够满载时，由短拨车队一并配送，配送承包降低了。由于甲合同每次配送数量比较大，由公司车队自己配送；而乙合同却是每次配送数量少、次数多，W 公司就委托由短拨车队按计划配送，实际配送成本是原来的 85%。

(3) 作业减低。严格规定作业等待期间的能源消耗，如装卸货物时候，车辆必须熄火；对温度、湿度等环境因素由特殊要求的货物，安排进入特殊仓库保存，其他货物在普通仓库，不能混淆货物，浪费资源，从而降低了保管作业成本中特殊设备折旧费用的 18%。

(4) 作业分享。合理利用规模经济，从而提高作业的效率。在自行配送货物时，尽量拼箱配送，安排合理的配送路线，准确、即使配送货物。经过实践，使得自行配送货物的作业成本降低了 5%。另外在报关作业中，对符合海关规定的货物，直接申请网上通关，从而减少了该项作业中人工费的 20%。

(5) 成本动因分析。W 公司通过对全公司各个物流环节的作业研究，进行一系列的成本动因分析，发现就公司目前的出入库货物数量，搬运工人数偏多，成本偏高。故公司解聘 5 个全日制搬运工，再签订 3 个计时制搬运工，再出入库货物多时，由计时制搬运工来解决用工紧张的问题。这样使得出入库的人工费降低 6%，出入库时间减少了 20%。

（6）提高价值链效率。严格控制 T_2、T_5 的时间，车队对出车车辆严格控制时间点，派专人负责记录、监督车辆的流转效率。VCE 提高到 0.89。

入库作业的成本池如表 8-11 所示：

表 8-11　入库作业成本池

单位：元

作业	成本要素			入库作业成本池总成本
	人工费	燃料	折旧	
入库作业	7200	4000	4000	15200

类似入库作业，可得到报关作业、保管作业、出库作业、配送作业的成本池。分别如表 8-12、表 8-13、表 8-14、表 8-15 所示。

表 8-12　报关作业成本池

单位：元

作业	成本要素			报关作业成本池总成本
	人工费	燃料	折旧	
报关作业	864	0	0	864

表 8-13　保管作业成本池

单位：元

作业	成本要素			保管作业成本池总成本
	人工费	燃料	折旧	
保管作业	4000	0	13120	17120

表 8-14　出库作业成本池

单位：元

作业	成本要素			出口作业成本池总成本
	人工费	燃料	折旧	
出库作业	7200	4000	4000	15200

表 8-15　配送作业成本池

单位：元

作业	成本要素			配送作业成本池总成本
	人工费	燃料	折旧	
配送作业	1140	2375	5985	9500

重新统计甲、乙合同消耗作业量，如表 8-16 所示。

表 8-16　合同消耗作业动因量

作业动因	单位	作业动因量		
		总计	合同甲	合同乙
海运次数	次	8	2	6
报关次数	次	8	2	6
入库装卸搬运货物件数	件	120000	60000	60000
仓库使用面积	平方米	1500	1000	500
出库装卸搬运货物件数	件	120000	60000	60000

根据各作业成本池总成本和各作业动因量就可以计算各作业动因分配率，见表 8-17。

表 8-17　作业动因分配率

作业	作业成本池总成本（元）	作业动因	单位	作业动因量	作业动因分配率（元）
海运作业	24000	海运次数	次	8	3000
报关作业	864	报关次数	次	8	108
入库作业	15200	入库装卸搬运货物件数	件	120000	0.1267
保管作业	17120	仓库使用面积	平方米×月	1500	11.4133
出库作业	15200	出库装卸搬运货物件数	件	120000	0.1267

根据表 8-16（合同消耗作业动因量）和表 8-17（作业动因分配率），可计算出合同甲、乙的成本，如表 8-18 所示。

表 8-18　合同甲、乙成本

作业	作业动因分配率（元）	合同甲		合同乙	
		作业动因量	分配成本（元）	作业动因量	分配成本（元）
海运作业	3000	2	6000	6	18000
报关作业	108	2	216	6	648
入库作业	0.1267	60000	7600	60000	7600
保管作业	11.4133	1000	11413.3	500	5706.7

续表

作业	作业动因分配率（元）	合同甲		合同乙	
		作业动因量	分配成本（元）	作业动因量	分配成本（元）
出库作业	0.1267	60000	7600	60000	7600
配送作业			9500		25500
营运间接费用合计			42329.3		65054.7
物流服务产品件数		60000		60000	
物流服务单位产品营运间接费用		0.7055		1.0843	

通过对表 8-8 和表 8-18 的对比分析，我们不难发现经过物流成本的控制，甲合同的成本减少了 5273.7 元，降低 11.08%；而乙合同的成本减少了 8422.3 元，降低了 11.46%。海运部总的物流成本减少了 13696 元，降低 11.31%。从而可以证明物流成本可以通过作业改善和成本动因分析及提高价值链效率等方法使 W 公司的物流成本明显降低。W 公司对此次案例实施的结果非常满意，并决定将在公司其他部门进一步推进作业成本法的应用，以期对公司整体的物流成本进行有效的控制。

任务四　配送绩效管理

一、绩效评价（Performance Measurement PM）

绩效评价又称"性能评价"，也译为"绩效考核"，是指运用一定的技术方法，采用特定的指标体系，依据统一的评价标准，按照一定的程序，通过定量、定性对比分析，对业绩和效益做出客观、标准的综合判断，真实反映现时状况，预测未来发展前景的管理控制系统。

绩效评价是基于目标对运行结果的衡量。

绩效评价过程主要包括绩效指标定义、分析和报告、评价和改进三部分。

1. 绩效管理（Performance Management）

绩效管理是使用绩效评价信息来实现组织文化、体制、过程的积极变化，帮助组织设定一致的绩效目标，合理分配资源，分享绩效成效。

本质：通过绩效评价、评估和不断的指导来得到具有高工作动机和高工作素质的劳动力。

绩效管理是管理组织绩效的过程，包括计划、改进和考察三个子过程。

绩效评价与绩效管理的区别：

（1）绩效管理关注过程，而绩效评价关注结果。

（2）绩效管理是一个紧密耦合的循环控制系统，为了从不同层次管理系统的绩效，它部署战略和策略来获得回馈；

而绩效评价是一个决定怎么使组织或个人获得实现他们目标和战略程度的过程。

2. 绩效管理的基本原则

（1）将过程管理和结果管理有机结合

（2）将短期目标与长远发展有机结合

（3）将个体绩效与组织绩效有机结合

3. 绩效管理的基本步骤

（1）绩效计划。主要依据：工作目标和工作职责。

基础：管理者和被管理者共同投入和参与。

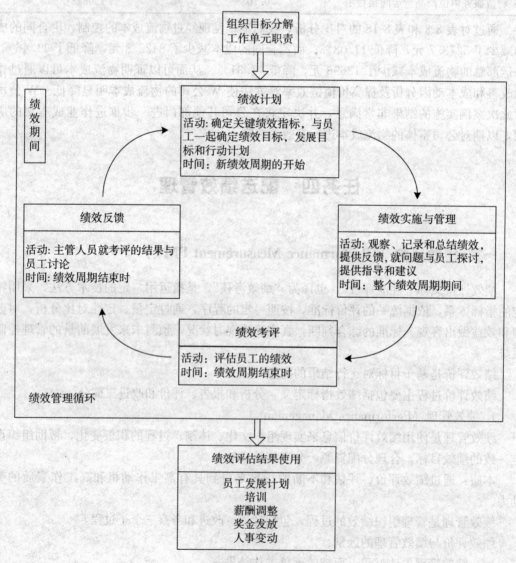

图 8-7 绩效评估

（2）绩效实施与管理。

管理者对被评估者进行指导和监督，并对绩效计划进行调整。

（3）绩效评价。

依据：周期开始时双方达成一致意见的关键绩效指标。

（4）绩效反馈。

二、 配送作业绩效评价

1. 配送作业绩效评价指标体系的确立

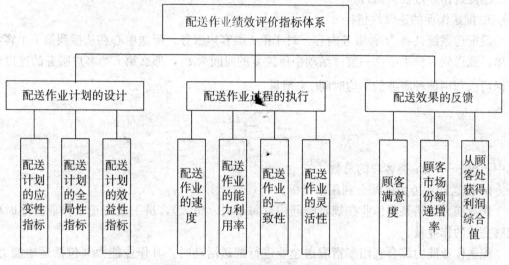

图 8-8　配送作业绩效评价指标体系

2. 配送作业绩效指标体系的量化

（1）配送作业计划的设计。

①配送计划的全局性指标。

$$全局性评价指标分数 = 60 + \frac{指标实际值 - 指标不充许值}{指标满意值 - 指标不充许值} \times 40$$

②配送计划的应变性指标。

配送计划应变性的比较尺度表

应变性 难易程度	很不 容易	较不 容易	不容易	稍不 容易	一般	稍微 容易	容易	较容易	十分 容易
分数	1/9	1/7	1/5	1/3	1	3	5	7	9

计划的应变性易：应变性评价指标分数 = 60 + （指标值/9）× 40

计划的应变性不容容易：应变性评价指标分数 = 60 + （指标值/1）× 40

③配送计划的效益性指标。

$$效益性评价指标分数 = 60 + (\varepsilon_1 - 1) \times 40$$

171

$$\eta_1 = \frac{P_{利}}{C} \quad \varepsilon_1 = \frac{\eta_1}{\eta_0}$$

其中：η_1：该计划的单位成本获利数；

$\quad\quad \eta_0$：企业长期统计的标准单位成本获利数；

$\quad\quad P_{利}$：该计划能够获得的利润；

$\quad\quad C$：该计划的总成本；

$\quad\quad \varepsilon_1$：该计划单位成本获利数与标准单位成本获利数的比值。

（2）配送作业绩效指标体系的量化。

①配送作业过程的执行。

a. 配送作业的速度性指标

设配送系统共有 N 种服务内容，对于第 i 类客户服务，配送中心在从接到第 j 个客户订单，到送到客户手中这一整体活动中所需要的时间为 t_{ij}，那么第 i 类客户服务的速度性指标可以利用该种服务的平均时间 $\overline{t_i}$ 来衡量：

$$\overline{t_i} = \frac{\sum\limits_{j=1}^{N_i} t_{ij}}{N_i}$$

其中：N_i——第 i 类客户的总数。

b. 配送作业能力的综合利用率指标。

作业能力是指某项作业在规定时间内（每小时、每天），员工进行正常作业程序时所能够完成的作业量。

配送作业能力综合利用率指配送企业进行配送活动时，其作业能力（包括运输能力、配货能力等）综合利用率情况。

设配送活动共有 N 种作业内容，对于第 i 项作业，假定经过长期的观测，其作业能力为 C_i，某一时期内该作业工序的配送作业平均能力 $\overline{C_i}$，则该作业工序的配送作业能力的利用率为：$\theta = \overline{C_i}/C_i \ (i=1, 2, \cdots, N)$

综合 N 项作业内容，能力综合利用率 θ 取所有工序能力利用率最小值，即：

$$\theta = \min \ (\theta_1, \theta_2, \cdots, \theta_N)$$

c. 配送作业的一致性指标。

配送作业的一致性指标体现在配送活动在一定的时期内准时交货并保证质量的次数占总交货次数的百分比。

设在一个时间段 t 内，准时保质交货的次数为 N_d，总交货次数为 N_t，作业一致性指标 P_d 计算公式见下：

$$P_d = \frac{N_d}{N_t}$$

d. 配送作业灵活性指标。

配送作业灵活性指标主要体现在处理异常的客户服务要求的能力以及当发生故障时恢复的可行性两个方面。计算公式如下：

$$k = \alpha = k_1 + (1 - \alpha) \times k_2$$

K 为作业灵活性指标值，k_1 为处理异常客户服务要求的能力指标值；k_2 为故障恢复的能力指标值；α 为处理异常乏味户服务要求与故障恢复的能力相比的重要程度，若 $\alpha = 0.6$，表示异常客户服务要求在两者中占总的 60%，而故障恢复的能力则为 40%，α 的取值由决策者而定。

$$k_1 = \frac{\text{异常情况处理完比数目}}{\text{异常情况总需要处理数}}$$

$$k_3 = \frac{\sum\limits_{i=1}^{n} t_{i标} - \sum\limits_{i=1}^{n} t_{i实}}{\sum\limits_{i-1}^{n} t_{i标}}$$

$$k_2 = 0.6 + k_3 \times 0.4$$

②配送效果的反馈 。

a. 客户满意度。

客户满意度 ＝（很满意数 $\times 1.1$ ＋满意数 $\times 1$ ＋基本满意数 $\times 0.6$）/样本总数 $\times 100\%$

b. 客户的市场份额递增率 。

$$\lambda_{12} = \frac{\beta_2 - \beta_1}{\beta_1}$$

β_1，β_2 分别为相同时间段 T 内前期市场份额增长率和本期市场份额增长率；λ_{12} 为市场份额增长率。

c. 从客户处获得利润的综合值。

将客户分为三类，分别是稳定的长期的客户、有较大发展潜力的客户和无利可图的客户。从客户处获得利润的综合值的计算见如下公式：

$$A = (\sum\limits_{i=1}^{n1} A_{1i}) \times 1 + (\sum\limits_{j=1}^{n2} A_{2j}) \times f_1 + (\sum\limits_{k=1}^{n3} A_{3k}) \times f_2$$

A：从客户处获得利润的综合值；

A_{1i}，A_{2j}，A_{3k}：分别表示稳定的长期客户中第 i 位客户总利润值，有较大发展潜力的客户中第 j 位客户总利润值，无利可图客户中第 k 位客户的总利润值；

n_1，n_2，n_3：分别表示稳定的长期顾客总数，有较大发展潜力的顾客总数，无利可图的顾客总数；

f_1：有较大发展潜力的顾客的利润折算系数，由决策人而定，且 $f_1 > 1$；

f_2：无利可图的顾客的利润折算系数，由决策人而定，$0 < f_2 < 1$。

三、 配送员工绩效评价

1. 绩效管理的基本原则

（1）绩效考核应有统一标准。

（2）考核标准应体现不同岗位的特点。

（3）要有确定的考核机制。

①考核工作多长时间进行一次；

②谁来进行考核；

③考核方法的确定；

④考核必须与奖惩相结合。

2. 配送员工工作考核的基本内容

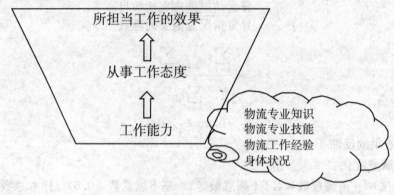

图 8-9　配送员工工作考核

3. 配送员工工作考核的主要方法

（1）自我评定考核法。

（2）考绩面谈考核法。

四、配送管理中的绩效评价方法

（一）配送绩效评价指标体系的构建方法

1. BSC 方法

平衡计分卡（Balanced Scorecard）方法，又称 BSC 模型，最早于 1992 年由哈佛教授 Robert Kaplan 与诺顿研究所最高行政长官 David Norton 共同提出，并在随后的文献中得到进一步的丰富和发展。

BSC 模型从以下四个角度来评价组织的绩效：

（1）财务的角度（我们在股东眼中表现如何？）

（2）顾客的角度（顾客是如何看待我们的？）

（3）内部业务流程角度（在哪些方面可以做得更杰出？）

（4）革新与增长角度（我们能继续改善和创造价值吗？）

平衡计分卡的实施流程如下：

• 转化组织战略

• 远景沟通与连结

• 规划与设计指标

• 反馈与学习

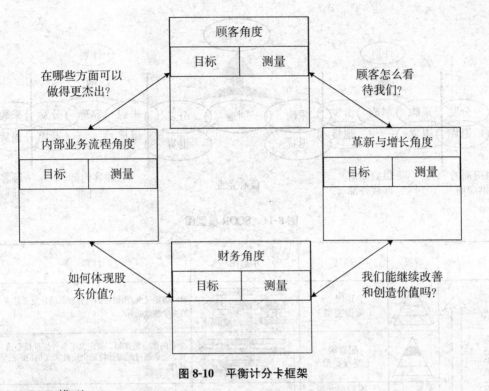

图 8-10　平衡计分卡框架

2. SCOR 模型

供应链运作参考模型（Supply Chain Operations Reference Model，SCOR）是由供应链委员会（Supply Chain Council，SCC）主持开发，适用于不同的工业领域。

1996 年春，美国波士顿两家咨询公司 Pittiglio Rabin Todd & McGrath（PRTM）和 AMR Research（AMR）为了帮助企业更好地实施有效的供应链，实现从功能管理到流程管理的转变，牵头成立了供应链委员会，并于当年底发布了供应链运作参考模型 SCOR。

SCOR 不是第一个流程参考模型，但却是第一个标准的供应链参考模型。

SCOR 模型主要由四个部分组成：

（1）供应链管理流程的一般定义；

（2）对应于流程绩效的指标基准；

（3）供应链"最佳实践"（best practices）的描述；

（4）选择供应链软件产品的信息。

SCOR 模型如下图所示：

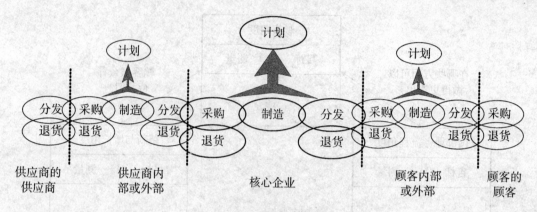

图 8-11　SCOR 模型图

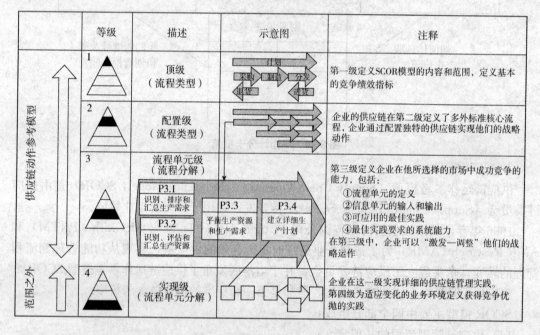

图 8-12　SCOR 模型分级架构图

（二）配送绩效评价的数学方法

1. 层次分析法

完整的 AHP 方法包括三个步骤：

（1）据研究对象和研究目标建立层次结构模型；

（2）构造判断矩阵并计算指标权数；

（3）对评价指标进行无量纲处理，计算评价对象的综合评价结果。

使用 AHP 对配送进行评价，其评价指标体系可以包括：

（1）配送安全指标；

（2）配送效率指标；

（3）配送成本指标；

（4）配送柔性指标。

2. 数据包络分析（DEA）

（1）1978 年由 A. Charnes 和 W. W . Cooper 等人以相对效率概念为基础开展起来的一种效率评价方法。

（2）使用数学规划（包括线形规划、多目标规划、具有锥结构的广义最优化、半无限规划、随机规划等）模型进行评价具有多个输入，特别是多个输出的"部门"或"单位"（称为决策单元：Decision Making Unit，简记 DMU）间的相对有效性（称为 DEA 有效）。

（3）DEA 特别适用于评价具有多个输入与输出的复杂系统。

3. 模糊综合评价

20 世纪 60 年代由 zadeh L A 首先提出来的。是以模糊数学为基础，将边界不清、不易定量的因素定量化，进行综合评价的一种方法。

其步骤一般包括：

（1）构造绩效评价指标体系，建立模糊综合评价因素集；

（2）计算评价指标的特征值矩阵，确定隶属关系；

（3）建立模糊评价矩阵，给定各级指标层权重；

（4）建立评价等级集，进行模糊矩阵的运算，得到模糊综合评价结果。

4. BP 神经网络

1986 年 Rumelhart，Hinton 和 Williams 完整而简明地提出一种 ANN 的误差反向传播训练算法（简称 BP 算法）。

算法的主要思想是把学习过程分为两个阶段：

（1）第一阶段（正向传播过程），给出输入信息通过输入层经隐含层逐层处理并计算每个单元的实际输出值；

（2）第二阶段（反向传播过程），若在输出层未能得到期望的输出值，则逐层递归地计算实际输出与期望输出之差（即误差），以便根据此误差调节权重。

任务五 配送管理信息化解决方案——以中海物流为例

中海北方物流公司的物流信息系统是以 Intranet/Extranet/Internet 为运行平台的，以客户为中心的，以提高物流效率为目的的，集物流作业管理、物流行政管理、物流决策管理于一体的大型综合物流管理信息系统，由电子商务系统、物流企业管理软件、物流作业管理系统和客户服务系统组成：

• 电子商务系统使客户通过 Internet 实现网上数据的实时查询和网上下单；

• 物流企业管理系统对企业的财务、人事、办公等进行管理，对数据进行统计、分析、处理，为企业提供决策支持；

- 物流作业管理系统则通过集成条码技术、GPS/GSM 技术、GIS 技术等物流技术，实现物流作业、管理、决策的信息化；
- 客户服务系统为客户提供优质的服务。

其整体构架如图 8-13 所示，而实际应用流程如图 8-14 所示。

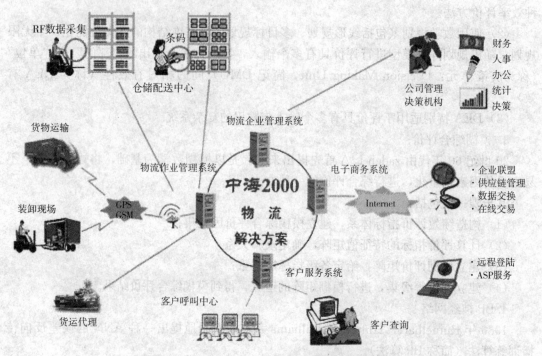

图 8-13　中海北方物流有限公司物流信息系统

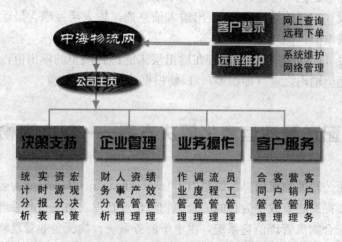

图 8-14　物流管理信息系统实际应用流程

一、中海物流信息系统功能介绍

（一）中海物流信息系统的模块结构图

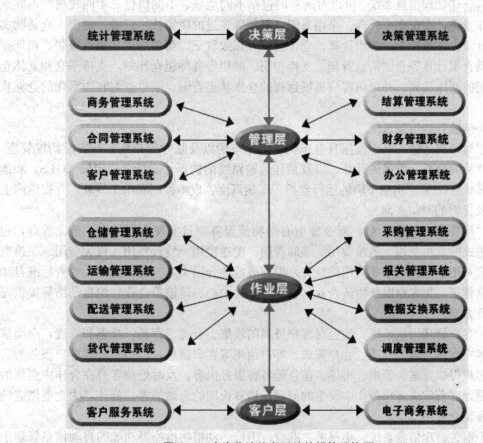

图 8-15　中海物流信息系统的模块结构图

（二）各系统功能简述

1. 物流业务管理系统

物流业务管理系统由十一个子系统组成，分别是：仓储管理信息系统、配送管理信息系统、运输管理信息系统、贷代管理信息系统、报关管理信息系统、采购管理信息系统、结算管理信息系统、合同管理信息系统、客户关系管理信息系统、数据交换信息系统。

各系统功能简述如下：

（1）配送管理信息系统。按照即时配送（JIT）原则，满足生产企业零库存生产的原材料配送管理，满足商业企业小批量多品种的连锁配送管理，满足共同配送和多级配送管理。支持在多供应商和多购买商之间的精确、快捷、高效的配送模式。支持以箱为单位和以部件为单位的灵活配送方式。支持多达数万种配送单位的大容量并发配送模式；支持多种运输方式，跨境跨关区的跨区域配送模式。结合先进的条码技术、GPS/GIS 技术、电子商务技术，实现智能化配送。

（2）货代管理信息系统。满足国内一级货运代理的要求，完成代理货物托运、接取送达、订舱配载、多式联运等多项业务需求，支持航空、铁路、公路和船务运输代理业务。配合物流的其他环节，实现物流的全程化管理，实现门对门，一票到底的物流服务。

（3）仓储管理信息系统。可以对所有的包括不同地域、不同属性、不同规格、不同成本的仓库资源，实现集中管理。采用条码、射频等先进的物流技术设备，对出入仓货物实现联机登录、存量检索、容积计算、仓位分配、损毁登记、简单加工、盘点报告、租期报警和自动仓租计算等仓储信息管理。支持包租、散租等各种租仓计划，支持平仓和立体仓库等不同的仓库格局，并可向客户提供远程的仓库状态查询、账单查询和图形化的仓储状态查询。

（4）运输管理信息系统

可以对所有运输工具，包括自有车辆、协作车辆以及临时的车辆实行实时调度管理，提供对货物的分析，配载的计算，以及最佳运输路线的选择。支持全球定位（GPS）和地理图形系统（GIS），实现车辆的运行监控、车辆调度、成本控制和单车核算，并提供网上车辆以及货物的跟踪查询。

（5）结算管理信息系统 。对企业所有的物流服务项目实现合同价格一条龙管理，包括多种模式的仓租费用、运输费用、装卸费用、配送费用、货代费用、报关费用、三检费用、行政费用、办公费用等费用的计算，根据规范的合同文本、货币标准、收费标准自动产生结算凭证，为客户以及物流企业（仓储、配送中心、运输等企业）的自动结算提供完整的结算方案。

（6）客户管理信息系统。通过对客户资料的收集、分类、存档、检索和管理，全面掌握不同客户群体、客户性质、客户需求、客户信用等客户信息，以提供最佳客户服务为宗旨，为客户提供方案、价格、市场、信息等各种服务内容，及时处理客户在合作中遇到的各类问题，妥善解决客户合作中发生的问题，培养长期的忠诚的客户群体，为企业供应链的形成和整合提供支持。

（7）报关管理信息系统。集报关、商检、卫检、动植物检疫等功能的自动信息管理于一体，满足客户跨境运作的需求。系统支持联机自动生成报关单、报检单，自动产生联机上报的标准格式，自动发送到相关的职能机构，并自动收取回执，使跨境物流信息成为无缝物流信息传递，使报关、报检业务迅速、及时、准确，为物流客户提供高效的跨境物流服务。

（8）数据交换信息系统。系统提供电子商务化的 WEB－EDI 数据交换服务，通过电子商务网站或者基于 Internet 的数据交换通道，提供标准的 EDI 单证交换，实现与供应链上下游合作伙伴之间的低成本的数据交换，为供应链企业数据交换、电子商务数据交换以及未来开展电子支付、电子交易创造条件。

（9）合同管理信息系统。合同是商务业务和费用结算的依据，系统通过对合同的规范化、模式化和流程化，合理地分配物流服务的实施细则和收费标准，并以此为依据，分配相应的资源，监控实施的效果和核算产生的费用，并可以对双方执行合同的情况进行评估以取得客户、信用、资金的相关信息，交客户服务和商务部门作为参考。

（10）采购管理信息系统。采用规范化的企业采购模式和管理流程，满足企业开放式或供应链采购方式，包括网上招标、供应商管理、采购计划管理、需求管理、报价管理、审批管理、合同管理、订货管理、补货管理、结算管理、信用管理、风险管理等功能，从成本降低、效率提高和流程控制等不同方面为企业创造价值。

（11）调度管理信息系统。用于大型物流企业的业务集中调度管理，适用于网状物流、多址仓库、多式联运、共同配送、车队管理等时效性强，机动性强，需要快速反应的物流作业管理，以应付客户的柔性需求，减少部门之间的沟通环节，保证物流作业的运作效率。

2. 物流企业管理系统

物流企业管理系统由五个子系统组成，分别是：商务信息管理系统、财务信息管理系统、统计信息管理系统、办公管理信息系统、决策支持信息系统。

（1）商务管理信息系统。物流企业专业营销管理，包括物流市场预测、物流营销策划、物流项目论证、物流资源整合、物流方案设计、价格政策制定、物流绩效评估等，结合合同管理和客户管理系统，准确地把握企业的市场方向、政策动向和客户需求，灵活地制定营销策略，实现企业发展战略目标。

（2）财务管理信息系统。结合成熟的财务管理理论，针对物流企业财务管理的特点，根据财务活动的历史资料进行财务预测和财务决策，运用科学的物流成本核算、作业绩效评估手段，从财务分析的角度，对企业发展战略、客户满意度、员工激励机制、企业资源利用，企业经济效益等方面进行分析，并得出有关财务预算、财务控制、财务分析报告，为实现企业价值最大化提供决策依据。

（3）统计管理信息系统。统计工作作为企业管理的基础，按照物流行业的标准，针对物流企业的经营管理活动情况进行统计调查、统计分析、统计监督，并提供统计资料。按照物流企业的统计要求，对物流企业的各项经营指标及经营状况进行分类统计和量化管理。

（4）办公管理信息系统。以降低管理成本、提高管理效率为目的，为物流企业的规范化、流程化和科学化管理提供包括办公管理、项目管理、资源管理、人事管理、知识管理在内的统一的企业管理平台，通过电子公文传递、资源动态分配、多方网络会议、邮件自动管理、定位信息传呼等实现企业的无纸化办公。

（5）决策支持信息系统。及时地掌握商流、物流、资金流和信息流所产生的信息并加以科学利用，在数据仓库技术、运筹学模型的基础上，通过数据挖掘工具对历史数据进行多角度、立体的分析，实现对企业中的人力、物力、财力、客户、市场、信息等各种资源的综合管理，为企业管理、客户管理、市场管理、资金管理等提供科学决策的依据，从而提高管理层决策的准确性和合理性。

3. 物流电子商务系统

通过《中海物流网》实现的电子商务系统功能主要有：

实时查询——客户在网上实时查询库存情况、运输情况和账单；

清单录入——客户可以直接录入作业指令单、订车单、订仓单等；

网上下单——客户可以直接输入物流服务的需求；

信息反馈——客户对物流服务提出建议或投诉；

网上报价——客户可以在线发出询价请求并得到报价回复；

网上交易——物流服务项目的在线查询、交易撮合和电子签约；

网上联盟——通过联盟的形式整合社会物流资源；

数据交换——通过 EDI 方式实现异构信息系统的数据对接；

信息外包——以 ASP 方式实现远程物流信息系统功能外包；

项目招标——通过电子招标的形式获得最佳的供货方。

4. 客户服务系统

系统实现的客户服务内容包括：

流程查询——查询有关作业的流程状态；

在库查询——查询有关的库存状况；

在途查询——查询货物运输途中状况；

定制查询——按照客户的要求选择查询内容；

帐单下载——在线获取结算清单；

实时跟踪——查询有关货物的地理位置图形；

定制信息——按照需要发出客户所指定的专业信息；

咨询服务——在线解答客户在物流活动中的疑难问题。

二、 特点

1. 全过程的物流信息采集和处理

系统实现了全球采购、运输、仓储、配送、包装、流通加工、装卸搬运、转运、报关、报检、分拣、结算等全过程的信息采集、储存、处理、统计和查询，使信息流通达物流作业和管理的每个环节。

2. 生产物料配送的零库存 JIT 管理

系统支持零库存生产企业的 JIT（即时）和 ECS（高效）物料配送作业，同时满足多供应商对单一生产厂家和多供应商对多生产厂家的配送模式。它是唯一能支持精确配送的信息系统。

3. 数字化仓库的智能化管理

系统实现了仓库的数字化、条码化和局部智能化管理。

4. 基于 GPS/GIS 技术的车辆调度管理

系统对不同类型的车辆实行统一管理和调度，利用 GPS/GIS/GSM 技术实现最佳线路管理。

5. 基于 WEB 方式的客户服务

系统建立在 INTRANET/EXTRANET 的网络拓扑结构下，实现内网和外网的各自独立运作而又以宽带网络连接。通过 WEB 可以为全球客户提供实时在线查询、下单和结算。

6. 基于 EDI 方式的海关通关管理

系统自动生成符合国际 EAFACT 标准的 EDI 单证，可以和深圳海关、商检的 EDI 系统直接连接，实现联网通关报验和报检。

7. 国际结算管理体系

系统支持物流作业的即时清算，当一单作业完成之后，产生的费用结算单已经提交到财务结算，并通过信息渠道告知客户，分别按照约定的结算规则完成国际和国内结算。

8. 良好的移植性

遵循 J2EE 规范构建本系统，将 JAVA、HTML、XML、TCP/IP、数据仓库等计算机技术和条码、GPS/GSM、GIS、RF、动态规划等物流技术有机结合，实现了系统的跨平台运行和广泛适用性。

三、实施作用

通过实施这套基于 Internet/Intranet 的物流信息系统，中海北方物流公司可以高效率、低成本的提供下列服务：

1. 综合物流服务

在数码仓库网络和数码配送体系的基础上，从事专业物流业务，包括为客户提供全过程物流解决方案，组织全国性及区域性的仓储、配送、加工、分销、国际货运代理、信息等综合物流服务，为客户选择合理的运输及配送方式，以最低的物流成本提供最佳的物流服务。

2. 销售增值服务

充分利用数码仓库和数码配送体系的服务优势，整合销售资源、分行业建立生产商直销系统，消除销售环节的不合理现象，为大型生产企业提供销售增值服务。

以网上交易为手段，进行资源整合、提供物流支持，全面发展电子商务业务，利用先进的互联网技术帮助企业提高其经营效率、降低经营成本、提高客户的满意度，使买卖双方获得更多的贸易机会，在提高市场的运作效率的基础上发展销售增值服务。

3. 采购增值服务

面向采购环节，积极挖掘市场，以企业采购、政府采购工程为服务对象，提供适应现代采购业务需要的物流支持和相关服务。

4. 信息系统增值服务

这部分增值服务可分为两部分：

（1）信息增值服务

充分利用信息系统建设所产生的货物流量、流向及价格等信息资源，进行市场客户化工作，为客户提供实时的信息发布与查询，向社会各界提供有偿的市场信息服务。

（2）物流软件增值服务

依托于数码仓库应用系统和数码配送应用系统平台，面向企业客户提供从专家咨询、系统规划、网络集成、软件的客户化、用户培训、数据准备、系统交付到系统维护的、一整套的全面 ASP（应用服务提供商）服务，最终协助用户实现成功的物流、商流和资金流的管理。

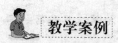 教学案例

S 配送公司基于 BSC 的员工绩效管理实施

S 企业是一家中小型配送公司；2005 年企业高层拟对企业进行业务流程的重组，同时建立相应的企业和员工绩效考核体系，并将绩效与薪酬体系相关联，以此来激励员工，实

现利润的增长；S企业拟引进电子商务，同时与物流业的上游企业建立战略联盟关系。

1. 战略目标及指标体系的确定

平衡计分卡的关键是将战略目标转化为实际行动。首先是将S公司的战略目标分解成四个部分，并逐层分解成各个具体的指标体系。

表8-19 S公司的战略目标解释及分解

第一层指标	战略目标	第二层指标
财务	利润增长	利润边际
		收入/员工
		市场份额
		投资回报率
顾客	更高的顾客满意度	顾客满意度
		投诉数目
		投诉限额
运作流程	改进管理流程 改进配送系统 降低库存成本	及时交货率
		缺陷的数目
		库存成本
		存货周转率
		流程效率
		质量指数
学习和成长	应用电子商务的可能性 增加协作项目中员工的满意度 联盟的市场战略	及时交货率
		缺陷的数目
		库存成本
		存货周转率

2. S公司平衡计分卡的数据处理过程

(1) 建立指标体系，设计相应的指标体系表。

(2) 收集定量数据，进行无量纲处理。把不同计量单位的指标值进行无量纲处理，同时把所算的数据填入表2的 [4]；

(3) 计算定性数据。根据定性指标设计调研问卷，并对调研问卷的结果进行处理，把他们的数据填入表8-20的 [4]；

(4) 确定权重。通过专家打分法确定两个层次各个指标的权重，并把第二层和第一层指标权重数据分别填入表8-20的 [5] 和 [2]；

(5) 计算单项指标分。先从第二层指标倒推出第一层指标，第一层指标值 [6] = [4] × [5]，然后计算 [7] = [2] × [6]；

(6) 计算平衡计分卡总分值。将四个方面指标的分值 [7] 加总，得到该企业的综合业绩分值［8］＝∑［7］；

（7）把上述求得的值填入平衡计分卡中，如表8-21所示。

表8-20　S公司平衡计分卡数据计算过程表

[1]	[2]	[3]	[4]	[5]	[6]	[7]	平衡计分卡值
指标	第一层权重（％）	第二层指标	第二层指标值	第二层权重	第一层指标值	指标分值	
财务		利润边际					
		收入/员工					
		市场份额					
		投资回报率					
顾客		顾客满意度					
		投诉数目					
		投诉限额					
运作流程		及时交货率					
		缺陷的数目					
		库存成本					
		存货周转率					
		流程效率					
		质量指数					
学习和成长		及时交货率					
		缺陷的数目					
		库存成本					
		存货周转率					
总计	100％				100％		

表8-21　S公司的平衡计分卡

S公司的平衡计分卡						
起始时间：				终止时间：		
指标	本月		实际值/预算值（％）	累计		实际值/预算值（％）
	实际值	预算值		实际值	预算值	
财务						

续表

顾客					
运作流程					
学习和成长					
平衡计分卡值					
经理人员的评论					

3. S 公司平衡计分卡的数据分析

在进行绩效评价时，必须注重考察一些关键指标，尤其是一些波动较大的第一层指标，进一步考察该第一层指标下的第二层指标，也就是考察平衡计分卡的因果关系，如图 8-16 所示。

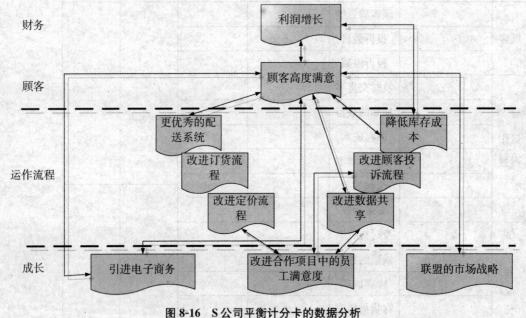

图 8-16 S 公司平衡计分卡的数据分析

章节思考题

1. 配送中心客户关系管理包括哪些方面？
2. 配送中心成本管理的策略有哪些？
3. 如何制订配送计划，如何保障计划的执行？
4. 配送中心主要的绩效评估方法有哪些？
5. 配送中心是如何利用信息化进行管理的，试举例说明。

项目九　配送管理信息化在几个行业的典型应用

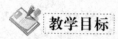 **教学目标**

知识目标

1. 了解快速消费品、冷链物流、医药、家电、烟草的特点，配送流程与要求。

2. 熟悉快速消费品、冷链物流、医药、家电、烟草配送管理的信息化解决方案。

能力目标

1. 掌握快速消费品、冷链物流、医药、家电、烟草配送作业及管理的应用。

2. 掌握快速消费品、冷链物流、医药、家电、烟草配送管理信息化方案下的业务操作。

任务一　快速消费品行业的配送及信息化

快速消费品产品周转周期短，进入市场的通路短而宽，市场竞争日趋激烈。消费者对快速消费品的购买要求是便利。因此，快速消费品除了通过包装新颖、促销策略吸引消费者以外，物流配送的及时性、低成本也尤其重要。目前，我国快速消费品的物流渠道复杂，销售配送模式有制造商和商业企业自营模式，有借助第三方物流的运作模式，还有极少数企业实施共同配送模式等。

一、 快速消费品的定义

FMCG 是 Fast Moving Consumer Goods 的首字母缩写，代表快速消费的商品，与快速消费品概念相对应的是"耐用消费品"（Durable Consumer Goods），通常使用周期较长，一次性投资较大，包括家用电器、家具、汽车等。一种新的叫法是 PCG（Packaged Consumption Goods），顾名思义，产品经过包装成一个个独立的小单元来进行销售，更加注重包装、品牌化以及大众化对这个类别的影响。包括包装的食品、个人卫生用品、烟草及洒类和饮料。之所以被称为快速，是因为它们首先是日常用品，它们依靠消费者高频次和重复的使用与消耗，通过规模的市场量来获得利润和价值。

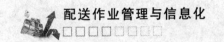

二、 快速消费品行业的主要特点

快速消费品与其他类型消费品相比，购买决策和购买过程有着明显的差别。快速消费品属于冲动型购买产品，即兴的采购决策，对周围众多人的建议不敏感，取决于个人偏好、类似的产品不需比较，产品的外观/包装、广告、促销、价格、销售点等对销售起着重要作用。因此，快速消费品有以下几个特点，即：

(1) 单品价值低，属于公众生活必需品或消费者普及产品。

(2) 消耗周期短，销售周期不长于十周。

(3) 消耗后需要及时补充。

(4) 是便利品，消费者习惯就近购买。

(5) 是视觉化产品，消费者在购买时很容易受到卖场气氛影响。

(6) 品牌忠诚度不高，消费者很容易在同类产品中转换不同品牌。

这些特征决定了消费者对快速消费品的购买习惯是：简单、迅速、冲动、感性。快速消费品行业所具有的特点决定了该行业的供应链也必须满足一定的条件，才能使企业具有较强的竞争力。FMCG消耗周期短，消耗需要及时补充等特点决定了供应链必须具有快速的响应速度和较强的协同性。消费者容易在同类产品中转换不同品牌的特点又要求生产商必须及时掌握消费者需求的变化，更快地满足消费者需求。为了满足这些要求，在激烈的竞争中立于不败之地，快速消费品行业的生产企业就需要进行供应链合作，构建良好的供应链关系使其适应本行业的发展特点。

三、 快速消费品的供应链分析

近年来，由于行业中的一些国际化跨国公司推行全球化的发展战略，它们纷纷看好中国FMCG生产这块巨大的"蛋糕"，不断抢摊我国FMCG市场，纷纷设立采购中心、加工制造中心和销售中心，不断加强其在我国的品牌战略和市场渗透，例如卡夫、雀巢、百事、可口可乐、联合利华、宝洁等。这将使我国的FMCG企业面临更大的挑战，因此我们必须要迎头赶上，积极采用供应链管理这一有效武器，来提升自己和整个行业的竞争力，才能在市场竞争中立于不败之地。

1. 快速消费品行业供应链的特点

快速消费品行业的供应链相对较长，运行节奏较其他行业要快，因此其供应链要求必须具有快速的响应速度。在国际上，特别是经济发达国家，从FMCG的原料生产、加工、包装、运输、分销、销售到售后服务等的大部分环节已采用或正在引入供应链管理来提高整个运行链的效率与效益。在我国，虽然具有众多的人口与消费量巨大的优势，使该行业存在着巨大的发展空间，但由于供应链管理起步较晚，企业缺少优化的管理理念与工具，特别是信息化管理的工具，长期以来在上下游之间、甚至是在企业内部部门之间的众多业务环节上存在着脱节，造成影响市场需求的速度慢、运营成本高、效益低，这些都直接影响了企业，乃至整个行业的竞争力。

在传统供应链上，决定供应链上产品移动的是那些远离消费者市场的制造商，然而在20 世纪 60 年代后，大型零售商进入了它们的兴旺时期，开始在供应链中取得更多的控制权，它在制造商、批发商以及捉摸不定的消费者之间提供了有力的连接作用。90 年代后，当沃尔玛作为零售巨人的代表出现时，它改写了供应链上产品生产和销售的规则，大型零售商开始支配行业下游的销售，企业开始将其关注的焦点从供给转移到消费需求上。在这种环境下，企业为了管理好一个由需求拉动的供应链，需要了解和把握需求信号和及时作出精确的预测，对需求进行分析制定出可行的需求计划，并迅速地对需求信号作出反应。因此整个 FMCG 行业的重心向下游移动。

2. 快速消费品的供应链研究现状

快速消费品供应链系统的解决方法如下：将商流和物流分离。商流和物流分离之后，存货由生产商统一管理，这样不仅减轻了销售商的库存危机，而且便于存货的配送和运输，生产商的产品库存由生产商直接管理，配送中心以库存为基础实行直接调配，在一个地理域中，商品的流动都由配送中心统一管理，而销售商只负责与消费者达成交易，并将消费者的需求信息交给配送中心，配送中心根据订单，对该地区一定时段的消费进行统一配送和运输，这样做的好处有：生产商能够较精确地掌握库存信息，以便于安排生产和计划；产品通过统一配送和运输能够降低成本；生产商更便于管理下面的分销机构；方便财务收集数据和款项；生产商可以根据消费需求对不同产品的仓库的地址进行有效的选择，这样便于将产品更快地运送到消费者手中。但是这样的分离是以销售商和配送中心之间有效的信息传递为基础的，如果没有及时的信息传递，就会产生一系列的滞后。通过多种信息沟通方式并且建立一个自动刷新的数据库是关键。

对库存实行动态补货。因为将商流和物流分离之后极大地提高了供应链的响应速度。这就要求其配送中心要有高效的补货计划。

动态库存水平的确定是根据不同场所、服务水平、预测与预测纠偏、平均的提前期与提前期纠偏等因素来确定的。动态库存水平能根据防止库存水平多余和欠缺需求动态的变化，它以无缺货断档为目标，使每个补货周期都不会出现缺货的情况，同时减少实际库存量，动态的满足不缺货和降低库存水平的矛盾。

3. 快速消费品供应链的发展趋势

我国零售行业销售报告显示，货架上的撤货率达 10%。撤货使产品丧失了销售机会，由此推之，整个产业损失了 10%的销售额。要保证及时供给，满足新鲜度的要求，库存肯定较高，成本更难下来。如何既满足顾客需求，又持续降低成本，要在相悖的要求中找到平衡，企业已经意识到要提高整个供应链的运作效率。

事实上供应链的权力已经由链上的核心企业向消费者转移，链上的零售商、分销商、制造商都在密切关注货架上的变化。如果作为快速消费企业，你还在沿用传统的供应链管理，如果你是供应链上远离最终消费者的成员，你将无力向最终用户传递他们的确实需求，无法提供他们实际购买的产品，这意味着失败。宝洁提醒企业，应该转换一个角度，供应链已经向需求链进化，企业要建立一个以消费者需求为基础和具有快速反应能力的系统。宝洁已经在向高效消费者回应（ECR）努力，而 ECR 的含义就是"即时＋准确＋无

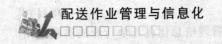

纸化"的信息流。平稳持续与需求匹配的物流。

若想具备快速反应能力要在四个方面下功夫：一是加强系统管理；二是合理配置库存资源，因为快速消费品企业既不可能做到非常小批量生产，也不可能做到大批量生产；第三是协调规划和有效沟通，规划企业的组织机构，设定每个机构的职能；第四是需要两个实实在在的计划，即需求计划和沟通计划。

4. 快速消费品供应链信息化

目前国内企业信息化多是围绕提升企业内部管理能力的，但是对于快速消费品行业来说，企业的收益是来自于外部市场，因此对外部管理的信息化也非常重要，甚至更加迫切。目前就整个快速消费品行业来说，面临的问题是如何通过软件实现对供应、产销、销售各环节的管理和监控，以及对产品流通时间和成本的严格控制，因此对供应链信息化的需求最为直接、需求量也最大。围绕快速消费品行业的低成本，低库存的竞争战略进行供应链管理信息化，才能真正构建效率型供应链。

然而随着时代的变迁和技术的不断更新，条码技术已经无法满足企业现有的应用。比如快速消费品供应链的管理，由于行业的特殊性，商品流转周期短，对商品信息实时传递的要求高。现有的条码技术无法在短时间内从大量的商品中去获取商品的信息，唯一的途径必须是靠人工的一对一的扫描方式去完成。随着沃尔玛"RFID 计划"的推行，无疑为RFID 在快速消费品供应链管理中的发展提供了一个强大的支点。目前，我国许多商家已经意识到 RFID 在快速消费品行业中应用的必然性，国内快速消费品龙头企业贵州茅台酒集团也已开展了基于 RFID 技术的酒类防伪应用技术研究和 RFID 在供应链管理方面的应用。作为快速消费品供应链管理的一个重要部分，冷链物流的发展对 RFID 技术的需求更加强烈。

四、 基于物联网的快消品系统应用解决方案

以 EPCglobal 为标准的 RFID 无线智能标签通过无线频段的电波发出，使自动识别技术有了新的突破，在短短的 1 秒种之内，读取 200 个商品的信息，并可以通过无线互联网的模式来进行数据更新。这样的技术融入到整个供应链的企业，它将解决现存条码技术无法做到的多项产品识别问题，为每一个最小单位的流通商品建立了一个全球性的标志，从而实现对整个供应链的物品进行实时的跟踪和管理。同时，大大的提高了快速消费品供应链的整个流程进展。

1. 系统基本配置

商品包装用 RF 标签：贴纸模式的智能标签，915mhz，iso18000－6/epc 标准，粘贴于商品固定位置。

需用 RFID 设备：支持 EPCglobe 标准的双标准兼容读写器，并具备网络接口；固定式阅读器；手持终端。

软件系统：标签发行系统（含设备驱动）、验证系统、本地数据库系统及本地 ERP系统。

其他设备：现场电脑及无线互联网设备。

2.RFID 在快速消费品供应链管理中的具体应用环节

本案例介绍 RFID 在制造商方面如何在生产流水线、发货环节使用；在物流配送环节，如何在仓储、配送、运输应用以及在零售环节的货架管理、订单管理、销售管理等方面的应用。

在每一罐软饮料的外包装上都使用了一种 RF 标签。标签的面积可大可小，在每个标签里有一个电子芯片以及天线。在这个标签里的微型芯片存放了电子化产品代码，即 epc。每一罐软饮料都有一个唯一的 epc 编码。

（1）在制造环节的应用。

饮料在流水线上进行灌装时，位于流水线各个位置上的 RF 标签阅读设备会自动发出数据读取命令，并接受由标签反馈的信息。这些数据被生产控制系统采集和记录，并进一步纳入企业生产管理系统，实现自动计数和建立产品跟踪数据库。在流水线的末端，罐装饮料被装入包装箱，在包装箱上同样有一张 RF 标签，当一箱饮料包装完毕，生产控制系统将驱动 RF 标签打印机（一种专用的向电子芯片中写入数据的打印机，通常同时具有现有的条码打印机的功能），将包装箱的详细资料（运输条码、商品生产日期等）写入到这张标签上，同时将数据存储到企业生产管理系统中。这些包装箱，在仓库中存放时被放置在托盘上，每个托盘上同样有一张 RFID 的标签。

在发货月台的门口上方有一个 RFTD 读取设备，当托盘经过门口时，读取设备发出的无线电波，激活这些标签。此时，这些标签"苏醒"过来，并开始发送各自的 EPC，读取器一次只让一个标签"发言"。它会依次快速地打开和关闭这些标签，直到读完所有的标签为止。就目前成熟的技术来看，每一秒钟，RFID 读取设备可以成功的读取 200 个 RFID 的标签。

这一信息首先被传递到软件系统中，然后在局域网或互联网上的对象解析服务系统（ONS），检索与该 EPC 相关的商品，就像在互联网上注册一样，ONS 的作用是将软件系统中的数据存入企业数据库，并在物联网上进行检索。每个产品的数据将用一种实体标记语言（PML）来存储，类似于目前流行的 xml，可以执行一些常用的企业任务。

标签阅读设备与系统连接，将接受到的 EPC 数据传递给，同时驱动系统进行后继工作。该系统可以通过互联网（物联网）向对象名称服务（ONS）数据库发送查询，该数据库就像一个反向的电话查号服务，即根据收到的号码提供地址，ONS 服务器将 EPC 编码与存有大量关于该产品信息的服务器地址相匹配，这些数据不仅可供世界各地的软件系统使用，而且可由软件系统自动增补数据；PML（物理标识语言）服务器，存储有关该厂产品的完整数据，在本例中，它辨认出收到的 EPC 编码属于某某公司的罐装饮料 cherry-hydro。由于软件系统知道发出查询命令的读取器所在的位置，所以，它现在也知道哪个生产商生产了这罐饮料，如果发生产品质量问题，有了这些信息就可以很容易地追溯到问题的来源，以实现产品的跟踪。

（2）在配送和零售环节的应用。

现在，整包装的软饮料被运送到了配送中心，位于卸货区月台门口的 RFID 读取器开始工作，将包装箱中的所有饮料的 EPC 编码读取出来。由于 RFID 可以进行非接触式地采

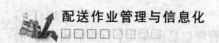

集，甚至可以透过包装箱进行读取，因此，在卸货区无须进行开箱查验就可以获得真实的内包装商品信息和数量。标签读取设备获得的数据被传入软件系统，在整个物联网上，饮料的位置信息随之发生变化。

经过配送中心的业务处理，商品被配送到零售网点，在出货月台上，RF 标签被读取一次，当进入零售点的饮料送达货仓后，零售点的商品库存信息随即发生了变化，这样，商场的计算机系统就能够实现对该软饮料库存情况的实时监控，保证商品的安全存量。

同样，商场的货架上也集成了 RF 标签读取设备，当工作人员向货架补货时，使用手持式阅读器将饮料信息被记录到对应的货架库存中。此时，一位顾客购买了 6 罐饮料，货架就会向商场的补货系统发出一则消息，该系统则根据实时的库存信息（货架上和仓库中的商品数量）确定是否进行订货；如果货架上的商品存量降低到一定程度，还会向工作人员发送补货信息。

（3）RFID 给顾客带来了方便。

RFID 技术还能方便顾客。顾客不需要长时间排队等候结账付款，只需推着所选物品走过一道装有标签阅读设备的门就行了。门上的读取器可以通过货物的 EPC，辨认购物车中的物品并自动完成结账，顾客只需刷一下付款卡或信用卡便可离去。

饮料被买回家中，将它们放入冰箱，这时，冰箱上的标签阅读器同样会自动记录下这些商品，构成一个小型的库存管理系统；当从冰箱中取出这罐饮料时，它会认为被喝完了，此时冰箱库存会发生变化。这样的库存管理一直持续到下次购物时，冰箱会提供一份它的"缺货清单"。

最后，饮料罐完成了它的使命，被送往回收中心，RF 标签在回收中心被自动分拣，归入相应的再利用类别。

 **教学案例**

可口可乐的新配方——物流

在竞争激烈而残酷的饮料市场，可口可乐勇立潮头，靠的已不只是口味和神秘的配方，其独特的商业运作正在不断勾兑出取胜市场的新配方。这也被一些人称为可口可乐为长期把控市场而隐藏的一记重拳。

雪碧与七喜的味道差异几乎为零，但两者全球销量却有着天壤之别，可口可乐战胜对手的法宝究竟在哪里？地处北京东郊定福庄的"家人乐"小店是北京郊区再典型不过的夫妻店了，店内只有可口可乐和雪碧，而没有百事和七喜，对于这一点，老店主觉得很正常，"都是一样的东西，可乐（可口可乐）和雪碧拿货容易。"虽然这只是可口可乐战胜老对手的微微一小角，却折射出中可（中国可口可乐公司）国内市场操作成功的精髓——利用强大的物流销售网络直接触及市场终端。

"哪怕是最小的夫妻零售店都要覆盖到。"虽然可口可乐内部并没有这样的说法，但是可口可乐正在通过国内三大合作伙伴尽力完成这样的任务。

⊙可乐流到夫妻店

　　可口可乐在中国拥有三大合作伙伴——嘉里、太古和中粮，共36家灌装厂分布在全国不同区域，而相应灌装的产品也在各自划分区域内销售，严格禁止串货（跨区销售）。同时三大合作伙伴除了经营各厂生产，还要负责每个分厂所处地区的销售工作。可口可乐会给三大合作伙伴规定产品的最低限价，但是其不参与分配每瓶饮料的利润，只收取"浓缩液"费用，因而对于各合作伙伴分厂来说，卖的越多赚的也越多。

　　嘉里集团下属山东可口可乐灌装厂，地处青岛，负责整个山东市场。2001年夏季，百事可乐决定在山东设厂，为了保持在山东市场的绝对优势，可口可乐发起了一场地盘保卫战。在山东济南、青岛两地爆发的可乐大战，至今令当时的两乐员工，以及众多的济南和青岛百姓还难以忘怀。2.25升的大瓶可口可乐价格一度滑落到2.5元，针对这一产品的价格调整不是按照星期或是天进行，而是按照小时浮动。针对饮料销售商的争夺、宣传用品的争夺不断升温。甚至爆发了百事员工围攻可口可乐山东办事处的激烈场面，但这也仅是可口与百事全球多次战争的一个小的插曲。

　　在消费者津津乐道于抢购时，不为众人所知的是，可口可乐在山东的饮料战法宝，远不止"价格大斧"一种，即使2002年百事强力进军济南设厂后，庞大的可口可乐物流营销网络仍使其经受着第二次考验。

　　可口可乐针对销售终端把控极紧，竞争对手在饮料零售市场稍有动作，立刻可以第一时间察觉，这主要归功于严格的渠道销售管理。可口可乐在全国推行GDP管理方式开发合作伙伴，把中间商一层一层地剥离掉，推行直销。虽然销售网络中，仍然存在批发，但批发商不是垄断性的大批发，而是采取肢解措施将批发商控制到很小的规模上，所有的超市全部直接送货。可口可乐对超市、大中型零售商的直销方式，大大提高了其市场感应能力。

　　营销和物流总是矛盾的，如果在销售环节设立大批发商，生产出的可口可乐全部送到批发商，再由批发商销售，这样做，可乐公司物流成本很低，但是公司无法完全控制市场。为了全面控制市场，可口可乐物流全部由自身灌装厂完成。而且秉承一个理念——决不放弃任何一个小的零售商，哪怕是最小型夫妻店。为此，可口可乐推行了GKP（金钥匙伙伴）计划，在一定区域内找一家略大的零售商，可口可乐将货直接运送给GKP，再由GKP完成最后对超小型零销商的配送工作，GKP送货费用由可口可乐及其合作伙伴支付。GKP负责的全部是规模低于两三人的夫妻式小店，而所有的超市和大一点的零售商全部掌握在可口可乐手中。而且超市的数量，以及名单在公司内部也是限级别掌握的，一些副总裁级的员工甚至不清楚合作商的大体数字。

　　20世纪八九十年代，可口可乐刚刚进入中国之时，在宣传报道中，不少领域在探索可口可乐神秘配方的高深，其意图在于引导消费者产生对可乐的消费兴趣，但在可口可乐公司内部，其实早已经把对市场的感应能力定格为核心竞争力。这在全球不同地区可乐大战，可口可乐胜多负少中，得到了印证，只不过更多的广告人将大众的目光吸引到漂亮的营销创意之上，使多数人没有意识到可口可乐胜利的主要原因。

　　⊙物流包袱
　　一句直销说来容易，但真正能够完成，而且在有效控制成本前提下完成，就相当不易了。能看到直销优势的饮料业国际国内巨头不在少数，敢于染指的屈指可数，目前国内饮料巨头乐百氏、娃哈哈、康师傅、统一等等，基本无人敢于效仿可口可乐做法。

饮料业的天然特性制约着自办物流，甚至物流成为一些饮料厂急于甩掉的包袱。这是为什么呢？可乐等饮料属于典型的快速消费品。对于快速消费品的特点是生产集中，销售分散。生产集中考虑到规模效应，制造成本减低，但消费人群覆盖面积最为广泛，导致物流成本剧烈加大。

此外在产品特点上，饮料物流成本是非常大，体积庞大，单位货值较小，以一辆8吨的运输卡车为例，拉一车可乐可能只有8000多元的货值，与彩电、冰箱或者手机相比差距天壤之别。

而且饮料运输损耗更为严重，快速消费品对消费及时程度要求极高。运输过程中对货龄（从生产日期到目前的时间）要求已经发展到近于苛刻的地步。一般在大型超市，如果你的货龄超过1周就不会要了，超过1个月货龄的雪碧会成为滞销品。可口可乐与大的超市销售商有一个约定，超过一定时间的货可以免费更换，这也造成了很大的损失。2001年，可口可乐一家中国灌装厂因为产品货龄超期，一次就销毁了价值80多万元的饮料。外部要求苛刻，内部同样严格，目前可乐使用PET瓶（塑料瓶），根据PET材料的特性，会跑气，里面二氧化碳压力随保存时间增加会逐渐降低，货龄越长品质越低，口感越次。为了保证质量，中可会到市场进行抽检，抽检到不合格的，会对灌装厂提出警告。但是真正做到货龄不过1周，难度相当大。

如此等等一系列因素，造成做水的不愿意运水。但这些同时也为一些做水的，提供了千载难逢的好机会，例如可口可乐。当它解决了全行业的包袱，并且将包袱转变为核心竞争力后，它的行业地位还有谁能撼动呢？

⊙**成本经**

将物流树立为公司市场竞争力，并非天才空想之举，而是在商务运作中，一步步总结而来。每瓶可乐的成本构成主要有三块：生产成本、销售广告成本和物流成本。三块中，对于嘉里集团这样的合作伙伴，生产成本最高；销售广告成本与中可共同承担，是第二大成本；物流运输成本作为第三大成本存在，但依然不容忽视。根据可口可乐原高层员工估算物流成本约能占到一瓶可乐成本的20％～30％，如果按照推算，目前每瓶2.25升可乐利润在几毛钱，而销售价格接近6元，粗算物流成本超过1元，成本之高，相当惊人。

学会控制成本，首先是找好压缩成本的空间，第一大成本是可口可乐公司的主要利润来源（可口可乐向合作伙伴销售的浓缩液利润），对于嘉里这样的大合作伙伴，从机器生产设备、检测设备等等，全部从可口可乐制定的全球厂商订购，价格相当昂贵。而且可口可乐对灌装厂生产工艺流程要求非常严格，品质控制超乎普通品牌饮料要求。灌装厂很难在生产环节做"节流"文章，同时随着饮料市场的发展，饮料业在生产环节开始推行柔性化生产，一方面适合市场竞争要求，而另一方面却会在一定程度上，破坏规模化生产带来的成本效益。生产成本的趋势会改变以前追求管理控制稳定的方式，市场要求的敏捷物流，使得单次生产批量越来越小，规模效应优势越来越小，生产成本只能在管理环节去控制。

随着可口可乐生产柔性的增加，生产成本反而会上升，但是最终灌装厂采取了一些新的管理方式抵消了这种成本上升。具体做法，批量小，人员相应减少了。生产规模效应下降，提高生产管理系统的柔性，来牵制成本上升。原来每条生产线配置一班工人，没有生产，人员只能闲置，现在三条线配置两班工人，大大提高员工有效工作率。此外在第一线生产流程中，还采取了大量的生产管理技巧，哪两个产品线在一起做，成本会比较低？哪两个产品先后做，成本低？等等这些精细化措施有效地控制了生产成本的抬高。

在生产中无法节省，在营销费用上，就更加艰难，而且趋势增高更为严重，因为竞争越来越激烈，导致可口可乐的促销活动越来越频繁，而且售价又不可能提升，相当于隐性降价。大量的品牌都出来，在日益被瓜分的这一市场，要保持市场地位，就要不断增加这部分投资。

算来算去，物流成为唯一可以降低的成本，但相比前两者不能不花的钱，物流的紧缩更为艰难，因为要降物流费用，更要牢靠地控制好销售群体。此时，灌装厂开始寻求信息系统，管理物流。

⊙发现问题

以嘉里集团山东可口可乐灌装厂为例，2000年开始进行物流管理调整，建立相应信息系统，建设效果极佳。但是这种佳境不仅仅在于提高了诸多运营指标，减低了诸多成本，更为重要的是通过物流规划，审视出原先管理中的诸多问题。

原来没有推行物流管理这样一套体系之前，仓储部管仓库，运输部管车辆运输，采购部只管原材料物料采购，生产部只管生产计划，几大部门都是相互独立的，而且各自部门经理都是平级，没有一个在中间进行协调，包括销售部和市场部各做各的。彼此的交流沟通不足，内部信息流不通畅弊病不断暴露。

在饮料行业，淡、旺季差异明显，夏季销量非常大，但是冬天的销量就非常小，有这样的情况，往往导致在需求旺季供不应求，损失订单。市场部、销售部与生产部彼此不沟通，因为生产能力是有限的，厂里4条生产线全部打开也只能供应7天货源，如果此时市场部和销售部要突击销售高峰，再来一个促销政策，涌来大量订单就不一定是好事了，由于生产跟不上，只能丢单，而且所有的可乐客户在下单之前也有自己的商机计划，因可口可乐断货，极大影响客户的赢利计划。此外，除了生产周期，配送能力是否能够跟上，同样会导致市场丢失。几乎对所有的企业都一样，市场、销售、生产、物流配送等等，实际是需要立体整合在一起的，而对于可口可乐表现得更明显一点。

在没有系统透明化公司各项能力时，发生过夏季订货订不到，而销售淡季又向客户压货，造成客户满意度极低的事件，这等于不用百事进攻而自乱阵脚。

市场销售计划要与生产能力相匹配，整个公司供应链要协调在一起。市场有这样的需求，生产和物流都要跟随市场而变化，制订敏捷的应变措施，但是在嘉里做物流之前，每一个部门都是独立运作的，每一个部门只考虑自己的问题。例如：采购部门，如果考虑减少自身工作量，可以增加单次订货数量，供应商也愿意大批货少次数发货。但是PET空瓶在夏季的保质期只有一个月，一旦因为某些原因，例如下一场大雨，这一周的销量就会变少，瓶子用不完，过一个月后就会大批量地报废。还包括包装箱，以前市场部制订的活动变化过快，交流又不及时，初夏用一个明星的版面包装，仲夏用其他形象代言人版面包装，版面是由市场部来订，执行却是采购部。市场部采购部彼此沟通很少，采购部订了一大批包装物，一下子换了，整个就全换了，这样的事件经常发生。

⊙打通信息流

面对暴露出的问题，嘉里集团在各个灌装厂首先推行了一个物流会议，仓储、运输、采购、生产、销售，这几个部门的领导每周开一个会议，在会议上解决各种各样的问题。从组织结构上建立了物流部门，把仓储、运输、综合计划几个部门合并为一个部门，来制订整个营运计划，由物流部门统管。如此一来，解决了信息沟通的问题。

接着逐步入手完善内部管理信息系统。在可口可乐全球所有灌装厂全部使用一套统一的 BASIS 系统，BASIS 是专门为可口可乐公司订制的，但是各个合作伙伴使用后，可以根据自身需求去不断开发，增加功能。可口可乐在推行 BASIS 之前，充分考虑到不同国家地区的特殊市场环境，对于可口可乐众多的装厂，首先财务管理是不一致的，人力资源管理也是不一致的，物流的地区差异性更强，因而 BASIS 主要是一套以销售为中心的信息系统。

2000 年，嘉里集团开始建设物流系统，物流在原有的 BASIS 之上，增加了存货管理（后扩展为仓储管理），此外加入了运输和配送系统，里面还包括了一些细节管理，如：冷饮设备的管理，冷饮设备配件的管理等等。

通过整个物流信息系统的建立，嘉里下属可乐灌装厂存货规模明显减少；存货覆盖天数、存货周转率大幅度提高；营运周期大幅度降低；市场上的平均货龄大大缩短；运输过程中，车辆的空载率也是大幅度缩小。

而表现在公司的日常生产业务上，变化更大。在新的预测系统中，会将 BASIS 中所有销量的历史数据取出，分析、制订需求与营运计划。预测系统可以非常详细地关注大量历史数据，包括区域、时间、SKU（可口可乐产品品种单位，即哪一种产品，其中 SKU 不但要关注是 355 毫升的芬达，甚至还要包括具体是哪种包装的产品）、销量、其他竞争对手活动造成的影响等等，此外在得出结果后，相关人员还会考虑当年温度的因素进行调整，基本可以做到准确预测市场销售。通过预测的销量数再推算出库存计划，在所有的营业所（灌装厂在本省设立的销售部，山东全省有五到六个营业所覆盖全省）每一天什么样的 SKU 应该有多少。按照所有的库存计划，去制订配送计划，最后确定生产计划。为什么最后才是生产计划？因为可口可乐实行的是以销定产，核心是在于充分挖掘销售潜力和物流配送系统，生产间断进行，保证物流全速顺畅运转。

针对销售合作伙伴的直销系统建立，使得可口可乐公司不同于其他中小型饮料企业过度受到大渠道分销商制约，同时大大提高市场感应能力。随着国内饮料业逐渐向寡头时代靠拢，出现国内饮料企业染指直销的可能也并不是没有。

任务二 冷链物流及其信息化

一、冷链物流定义

冷链物流是一种专业物流，是随着科学技术的进步、制冷技术的发展而建立起来的，是以冷冻工艺学为基础，以制冷技术为手段，在低温条件下的物流现象。因此冷链物流建设要求把所涉及的生产、运输、销售、经济和技术性等各种问题集中起来考虑，协调相互间的关系，以确保物品在加工、运输和销售过程中的安全，它是具有高科技含量的一项低温系统工程。

冷链物流是由食品冷链扩展而来的。蔬菜、水果、肉类、水产品等农产品（简称生鲜易腐农产品）需要通过低温流通才能使其最大限度地保持天然食品原有的新鲜程度、色泽、风味及营养，食品冷链物流应运而生。

食品冷链（Cold Chain）是指易腐食品从产地收购或捕捞之后，在产品加工、贮藏、运输、分销、零售、直到转入到消费者手中，其各个环节始终处于产品所必需的低温环境下，以保证食品质量安全，减少损耗，防止污染的特殊供应链系统。

二、冷链物流基本特点

易腐食品的含水量高，保鲜期短，极易腐烂变质，大大限制了运输半径和交易时间，因此对运输效率和流通保鲜条件提出了很高要求。由于食品冷链是以保证易腐食品品质为目的，以保持低温环境为核心要求的供应链系统，所以它比一般常温物流系统的要求更高，也更加复杂。

首先，比常温物流的建设投资要大很多，它是一个庞大的系统工程。

其次，易腐食品的时效性要求冷链各环节具有更高的组织协调性。

第三，食品冷链的运作始终是和能耗成本相关联，有效控制运作成本与食品冷链的发展密切相关。

冷链物流是一种特殊物流形式，其主要对象是易腐食品，包括低温加工，低温运输与配送，低温储存和低温销售四个方面。其主要物流流程图如下：

三、冷链物流的适用范围

目前冷链适用的食品范围包括：

初级农产品：蔬菜、水果；肉、禽、蛋；水产品；花卉产品。

加工食品：速冻食品；禽、肉、水产等包装熟食；冰淇淋和奶制品；快餐原料。

特殊商品：化工产品、医药用品、生物制品等。

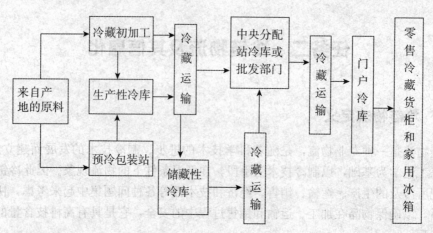

图9-1 冷链物流的流程

四、 冷链物流运作条件

食品冷链由冷藏加工、控温贮藏、冷藏运输及配送、冷藏销售四个方面构成。

1. 冷藏加工

包括肉禽类、鱼类和蛋类的冷却与冻结，以及在低温状态下的加工作业过程；也包括果蔬的预冷；各种速冻食品和奶制品的低温加工等。在这个环节上主要涉及冷链装备是冷却、冻结装置和速冻装置。

2. 控温贮藏

包括食品的冷却储藏和冻结储藏，以及水果蔬菜等食品的气调贮藏，它是保证食品在储存和加工过程中的低温保鲜环境。在此环节主要涉及各类冷藏库/加工间、冷藏柜、冻结柜及家用冰箱等等。

3. 冷藏运输

包括食品的中、长途运输及短途配送等物流环节的低温状态。它主要涉及铁路冷藏车、冷藏汽车、冷藏船、冷藏集装箱等低温运输工具。在冷藏运输过程中，温度波动是引起食品品质下降的主要原因之一，所以运输工具应具有良好的性能，在保持规定低温的同时，更要保持稳定的温度，远途运输尤其重要。

4. 冷藏销售

包括各种冷链食品进入批发零售环节的冷冻储藏和销售，它由生产厂家、批发商和零售商共同完成。随着大中城市各类连锁超市的快速发展，各种连锁超市正在成为冷链食品的主要销售渠道，在这些零售终端中，大量使用了冷藏/冷冻陈列柜和储藏库，它们成为完整的食品冷链中不可或缺的重要环节。

五、 冷链物流物联网解决方案

1. RFID技术在冷链物流中的应用

伴随着RFID技术和应用的迅速发展，冷链物流业在原有的优势基础上逐渐开发了在

RFID 技术中加入温度传感系统。这种方法是通过温度传感器实时获取温度数据，然后传给与之连接的 RFID 标签储存，RFID 获得的数据就能在进入阅读器阅读范围时被读出，以供利用。通过这种方法，可以实现对运输/配送过程中温度发生改变时的预警，或是对过程中的温度变化进行记录从而帮助辨识可能由温度变化引发的质量变化，以便采取相应的应急措施。RFID 技术应用在冷链物流过程中包括以下几个方面：采购环节、存储环节、运输环节（货物跟踪）、配送环节、销售环节。

（1）采购环节。对于冷链产品保质期短，保鲜的特点，对冷链的产品的供应上，要从产地开始进行跟踪管理，以保证产品的基本品质和营养价值。首先将采购的产品分类装箱并在每一箱货物上加上一个带有温度传感器的 RFID 标签，并将每箱货物的信息输入带有温度传感器的 RFID 标签中，内容包括：货物编码、货物数量、生产地、品种、规格、包装时间、保质时间、储藏温度、湿度、价格，变更时间等信息。这些数据被采购控制系统采集和记录，并进一步纳入企业采购管理系统。对于冷链物流来说，温度是其核心，带有温度传感器 RFID 标签能实时收集到货物的温度信息，企业能够实时监控到货物的实时温度。对不同产品的货物和相同品种、品质不同的货物，都必须要有对应的产品温度指标，低温食品的物流应实现温度标准化，这样在以下存储、运输、配送、销售才可以保证货物的质量。

（2）存储环节。在仓库的接货入口，RFID 读写器在货物通过时自动采集电子标签信息，如货物的数量、目的总站、目的分站等，自动完成货物的盘点并将货物信息存储到系统数据库中。货物到达仓库后，可通过 RFID 读写器读取货物信息，根据仓库划分的不同存放区域进行自动入库。货物在传输过程中，读写器自动读取货物包装上的电子标签信息，将货物种类的编码与数据库中的仓库分区编码相核对，如果编码一致，系统将控制传送带将货物送到相应的库位，可以实现自动化货物地点分类操作。还可以利用读写器对货物的存放状态进行监控。出库时，出库信息通过系统传送到相应库位的电子标签上，显示出该库位存放货物需出库的数量，指示工作人员完成从货架到传输带的操作，货物通过仓库出口的 RFID 阅读器，自动完成验收操作，在整个仓库管理中，能够实时掌握商品的库存信息，从中了解每种商品的需求模式，及时进行补货，从而提高库存管理能力，降低库存水平。将整个收货计划、取货计划、装运计划等与 RFID 技术相结合，能够高效地完成各种业务操作。这样既增强了作业的准确性和快捷性，提高服务质量，降低了成本，节省劳动力和库存空间，同时又减少了工作失误造成的错送，损害、存放变质等不必要的损耗。

（3）运输环节。在货物运输过程中，通过带有温度传感器的 RFID 标签，可以实时了解目前有多少货物处于转运途中、始发地和目的地、预期到达时间以及货物有关的相关信息（货物生产地、保质期、温度等）等，方便对在途货物进行管理，对于冷链产品，必须对温度进行实时监测，因为在运输过程中各种可能的外在因素和冷冻设备的故障，货物温度通常会有所变化，如果温度变化超出预设的范围，可以通过 RFID 标签实时传递的信息，很容易追溯到问题的根源，迅速做出决策。

（4）配送环节。在配送环节，当货物进入配送中心时，配送中心入口处的读码设备可以读取托盘上所有货物标签中所包含的内容，将这些信息与相应的采购单进行核对，以检测是否发生错误，若货物出现变质、丢失等情况，退货给供应商，确保了对货物的精确控制，然后完成入库。出库时，货物通过仓库出口处的 RFID 阅读器，完成自动验收出库。通过 RFID 技术配送中心能够大大加快配送的速度，提高拣选与分发过程的效率与准确率，从而增加配送中心每日的货物吞吐量，为配送中心带来了更大的经济效益。

（5）销售环节。货物送到时，零售商通过 RFID 阅读器记录下每一箱货物的信息，可以根据 RFID 标签中存储的信息，实时了解货物的状态（如温度、有效期等），保证在到达消费者手中时都处于保鲜、保质状态；以及准确的了解库存状态，实现适时补货。由此可见，从生产制造、仓储物流到商品零售都将大规模地采用 RFID 技术，因为电子标签可以实现商品从原料、半成品、成品、运输、仓储、配送最后到销售，甚至退货处理等所有环节进行实时监控，不仅能极大地提高自动化程度，而且可以大幅降低差错率，从而显著提高供应链的透明度和管理效率。

2.RFID、GPS 技术在冷链物流领域中应用的优势

尽管 RFID、GPS 等技术的应用还存在某些问题，但近年来，随着各种技术和相关产业的发展（如：集成化程度的提高、RFID 自动识别距离加大、通讯及网络的发展等），以及用户应用成本的降低，使 RFID、GPS 等技术的应用得以广泛普及。对于物流业中的冷链物流来说，由于冷链产品属于新鲜度要求非常严格的产品，而且保质期短，极易腐烂、变质，在运输和流通环节中，任何一点温度的波动都会造成产品质量的下降。为了确保物品的鲜度和品质，要实现从原料的储存运输到产品的存放、运输和销售的全过程都能在有效的温度范围内进行，以及在车辆行驶过程中，可实时监控车厢内的温度，使商品始终处于规定的温度境中，实现全过程温度监控。针对冷链物流中低温这一特性，将温度传感器采集添加到 RFID 标签中，通过温度传感器实时获取温度数据，然后通过 GPS 定位系统实时对车辆进行定位利用车内 GPRS 传输系统把车厢内和货物的温度实时传送给后台的管理系统。管理系统通过 GPRS 网络发回的车辆和货物的信息，可以实现对运输、配送过程中温度发生改变时的预警，或是一次性读取所有点对点的供应链温度数据，生成温度变化图表，简单的完成对供应链的温度变化监管。发现异常现象时，监控人员根据不同的情况结合 GIS 地理信息系统采取相应的措施，如重新选择车辆、运输路线、安排就近的冷库等。这样冷链物流运输率及运输质量完好率都得到了极大的提高，从而保证冷链产品的新鲜度和品质。由此可见，GPS、RFID、GPRS、GIS 技术应用到冷链物流中可以更好地解决食品安全和质量问题。

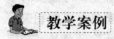 **教学案例**

医药企业采用 RFID 技术智能管理冷链物流

Medlog 是葡萄牙一家药品运输物流公司，该公司现采用 RFID 温度记录仪监测药品冷链。Medlog 于 2009 年年底在葡萄牙所有 6 家仓库采用 RFID 技术。目前，Medlog 2008 年销售额达 4.02 亿美元，考虑进一步升级这套系统，如自动激活温度记录仪。

Medlog，葡萄牙医药批发商 Cooprofar 的下属分支，一直致力确保药品从 Medlog 250 家供应商发出到送到 1000 家客户的全程以合适的温度储存。据 Medlog 物流经理 Paulo Pires 称，这是为了符合 E.U 要求特定药品在运输和处理中必须保持在特定温度范围内的规定，也希望通过提供运输过程中冷链温度的服务和近实时信息突出自己的竞争优势。

公司随机选择了 5％～10％ 的冷藏集装箱，装上温度记录仪，通过分析数据，Medlog 可以了解到整个冷链状况。

安装 RFID 系统之前，Medlog 无法了解所运输药品的确切温度。公司曾经尝试在卡车冷藏隔室内壁安装数字温度记录仪，追踪药品温度。然而，记录仪要求手工进行启动或关闭，一趟运输下来后，数字温度仪的数据得手工导出到一张分析表。员工每月只执行一或两次上述步骤，而且，由于温度仪不是在药品集装箱内，而被取到集装箱外读取，温度读取并不精确。

在 RFID 系统集成商 Creative systems 的帮助下，Medlog 设计和实施了一套 RFID 系统，采用内嵌温度感应器的半无源 RFID 标签。标签放置在运送药品的恒温运输箱内。

图 9-2　含 EPC Gen 2 RFID 标签的 CAEN A927 温度记录仪

当需要温度监测的特定药品准备运输时，Medlog 仓库的拾货工人在一台可携带电子设备上收到通知。工人将一个 CAEN RFID 提供的 A927 温度记录仪安装在运输箱的内壁上。A927 含一个温度感应器和一个符合 EPC Gen 2 标准的半无源超高频 RFID 标签，电池寿命为 3 年。工人对箱子进行封锁，接着采用 Nordic ID PL 3000 手持 RFID 阅读器激活标签。一旦标签被激活，它开始以设定的时间间隔——每 30 分钟记录温度。工人扫描集装箱条形码，系统已经了解箱内药品种类将集装箱 ID 和 RFID 标签 ID 码相对应。信息接着通过 GPRS 或 WLAN 连接发送到数据库。目前，Medlog 在 6 个仓库大约各采用 100 只 A927 温度记录仪和三台手持阅读器（仓库采用一台，另外两台由司机使用）。

当集装箱移经仓库，发送给顾客时，温度数据存储在标签里。当司机到达目的地后，他读取箱子的包装单，检查温度记录仪是否还在集装箱内（出于安全原因，司机在运输过程中被禁止打开密封箱）。如果一切正常，他采用一台手持阅读器读取标签，收集 ID 码及温度数据，接着通过 GPRS 连接发送到数据库。计算机系统分析信息，如果集装箱内记录的温度超过可接收范围，那么系统发送一个警报到司机手持机上。警报以红或黄色高亮形式显示在手持机上，也发送电邮给 Medlog 经理，后者可接着判断采取什么措施。如果司机看到红或黄灯亮，那么无需咨询经理，他也清楚该药品不能送到药店。

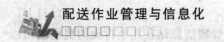

如果出现一个警报，管理人员会通知顾客，技术部门评估这个状况。"所有数据都可在网上查询到，以图表形式显示。"

Medlog 于 2008 年年底启动该 RFID 项目，现已完全集成进公司的 Oracle ERP 软件系统内。去年一整年，Medlog 将应用从一个仓库扩展到所有 6 个仓库，减少了由于冷链监管不力造成的药品废弃数量。这提高了顾客和供应商的自信，也为 Medlog 赢得了竞争优势。

在 Medlog 仓库，一些药品是通过手工拾取，另一些则通过机器系统拾取。然而，所有必须符合冷链要求的药品是通过手工拾取，放置在一条传送带上。Medlog 和 Creative-systems 正考虑在传送带两侧安装阅读器，这样当货物手工拾取，温度记录仪被插入集装箱后，标签会自动被激活，从而节省工人时间。

此外，两家公司还讨论 Medlog 现有机器系统实现 RFID 功能的可能性，机器系统拾取每只箱子时将自动安装一个无源 RFID 标签，该设想目前仍在探索阶段。最终，Medlog 也考虑扩展项目范围，确保供应商也符合冷链要求。

任务三　医药行业的配送及信息化

供应链是围绕核心企业，通过对信息流、物流、资金流的控制，从采购原材料开始，制成中间产品以及最终产品，最后由销售网络把产品送到消费者手中的，将供应商、制造商、分销商、零售商、直到最终用户连成一个整体的功能网络结构。药品供应链处于医药行业中，其对象产品是药品。因此笔者从药品和行业特征入手，解析药品供应链。

一、药品及其特殊性

药品是指用于预防、治疗、诊断人的疾病以及有目的地调节人的生理机能并规定有适应症或者功能主治、用法和用量的物质。作为一种特殊的商品，药品除了具备一般商品的属性外，还具有以下特殊性：

1. 药品使用的专属性

药品使用的专属性表现在对症治疗，患什么病用什么药。处方药必须在医生的检查、诊断、指导下合理使用。非处方药必须根据病情，或患者自我诊断、自我治疗，或在药师指导下合理选择药品，按照药品说明书、标签使用。不同疗效的药品间不存在替代性。

2. 药品效用的两重性

药品效用的两重性是指药品既有防病治病的一面，也具有不良反应的另一面。管理有方，用之得当，可以治病救人，造福人类；若失之管理，使用不当，则可致病，危害健康，甚至危及生命。

3. 药品质量的绝对性

药品是治病救人的物质，只有符合法定质量标准的合格药品并在其有效期内使用才能保证疗效。因此，药品只有合格品和不合格品之分，不合格的药品绝对不能进入市场，而且超出有效期的药品必须销毁，不能降价销售，不可像其他商品一样可以分为一级品、二级品、次品等，而且也无有效期的严格规定。另外，药品的真伪必须由专业人员依照法定的药品标准和检测方法进行鉴别。一般说来，患者不具备鉴定药品的能力。

4. 药品需求的价格弱弹性

由于人类出于对生命的渴望和对健康的追求，除非另有选择，否则对治病救人的药品，无论价格怎样，都会被接受，从而导致其价格弹性几乎为零。

5. 药品的使用权和选择权分离

对于一般的商品，消费者既是商品的最终使用者，同时还有权决定消费何种商品，消费多少，即消费者的使用权和选择权是统一的。鉴于药品的特殊性，对于处方药，只有医生有处方权/选择权，但医生自己不消费；患者有使用权，但其没有相应的专业能力选择使用何种药品，消费多少，从而导致药品的使用权和选择权分离。

6. 药品消费的第三方付费

在我国，对于医保目录里的药品，药费通常由政府、企业或保险公司根据药品种类进行全额或部分支付。药品消费的这种第三方付费形式决定了药品交易与一般商品消费的不同，因为普通商品的消费，其费用均是由消费者自身承担的。

药品的上述特殊性质，要求我们必须把药品与其他一般商品区别开来，充分考虑药品在流通过程中的安全性、有效性和专属性。

二、 医药行业的特性

药品的特殊性和我国医药行业的实际情况共同作用，决定了我国药品市场具有以下特性：

1. 买方主导性

我国药品市场形成买方市场主要有以下原因：一是医药产业结构不合理，表现为制药企业和药品批发企业小、散、乱、多，市场集中度不高，企业为了积极占领和开拓市场，为销售药品和交易服务进行激烈的竞争。二是产品结构不合理，由于我国药品主要以仿制为主且重复性较大，经常出现一种药品有几十家甚至上百家药厂生产，导致药品间的差异化小或替代品的可替代程度高、从而使得很多产品都出现供过于求的局面。另外，尽管有些专利药品存在较少的竞争对手，但药品的最终销售仍需要终端的支持，而且存在替代治疗的药品，因此药品销售终端仍具有较强的主导地位。三是集体购买、大批量购买的普遍性。药品渠道的购买者主要为医院和药店：

（1）医院：医院是我国药品消费的主要场所，医院通过政府规定的招标采购制度，即医院向所有的药品生产企业或药品流通企业发布所需采购的药品名单，由药厂或经销商报价，然后由医院的药事委员会进行审批来确定医院最终采购哪家药厂或经销商的产品，而药厂或经销商为了保住自己的市场，会尽量满足医院的要求并服从医院的主导地位。

（2）药店：近几年来，药店主要采用连锁经营、集团采购或药店联盟等形式来进行集体采购，通过数量上的优势来提升其与上游企业的讨价还价能力。医院和药店的集体购买、大批量购买的普遍性进一步强化了药品市场的买方主导地位。综上所述，正是因为上述原因，使得购买者在购买药品和交易服务时，有了更大的选择余地和更多的选择机会。相反，作为卖方的生产经营者则处于"被支配"的地位。

2. 医生是药品消费者的全权代表

在药品消费的过程中，由于医生与医院在医疗专业知识与药品信息方面拥有天然优势，而大多数患者对相关专业知识相对匮乏，使许多患者对医生的意见具有绝对的依赖性，而且也希望获得医生的专业指导，因此医生在消费者对药品的选择和使用中起到了举足轻重的作用，成为了药品消费者的全权代表。在发达国家，虽然药品零售企业的药品销售量已经超过了医院药房，但是大多数药品的销售还是通过医生的处方来完成的。

3. 药品市场监管的严格性和全程性

由于药品关系到人们的身体健康和生命安全，所以，国家和政府对药品市场有十分严格的监管措施，并且这种严格的监管贯穿于药品生产、流通和使用的各个环节。这要求在药品销售和服务交易的过程中，必须遵循药品市场的一些特殊的规律，如在药品流通过程中必须严格按照 GSP（《药品经营质量管理规范》）的规定来支配药品的仓储和物流全过程，并及时跟踪和反馈药品的质量信息，包括药品的批次、生产厂家、分销企业、生产日期、有效期、储藏条件、运输条件、包装要求，特殊药品管理（麻醉药品、精神药品、医疗用毒性药品、放射性药品）等等；根据药品的分类管理（处方药和非处方药，OTC）来限制药品的销售渠道和销售模式等。

三、 药品供应链的结构

（一）供应链节点主体

药品从生产到最终被消费者使用的一系列的过程中，参与了多个节点主体，其中包括：医药行业监管部门、药品原辅料供应商、药品生产企业、药品招标中介组织、药品批发企业、药品分销商、医院、药品零售企业、合作伙伴（如第三方物流企业、银行等组织）、终端顾客（患者）。

（二）供应链结构模型

在药品供应链中，可按照发生的顺序和性质不同分为供应物流和销售物流两大环节。供应物流是指医药生产企业之间，以原材料为对象的运输、仓储、装卸、搬运、信息处理等物流活动。其特点是运输线路固定，批量大（如果采用公路运输方式，则以整车为主），频次稳定。销售物流是指从制药企业的成品仓库送到消费者手中这一过程中，以成品药为对象，发生的运输、仓储、包装、装卸、搬运、信息处理、配送等物流活动。从制药企业到零售终端，包含两块性质不同的运输：干线运输和区域配送。

考虑到药品供应链中的参与主体过多，因而，本文只讨论销售部分的供应链。典型供应链如图 9-3 所示。

处于药品供应链中间环节的节点主体既有多个供应商，同时又有多个下游顾客；处于本文所界定的药品供应链的源头节点主体——药品生产企业和处于供应链下游、直面终端顾客（患者）的节点——医院和药品零售企业分别拥有多个下游顾客和多个上游供应商，

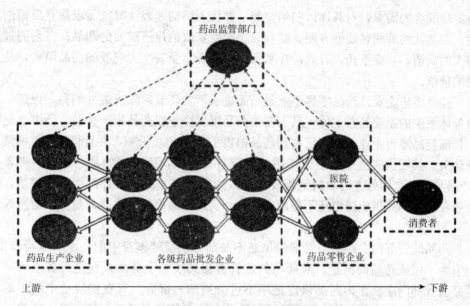

图9-3 药品供应链典型结构

所以药品供应链其实也是一个复杂而动态的网络，它具有一般供应链网络层次结构的共性。

（三）角色定位和相互间关系

1. 药品供应链中各节点经营主体的角色定位

（1）药品生产企业。药品生产企业处于本文所界定的药品供应链的源头，其下游顾客有各级药品批发企业和药品零售企业。其在供应链中的主要作用为：①研发和生产消费者所需要的、质量合格的药品并投放到药品市场给消费者选择使用；②向下游顾客提供实时的产品信息和库存信息，以优化供应链的成本和改善供应链的质量。

（2）药品批发企业。药品批发企业是药品供应链的中间环节，其既是药品的聚集地，又是药品的分散处。一方面与上游的药品生产企业紧密相连，从药品生产企业获得经营的对象，另一方面又与下游的药品终端销售场所（医院、药品零售企业）密不可分，向它们提供着防病治病、康复保健的产品。其在供应链中的主要作用为：①担负药品的供应、分销和调拨功能，向医院和药品零售企业提供患者所需要的药品；②起着为药品供应链提供关键物流、运输、库存管理和信息服务的作用，是保证药品供应链物流、信息流畅通、提高整个供应链运作效率的关键环节。

（3）医院。医院在药品供应链中是一个十分重要而且特殊的节点，也是核心企业。它的上游是众多的药品批发企业，下游是终端顾客——患者，在供应链中主要提供医疗服务，但由于在对药品的选择和使用上，医院是患者的全权代表，在医药未分家的体制下，病人所消费的绝大部分药品是在医生的指导下从医院购买的，因而导致了医院是我国药品最主要的流通渠道和交易场所。目前，我国制药企业97%的产品都给了药品批发企业，而批发企业85%的药品又销售给了医院。所以，医院是也是我国药品流通与交换过程中一个最主要的节点经营主体。其在供应链中的主要作用表现为：一是在医疗实践中了解、发现和创造终端顾客的需求，对其加以归纳整理，并代表终端顾客及时把需求信息反馈给上游供应商；二是让终端顾客能够方便、顺利、快捷地获取治疗所需要的药品；三是通过准确诊断病人的病情，对症下药，有效治疗来保证消费者享受安全、有效的药品消费，从而实现药品的价值。

（4）药品零售企业。药品零售企业是药品进入消费环节后除医院外的另一渠道，也是药品服务体系中的重要经营主体，其上游是药品批发企业或药品生产企业，下游也是终端顾客。目前药品零售企业的销售已占到药品销售15％的市场份额，并且仍保持着继续增长的良好势头。其在供应链中的主要作用与医院有些相似，所不同的是它主要为患者提供OTC产品与服务，而处方药的销售要凭借医生的处方才能提供外配服务。目前，药品零售企业在我国药品供应链中还不是药品销售和实现药品价值的主导力量，因而所起作用有限。

（5）药品监管部门。药品监管部门虽然不是药品供应链本身中的一个节点经营主体，但是国家为了保证药品的质量，对药品的监管覆盖到了整个药品供应链的各个环节，所以，药品监管部门应该作为药品供应链中不可分割的一部分。其在供应链中的主要作用为：①通过GMP、GSP认证等手段限制药品供应链中各节点经营主体的准入资格，遏制假劣药品和非法经营活动，从源头上规范药品流通市场秩序，给药品供应链创造良好的市场环境；②明确规定并监管药品供应链中各节点经营主体内部及它们之间的业务流程，药品穿过药品供应链的路径、过程和方式等，以保证药品从生产到最终使用的质量安全。如首营企业和首营药品的审核、进货、检验、库存养护、出库复核、销售、销售退回、不合格药品审批和销毁、特殊药品管理等一系列的业务流程和这些业务过程中产生的记录，这些记录便是药品通过药品供应链的路径描述。③采用高效的信息手段，对药品流通过程进行在线监管，全面、及时、准确地获取药品交易活动相关的各项统计数据，为依法监管提供依据；④为药品供应链中的各节点经营主体提供政务公开、许可管理、信用管理、药品质量信息查询、药品不良反应反馈、药品政策法律法规查询、药监新闻浏览等服务。

2. 药品供应链各节点经营主体的相互关系

药品供应链具有一般供应链相同的规律，都是通过对信息流、物流、资金流的控制与管理实现价值增值。信息流、物流、资金流在药品供应链中的流动既可以是单向的，也可以是双向的。因此，药品供应链中各链节是互相依存、密不可分的。药品生产企业生产的产品为满足消费者的需求提供了物质保证，也为药品的流通与交换提供了物质基础；药品批发企业是连接药品生产企业和药品销售终端（医院和药品零售企业）的桥梁；医院和药品零售企业所提供的药学服务与药品消费是实现药品价值增值的关键；药品监管部门的监管为规范整个药品供应链中各节点主体行为和控制药品流通中的质量安全提供了法律上和制度上的保障。

（四）现有供应链运作模式

我国目前的供应链运作结构如图9-4和图9-5所示。在现有药品供应链的运作模式中，上游供应商都是以药品生产企业的产品为中心的，其在药品供应链的运作过程中所采取的一切活动或服务都是以把产品推给下游顾客为最终目的，而对下游顾客的需求信息关注较少、对下游其他合作伙伴的要求相对较低。因而，在这种模式下，药品供应链对市场需求的响应能力较差，下游顾客尤其是终端顾客（消费者）只能被动接受上游供应商传递的产品或服务，被动进行有限制的选择，而且，还需承担从上游累加下来的高昂成本。

此外多层复杂的分销系统不仅导致药价大幅增加，也使批发商和分销商更容易规避制造商对产品销售的诸多限制。例如，制造商为了能够更好地控制药品价格，往往在不同地区制定不同的售价，这样，他们就能获得详细销售信息，以便知道产品在何地售出。然而，批发商和分销商考虑的是如何才能获得最多的利润。他们的普遍做法是进行"串货"，即在制造商以较低价格出售药品的地区买入药品，然后再在制造商以较高价格出售药品的地区卖出。

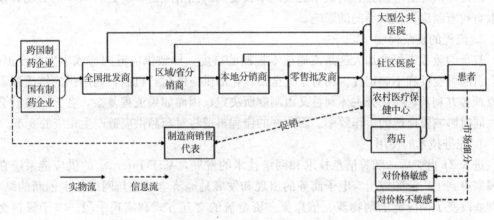

图 9-4　我国现行药品供应链运作结构

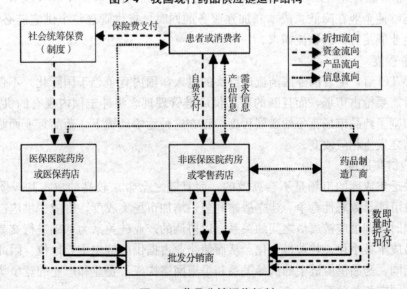

图 9-5　药品分销运作机制

207

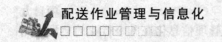

四、影响药品供应链变化的因素

1. 政府规制

由于药品和医药行业的特殊性，使得整个链条上还包括了政府相应监管部门，药品供应链已不再是单纯的、完全的市场化供应链。政府规制的改变将对药品供应链结构产生影响，如招标流通，设置药品进入门槛是市场上典型的政府规制行为。招标办法的实施，改变了原有供应链的上下游关系，并成为新进入者的门槛。而药品供应链节点企业是否能长期合作发展以及是否能形成战略联盟同样受到制度的约束，从而将影响到整个供应链绩效。因此，供应链应该具有的效率的实现不仅受到药品供应链本身运行效率的影响，还受到来自政府制度及政策导向的影响。

2. 流程的复杂程度

复杂的流程不仅会加大药品流通成本控制的难度，导致供应链内部成本大幅度提高，还会引起可变性和不确定性。相对于完全市场化的供应链运行机制，药品供应链流程设计要兼顾各方利益，而部分主体利益又由制度所决定，因而如果流程复杂，各方利益就会降低，同时影响供应链的运作效率。因此好的流程再造将对药品供应链产生相应的变革。

3. 先进技术的使用

进入 21 世纪后，随着信息技术和网络技术的发展，基于 Internet 的供应链系统在发达国家得到了广泛的应用。电子商务的出现和发展是经济全球化与网络技术创新的结果，它彻底改变了供应链上的物流、信息流、资金流的交互方式和实现手段。电子资料交换（EDI）、企业资源管理（ERP）、分销需求计划（DRP）、有效客户反应（ECR）等先进的网络技术能够使企业在降低总成本和加强服务的同时，提供管理整个供应链必需的信息，进而帮助企业满足客户的物流需求。

4. 竞争程度

加入 WTO 后，随着国外医药流通巨头的进入，国内竞争趋于国际化。不仅新加入的强势竞争者需要抢占市场，而且新的药品供应链管理理念将冲击国内现有的供应链结构，这进一步加剧了药品市场竞争的激烈程度。正在这种竞争环境下，药品行业面临变革，供应链结构随之发生相应改变。

5. 供应链集成度

一个缺乏集成度的市场是不会高效的，而且随之会带来较高的成本和较弱的创新能力，同时也可能导致恶性竞争。建立战略同盟，增加市场集成度，将减少供应链中不必要的环节，同时协调供应链成员之间的关系。以协调的产业链关系为基础进行交易，可以使整体的交易成本最小化、收益最大化。从而使企业占据供应链中主导地位。因此与其他行业供应链相同，药品供应链中的伙伴关系和渠道网络构成了企业和产业的竞争优势，与其业绩走势有同向相关关系。

6. 客户需求

根据上章的分析，我国药品供应链对市场需求的响应能力较差，无法及时满足客户的需求变化。如果医药批发企业还是停留在进销差价的商业模式上，那么很快就会被一些

"价格屠夫"打得落花流水。想要赢得竞争，就必须采用差异化的战略，真正去了解下游客户或消费者的服务需求。以服务需求为基础细分客户，将物流网络客户化，认真倾听来自市场的客户需求信号并做出相应计划，以差异化的产品去靠近客户需求，并且运用适当的绩效测评手段进行监控，就需要改变现有供应链结构。

五、 医药行业物流物联网解决方案

我国医药流通渠道复杂、环节众多，因此对物联网的建设、规划要做到统筹兼顾。为了有效地对药品流通进行管理，国家相继出台了众多的药品生产和药品管理的标准、规范，尽管如此，在药品的流通过程中仍然存在着不少问题，主要体现在以下方面。

首先是安全，主要表现为：一是药品在流通过程中由于周围环境的变化（如温度、湿度、光照、压力等）会导致药品质量发生改变甚至完全失效；二是在药品流通环节中可能混入大量的假药，这两个方面如果不能做到有效的监控，将会产生极大的危害。其次是流通成本管理，对于药品流通中的成本变动，一个主要的原因是流通环节频繁发生的串货、退货现象，如果我们不能对纷繁复杂流通渠道中的药品流向进行及时、准确的追踪，一旦发生这种现象，就会大幅度增加药品流通成本；另一个原因是流通环节的虚增，增大了对药品流通成本管理的难度。分析上述问题，可以看出如何对整个流通过程中的药品进行及时、有效的监控与追踪，是高效解决药品流通安全，降低流通成本的关键所在。据上分析可以看出如何对整个流通过程中的药品进行及时、有效的监控与追踪，是高效解决药品流通安全，降低流通成本的关键所在。而以物联网为基础，研究对流通过程中单个药品唯一的身份标识及追踪，从而达到对药品信息及时、准确的采集与共享，为有效地解决我国医药流通中存在的安全、成本等问题提供新的办法。

在全面了解我国医药流通行业现状，深入分析物联网构成的基础上，学者们研究提出了物联网在我国医药流通中的基本流程。假设生产商甲生产某种药液，在药液封入药瓶同时甲会在每个瓶上贴一个标识此瓶药品信息的 EPC 标签，这个标签含有一个已被授权的唯一的 EPC 代码，同时标签记录了该瓶药液的生产时间、批号、保质期、存储条件、所治疗的疾病等相关信息，当药品继续装盒或装箱的时候，相应的包装上也会添加类似的标识此盒或此箱药品信息的 EPC 标签。在出口处，安装着多台读写器，这些读写器发出的射频信号可以激活标签，向其写入或读取其中的信息。由于射频识别技术的超大数据量采集以及非接触的特性，当药品在射频识别的有效范围内通过读写器时，读写器能够在很短的时间内读取里外各层包装上全部的 EPC 标签信息，并通过系统连接将其传递给企业的 EPC 中间件。EPC 中间件加工和处理来自读写器的信息和事件流，并将药品的信息以 PML 文件的形式存储到企业的 EPCIS 服务器中，同时将 EPC 代码及与其对应药品息存储的 EPCIS 服务器地址提交到企业 ONS 服务器上进行注册。这样，就相当于在物联网中为每一个药品赋予了"身份证"，其相关的信息可以通过 EPC 代码这个"身份证号"进行查询与记录。

当药品流经运输商乙的环节时，乙会通过读写器、EPC 中间件将所运药品的 EPC 代码向 RootONS 服务器提出查询请求，RootONS 服务器对这些 EPC 代码经过逐层查找、映射定位到甲的 LoccalONS 服务器并由其解析出对应药品信息存放的 EPCIS 服务器地址，乙通过查询 EPCIS 服务器上相关药品信息检查其是否与运输单上内容一致，同时乙也需要将药品运输的相关信息如运输商、运输时间、目的地等存入到自己或甲的 EPCIS 服务器中，并向本企业的 LoccalONS 服务器进行注册，当然更新的信息同时也可以通过读写器写入 EPC 标签。对于乙来说，除此之外还要特别关注运输过程中对药品所处环境信息的监测，如一些对存储环境要求较高的药品需要定时的检测其运输过程中的温度 、湿度、光照等条件，并将这些信息及时存储到其相应的 EPCIS 服务器中，从而实现对药品运输过程的安全监控。

对于经销商丙，验货过程中对药品信息查询与更新的流程与乙类似，也需要加入经销商的一些相关信息。但对丙来说，更重要的是仔细查看药品在整个流通中流经企业及生产、存储环境的信息，以辨别药品的真伪。

任务四　家电行业配送及信息化

一、 家电行业物流配送的特点

家电产品存在着单体体积大、种类多、型号杂、存储配送要求高、工作强度大。呈现出以下特点：

首先，家电类产品季节差异明显。家电类产品中有许多产品具有季节性特点，比如说空调，其销售旺季在每年的 4～7 月之间，在高温下的销售高峰，每天的出库量高达 60～70 车（72 米卡），而入库且也有 15～20 车。这与淡季的日配送 3 车 5 车形成鲜明对比。同理，家电产品的"假日经济"特点也很突出。以彩电为例，在"金九银十"和春节前后，彩电的销售且也会猛增，随之而来的是消费者对快速物流配送的新要求。

其次，家电类产品库存周转率低。家电类产品的销售有很强的季节性，可是家电类产品的生产却不能随季节的变化而转移。目前还没有哪个企业的生产车间在夏季只生产冰箱、空调，在冬季只生产电热器。销售的季节性和生产的连续性使绝大多数家电企业库存周转率偏低，进而影响企业现金流，信息滞后，增加库存。

第三，家电类产品销售网络庞大。销售网络庞大，需要有健全的物流网络与之相适应。只要有产品的地方，就存在物流服务需求，而物流体系的搭建与维护，例如仓库的选址建设、运输车队的管理、IT 系统的规划等等，则需投入大量的人力、物力和财力。

二、 家用电器销售渠道

家用电器属于耐用消费品，我国家电产品的销售渠道有下列类型：

生产厂家——批发商——零售商（百货商场、家电卖场）——顾客

生产厂家——代理商——批发商——零售商（大商场、家电卖场）——顾客

生产厂家——代理商——零售商（超市、家电卖场等）——顾客

生产厂家——品牌店（生产厂家自建）——顾客（厂家直销）

生产厂家——品牌店（生产厂家挑选经销商建）——顾客

生产厂家——代理商——连锁卖场——顾客 ·

生产厂家——大型连锁卖场——顾客

一般企业的物流配送成本由三个方面构成：一是物流中心的租金，仓储设备折旧，即仓储；二是物流中心的人工；三是车辆折旧、过桥、过路费用和油费等。其中仓储是大头。运输总体费用占物流成本的30%左右。

渠道长的物流环节多，搬运次数多，储存时间较长，物流费用较高。渠道短的物流环节少，储存时间短，物流费用相对较低。所以厂家直销和大型连锁卖场减少了物流环节，降低了物流费用。

三、 家电连锁零售的物流模式是的演变

1. 卖场仓库合一阶段。顾客自提货完成最后的物流活动，或商场为一位顾客单独送货。

2. 卖场、仓库分离阶段。商场为若干顾客一起送货。

3. 连锁卖场分公司仓储配送阶段 4. 连锁卖场大区仓储配送阶段。

（1）连锁卖场分公司仓储配送阶段。分公司仓储配送阶段即在目标顾客附近地区设立仓库，每个仓库负责几个卖场全部商品的备货和配送，分散布置的物流仓库一般隶属各分公司使用管理。一般在每个地级市或者发达的县级市设立一个大型仓库，企业卖一万种商品，每个仓库就必须预存一万种商品，以期快速完成已售产品的配送服务。

该模式因预存商品种类全、数量多、接到顾客订单后配送距离短，基本满足了顾客对配送时限的要求，获得了较高的顾客满意度和忠诚度。但是，随着连锁店面数量的快速扩张和销售数量的急剧膨胀，这种模式逐渐暴露了自身的弊端：仓库数量多，每个仓库备货品种齐全，致使企业存货总量巨大，流动资金需求量大；销量随地区和季节波动的需求特点使得销售预测误差大，安全库存多，周转缓慢的滞销品导致大量资金沉淀在仓库；高昂的存储成本和缺货现象并存；分公司各自为政，仓库间调货手续烦琐不畅，连锁协同效应难以体现；平台不统一的销售、采购、仓储配送等环节信息脱节，人等货、货等人、货等库等导致工作效率低下；物流成本高、规模不经济等连锁的大企业病凸显。

（2）连锁卖场大区仓储配送阶段（大区集中配送模式）。大区集中配送模式一般以连锁企业大区划分为依据，如东北、华北、华南、华东、北京等，在大区内设立机械化、信息化程度较高的物流配送中心，撤销大区内其他地级市和县级市的仓库。大区配送中心负责大区内所有商品的存储和配送业务，兼具城市配送和区域调拨功能。在大区范围内，企业无论有多少销售门店，所有的商品库存均保存在大区配送中心，各门店只有货样。各门店完成交易操作与结算任务，同时将售出商品信息和购买者信息传递到大区配送中心，配送中心根据购买者地理信息和商品信息统一安排配送，同时完成检验、安装、调试等服务。

该模式很好地运用了物流延迟战略，即在收到顾客的订单之前，商品不做预估的流动，只保留在大区配送中心，接到顾客订单后，商品直接从大区配送中心配货，发运。大区配送中心的单一服务地点与分散布置的多个小型服务地点相比，会有更多可以预料的流动，随机需求会在整个大区市场领域内普遍分享，某个领域需求水平的提高可能与另一领域需求水平的降低相互弥补，预测误差减小直接降低了安全库存的数量，确保平均库存水平减低的同时减少了缺货频率。由于仓库数目大量减少，连锁零售企业库存总量降低明显，库存总成本和资金占用量大幅度减少。接到顾客订单后配送距离虽然增加，但可靠的紧急运输能确保商品在顾客期望的配送时限内到达，产品只需一次装运，减少了交叉装运总量，避免了在许多不同地点进行装卸和搬运，运输总成本降低。

集中配送模式依赖畅通的物流信息系统、高效的分拣配货系统和快速运输系统，大区内销售门店的销售信息、配送中心的库存信息、运输车辆信息等有机集成，快速完成家电产品的销售和配送服务。大区配送中心兼具城市配送和地区调拨功能。因此这种现代化物流基地采用了立体机械货架、电动托盘车、液压手推车、进货液压平台、夹抱车等先进的自动机械工具，并采用了集成在 SAP 信息管理系统平台上的 WMS 库存管理系统进行管理，而配送也将统一采用安装了 GPRS 全球定位系统的车辆。现代化的管理模式将使苏宁电器的库存数量比传统库存方式提高一倍，装卸货效率提高三倍左右，进货和出货的差错率几乎为零，反应能力和送货能力都将大大提高，而工作人员则减少了 2/3。苏宁在物流上实现信息化购物、科技化管理、数字化配送。这种物流基地和配送模式的采用，可以让苏宁减少至少一半的物流成本。

从整个供应链角度来考察，集中配送模式虽然降低了连锁零售企业的库存总量和物流总成本，但制造商的供应仓库和库存量继续保留，整个供应链的库存总量和运作成本依然较高。

四、 家电行业配送和信息化的重要性

家电连锁物流配送对企业信息化要求很高，因为只有销售信息、采购信息、仓储信息、人力资源安排信息、设备信息、配送信息等在同一平台上畅通交流才能保证物流的通畅，降低物流成本，满足顾客快速、低成本、高质量配送的要求。因此苏宁等家电连锁企业都花巨资上马 ERP 系统和 WMS 系统，提升物流配送能力，构建企业的核心竞争力。

许多连锁零售企业把物流配送能力当作企业核心能力进行建设。在家电产品走入饱和期成熟期的时代，产品同质化导致竞争的焦点在价格和服务领域，顾客满意度与企业利润关联度增大，物流配送作为一项顾客服务，必须要做到在合适的时间，以合适的成本服务到位，满足顾客的合理要求，增加顾客的满意度和忠诚度。高水平的物流配送能保持服务水平和成本费用的平衡，使顾客花费低成本获得高水平的服务支持，为企业赢得市场，赢得顾客。

五、 家电行业信息化解决方案

曾几何时，家电行业连锁加盟的热潮风起云涌。在规模效应带来利润增长点的同时，

也对家电企业的管理提出了更高的要求。然而，由于信息的滞后及各方面条件的束缚，大部分家电企业看似信息化建设派头十足、坚不可摧，而实际上用的 ERP、HR、用友等管理系统，也并不是万能的，其真正关乎企业成败与否的零售终端还在依旧靠着电话、传真或邮件上报各类销售数据和信息。这种采集方式不仅可能导致数据传送的不及时，而且非常容易出现漏报和错报，其后果及危害不容小觑。

同时，还有一些家电企业的信息采集和上报，是由各级各部门的分支机构的相关信息员通过信息表格或是数据库系统软件汇总后上报给公司总部；而传送给信息员的信息则是由商家卖场、服务提供商等提供；且在这一系列过程中相关信息内容可能经过多次的人工抄录。

不论是人工抄送，还是采用管理系统（原始数据都是由信息员提供），都不可避免地存在以下弊端：

• 信息员在层层抄送、登录时，存在着大量的疏忽粗心、敷衍了事等原因引起的数据失真问题；

• 信息员抄送信息大部分是先手写，然后录入表格或系统，导致统计和传输效率降低（据相关调查显示，零售业绝大多数企业终端数据采集汇总的周期平均为 10 天，即决策者能看到信息只能是 10 天之前的）；

• 信息内容又多又乱，同时执行难度大，差错率高，效率低下；

在此基础上所产生的数据分析也将流于形式，形成的提议不确定因素很多，公司也不敢轻易采用，容易导致信息反馈失控，长久以往必将有损公司产品的质量声誉。而在维修服务信息收集方面，在利益驱动下，服务网点可能会采用编造服务档案（产品信息）、多收集产品信息（如产品安装卡）等手段骗取公司保修费；同时，由于操作过程不规范、信息记录不全不准等导致工作效率低下，影响客户的对服务的评价，从而影响产品的品牌形象。

RFID 标签嵌入应用

目前，RFID 电子标签在家用电器领域的应用主要有机器铭牌、产品保修卡、产品外包装等等。作为企业产品唯一的身份证，RFID 标签应用在家电企业生产流通、产品销售、使用反馈、维修服务等环节，既能规范管理手段，又能提高管理效率，更能提升企业产品档次定位。

生产流通查询。由于 RFID 电子标签通过终端读写设备（加上软件支持）直接读取数据信息，在产品的定向销售、仓库管理、物流配送等方面，可以有效地管理产品的分流（区域、商家、代理商），遏制市场上跨区域串货等行为。同时，又便于随时随地查询各产品的库存情况。

质量信息监控。使用 RFID 电子标签终端读写设备直接感应、随机读取产品信息，并储存于终端存储器中，可以直接通过网络传输给主机或者数据库；在识别产品身份后对需要填报的信息可以采用软件输入方式，对应标准化的代码即可。使用 RFID 电子标签比其他信息管理效率更高、准确性更高，又便于汇总分析，从而提高质量信息监控水平，促进产品质量提升。

产品销售反馈。各家用电器公司通过对销售信息的统计，来调整公司的生产计划和市场营销策略，监控销售任务进度，了解各商家状况差异等。使用 RFID 电子标签，通过商家配备的产品识别读写设备（手持 pos 机）由促销员或商家现场感应产品的信息录入，通过网络实时传送到公司的销量统计系统；同时通过相关软件的应用，设定日期、区域等查询体系来锁定每天的销量和各区域的库存信息。这样既能提高统计效率，避免出现谎报、虚报等管理死角，又能提高对市场产品的管理。

售后服务管理。家用电器的售后服务是产品销售以后的关键一环，目前常用的维修信息载体是售后服务维修卡片。若将 RFID 电子标签嵌入在保修卡上，故障描述、维修记录等按照标准化的条例编辑输入，维修服务过程中由登门人员手持 pos 机自动识别产品内码，通过网络传输给电脑主机或者客户档案数据库中，方便公司的回访监督、结算审核和管理分析等。

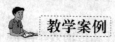 **教学案例**

长虹公司彩电配送系统

长虹公司是我国家用彩电电视机最大的厂商，1998 年长虹将设置在全国各地的分公司处理的保管和配送等业务，从各分公司中分离出来，设置配送中心，在那里制订有计划地、集中地处理的物流战略计划。

长虹公司过去采取的方法是：将工厂装配好的产品，直接通到各地从事经营的商店，暂时保管，然后再根据客户顾客的订货，配送到客户所在地。不管配送件数多少，各分店中都必须配备通货人员和卡车。运输费用占物流费用的 70% 以上。

长虹面临这种成本压力，物流费用的必然上升将严重影响企业的竞争力，长虹采用上述商物分离和设置配送中心购物流合理化物流计划。

配送中心建立在分公司集中的大城市内，一个中心可承担约 20 个分公司的商品配送业务。建立配送中心，分公司的车辆和送货人员就可以压缩，这样，就能用较少车辆运送大量货物。更进一步，还可实行从工厂到消费者的一贯制产品运输，这可以取得大批量运输等相当好的成效。

点评：这样的例子还有许多，这可说是各企业所采取的物流合理化措施中具有代表性的措施。这种合理化措施可以实现规定的服务水平，还可以在降低费用方面取得大的效果。

任务五　烟草行业配送及信息化

一、 烟草物流特征

烟草现代物流产业的发展不同时期有不同的特征，就目前来看，有以下特征值得研究和应用：

1. 新兴性

物流是一个新兴性的概念和课题，它的历史不长。物流的概念最初来自美国"二战"期间，美国及其的军事物资、装备的制造、供应、战前配置与调运、战中与养护等军事后勤活动都需要运用系统的思想和分析方法进行管理，并形成了军事后勤。战后这些概念、理论方法被用于民用领域，极大地促进了经济的发展。以世界零售业的龙头老大沃尔玛为例，他之所以已经连续多年排名世界 500 强企业的榜首，其成功之处，在于将科技和物流系统巧妙地结合在一起，降低了企业经营成本。据统计，在西方发达国家中，物流成本仅占 CDP 的 10%，而在我国将占 20%。

1979 年 6 月，中国物资工作者代表团赴日本参加国际物流会议，回国后首次引用了"物流"这一术语。1985 年，美国物流管理协会正式将物流的名称从"Physical Distribution"为"logistics"，1986 年，美国物流管理协会把物流定义为：把消费品从生产线的终点有效地转移到消费者手中的广泛活动，它包括原材料从供给源有效转移到生产线始点的活动。这一定义包括了生产物流和流通物流两个部分，是对现代物流系统的完整概括。

我国理论界对物流的界定赋予了新的内涵，在本书第一章开始就以此概念到位，主要指将信息生产、运输、仓储、库存、装卸、搬运以及包装等物流活动综合起来的一种集团或管理，其任务是属可能降低物流总成本，为顾客提供最好的服务。第三方物流则是指现代专业物流公司。我国对物流理论的研究运用和实践还处在初始阶段。在理论研究已有多方学说，如陆江的《力为推进我国现代物流产业的发展服务》、《入世后我国物流产业发展的战略思考》，《国物流产业发展战略初探》、何蓉的《略论在中国发展现代物流业》等。在实践中，沿海地市如上海、南京、深圳等地物流业已初步发展，有的有一定规模。包括对物流人员的培训等发展势头看好。以物流为切入的企业效益也非常可观，促进了生产力的发展。但毕竟是一个新兴性的产业，发展潜力很大，前景看好。

烟草物流产业发展。现代物流产业比之全国来讲，更是明一些，理论上尚无定论，实践上跨入 21 世纪初才有上海、云南、安徽等几家烟草公司注重现代物流建设。虽然刚起步，但烟草物流发展前景看好。所以我们注意研究这个新兴课题，以求理论上填补一项空白，实践上有更强的指导性。

2. 系统性

烟草现代物流具有系统性特点。物流系统由物流作业系统和物流信息系统两部分组成。物流作业系统：在运输、保管、搬运、包装、流通加工等作业中使用先进的技术，使生产据点、物流据点、输配送线路、运输手段等网络化，以提高物流活动的效率。

物流信息系统。在保证订货、进货、库存、出货、配送等信息通畅的基础上，使通信据点、通信线路、通信手段网络化，提高物流作业系统的效率。物流系统的目的在于以 speed（速度）、safety（安全）、suprtly（可靠）和 low（低费用）的 3S1H 原则，最少的费用提供最好的物流服务。建设物流系统的目的是按交货期将所订货物适时而准确地交给用户，尽可能地减少用户所需货物的订货断档；适当配置物流据点，提高配送率，维持适当的库存量；提高运输、保管、搬运、包装、流通、加工等作业环节的效率；保证订货、出货、配送信息畅通无阻，使物流降至最低。

烟草物流的系统性就在于将烟叶生产培植、采收、烘烤、仓储养护、生产卷烟、销售市场等以连续性管理，实行一条龙作业系统和信息化管理系统，以提高烟草业经济运行的质量和效益。

3. 信息性

由于行业的特点，物流运输、生产、仓储等企业传统操作过程复杂，竞争日趋激烈，越来越多的问题开始显现出来，例如：一方面，要不断开拓客户市场，对客户的基本资料、货物分布情况、联系人的喜好及联系方式等有较为全面的了解；另一方面要做好财务收付工作，确保运费按时收付，欠款一目了然，便于及时催缴。同时收集处理信息速度、信息的准确性和安全性还影响到公司管理水平和决策层对整体业务的控制和协调，而采用计算机软件管理信息是解决上述问题的一个有效办法。

物流管理信息系统就是根据物流产业，企业的业务流程，将企业业务的各类数据联系起来，组成一个有机整体，使业务、财务、市场等方面的信息得以方便的传递，并经过综合处理生成各种报表送交各个职能部门及决策层。应用物流管理软件系统不仅可以节省大量的人力，减少工作中的失误，还可以帮助决策者及时调整公司的经营策略，提高公司在同行业中的知名度。物流管理信息系统在批发业上主要是销售物流系统，包括接受订货系统、订货系统、收货系统、库存管理系统、发货系统和配送系统等。

烟草信息系统已初步建立，目前正在实施868计划，一个在国内大规模的物流烟草网正在形成。通过烟叶、卷烟在生产运输、调拨、批发、采购等流程中采用先进的网络技术，会使行业的信息流、资金流、物质更为畅通，为烟草持续稳定发展带来更高的效益。

4. 跨度性

现代烟草物流是一个大跨度系统，一是地域跨度大。烟草行业从南到北，从东到西，遍布全国各省、市、自治区、直至烟草杂货店、烟叶收购站、烟农、烟民，分布十分广密。二是时间跨度大。烟叶生产要7~8个月，再到烘烤、仓储，经过2年醇化，到生产出卷烟制品又要经过一段时间，直到消费者手中，前后过程有3年左右的时间。这样系统性管理难度就大，对网络的依赖程度也高。特别是烟叶一块，在农村山区，电子化设备建设滞后，大中城市，这对物流建设提出了更高的要求，存在更多的困难。

5. 动态性

物流系统指定性差而动态性强。因物流系统连接多个生产企业或用户，随着需求、供应、渠道、价格的变化，系统的运行要素及系统内的经常发生变化，长期稳定。烟草系统的物流更体现了这一特点，每个工序、流程都在动态中运行。即使烟叶储存相对时间长一些，也要随气候变化、温湿度条件而不断改变养护手段。卷烟生产除在生产工程上处于不断的运行外，进入市场的过程也在流动的过程。其动态性特点大为显现，反映的事物是基本规律。

6. 可分性

现代物流系统属于中间层次，本身具有可分性，可以分为若干个子系统。从烟草物流理论与实践看，一个链点都是一个系统，如烟叶培植，就涉及种子、土壤、基地、肥料、采收等生产环节，在这些环节中都涉及到运输、打包、装卸等。这一个链点就构成一个物流系统。每个链点之间又构成一个横向或纵向系统，从纵向讲，烟叶向下一道工程运作就涉及运输、装卸等。从横向讲，在一个链点上又与周围物资供求形成块状系统。这些系统既可相对独立存在，又可边结成图，互给互补。而各分链系统都有物流动作要求和管理技术。

7. 复杂性

物流系统的要素十分复杂，它的运行对象遍及全部社会物资资源，将全部国民经济的复杂性最后集一身，带来物流系统的复杂性。从烟草物流产业发展来看，不仅需要烟叶本身的特殊物资，还需要与之相配的滤棒、纸质、香料香精、机械等原材料，这些物资涉及各行各业，有许多要跨地区跨国采购，其要素非常复杂。

8. 服务性

现代物流从根本上说是服务流程组织，体现在各个子工序上都有服务的义务和范畴。烟草物流更决定了服务性特征。上道工序对下道工序是服务的过程，烟叶生产是为卷烟生产服务的过程，卷烟生产是为烟民服务的过程。物流的动态行运方式每个都呈现出了服务的特征，物流的综合组织更是为烟草行业为社会服务的大本营，以顾客服务为主要经营内容之一，物流营销实质上就是一种服务营销，服务的水平越高，预期的销售量水平也就越高

二、 烟草物流配送信息化解决办法

最近几年，国内的烟草企业纷纷建设自己的物流系统，红河卷烟厂、济南卷烟厂、玉溪卷烟厂等众多的烟草企业的物流中心已经投入运作。在烟草商业领域，物流配送中心的建设也如火如荼。加深对物流系统的认识，是构建烟草物流成功的关键所在。在物流系统中，物流信息系统的合理规划影响着整个物流系统的运作流畅性和效率高效性，因此，构建一个高效流畅的物流信息系统至关重要，而信息载体（条形码、RFID技术）又是物流信息系统的前端因素，RFID技术相比条形码有明显的技术优势，在读写的便捷性、出错率、动态读写、重复利用等方面表现突出。本文将重点探讨物流信息载体RFID技术的重要性及其在烟草行业的应用前景。

1. RFID技术在烟草物流中的应用的优势

RFID在烟草企业的应用主要在物流领域，例如片烟物流系统、烟丝物流系统、成品

物流系统等方面。在传统的烟草物流配送中心，存在物流效率低，灵活性差的弊病，具体表现为：

（1）库存统计不准确，效率低。由于条形码不可读或者人为原因，造成库存统计不准确。库存统计采用人工盘点方式，耗费大量的人力、时间，效率低，并且盘点数据不够精确。对于平库存放的烟叶或者成品卷烟而言，盘点工作更是费时费力。

（2）货物出入库效率低。货物出入库采用人工扫描条形码，速度慢，影响出入库的速度和流量，造成物流不通畅。在有码垛封装的单元中，需要先拆开码垛，才能扫描每个货物上的条形码。

在目前烟草工业向烟草商业配送的过程中，经常会出现该现象。

（3）劳动力成本高。由于物流效率的低下，导致物流中心需要配备较多的人工，大量的人工作业会加剧货物的损坏。

针对上述这些问题，正确使用RFID技术可以起到根治作用，下面将以成品物流为线索，探索RFID技术的应用。

（1）成品烟入库。当带有RFID标签的成品烟箱通过输送带到达成品库入口处时，由于RFID读卡器可以自动获取标签上的信息，同时更新库存信息，因此，成品入库将高速流畅，避免了人工扫描条形码导致的设备启停，加速了入库处理速度，提供了更高的物流处理量；同时由于RFID标签安装在托盘底部，不容易被叉车等人工作业设备损坏，所以一次读取的准确率更高。

（2）成品烟分拣及其码垛。RFID读卡器读取烟箱上的信息后，根据品牌的不同，由分拣设备进行分拣和机器人码垛作业，堆垛机将成品烟托盘送往指定位置存储。

（3）库存清点。装有移动RFID读卡器的设备可以自动对成品库进行清点，由于采用无线读取方式，该种清点方式将更加灵活准确，如果发现有托盘放错位置，读卡器可以自动报警到仓库管理中心，进行位置校正。以上的描述是理论性的，在实际使用时仍然存在不少问题，例如部分用于烟丝箱的RFID是高频信号，其读取距离只有30~50mm；UHFRFID虽然读取距离长，但是为了避免误读其他的物品信息，还是会将读取距离进行适当的控制。因此，电子标签在库存盘点的应用有待于进一步研究。

（4）成品烟出库。托盘在出库时，由于读卡器可以自动读取托盘内烟箱的信息，因此，无须拆垛，避免了人工作业和人工损坏，提高了出库速度和效率，方便了工商配送。众多烟草企业和国家烟草专卖局已经认识到RFID的优势，提出了成品卷烟整托盘工商联运，并制订了相关的规范和制度来保驾护航。

由上述分析可知，RFID技术的采用可以节约大量的人力成本，减少烦琐的检验、清点等人工作业，提高信息的准确性，避免人工作业过程中的物品损坏，提高成品库的处理能力和作业效率，提升物流系统的整体性能。

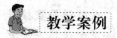

北京烟草配送中心的卷烟自动分拣

北京烟草配送中心卷烟自动分拣系统是北京市烟草公司和贵阳普天万向物流技术股份有限公司共同研究开发、设计制造的、具有完全自主知识产权的首套国产卷烟自动分拣系统。该系统包括，订单优化子系统、自动备货子系统、自动补货子系统、自动分拣子系统、自动合单子系统、自动装箱子系统、总线自控子系统、计算机监控子系统、计算机信息管理子系统等九个子系统。其主要特点是，系统设计新颖、自动化程度高、分拣效率高、分拣误差率低。在研制过程中，系统解决了自动备货、自动补货、自动分拣、自动装箱、自动合单等卷烟自动分拣领域中的多项技术难题，取得了若干创新成果。

卷烟自动化分拣系统于 2005 年 3 月开始方案设计，2006 年 5 月正式投入生产运行。该系统的研制成功，为烟草公司提高卷烟分拣能力、速度、准确率和时效性，降低物流运营成本，改善工人劳动条件，提高对零售客户的服务质量，提供了一个全新有效的自动化技术平台。该系统在流程性、协调性、技术性等方面表现出来的科学内涵和严谨的系统素质，还将有力地带动和促进烟草公司内部管理水平和人员素质的提高。

现将该系统基本功能介绍如下。

1. 分拣自动补货

自动补货是分拣与件烟库之间的桥梁，根据分拣系统的分拣计划和完成情况，自动向分拣机烟仓补货。根据系统流程，流向自动分拣区的卷烟通过条码扫描，确定卷烟流向，进入补货输送线后分流，进入自动分拣区。卷烟进入自动分拣区补货线后根据自动分拣线的补货需求再次分流。从件烟库补充过来的件烟，信息管理系统通过条码扫描器读出该件烟的条码信息，从而确定该件烟是去向自动分拣区一（通道分拣处理系统）、自动分拣区二（塔式分拣处理系统）或者自动分拣区三（通道分拣处理系统），信息管理系统将该件烟的路向信息交给控制系统，由控制系统控制执行机构将该件烟送入对应的补货输送线。分拣自动补货包括通道机自动补货和塔机自动补货。

2. 自动分拣

系统自动对订单进行分解，通道式分拣机与塔式分拣机协同作业，将相应条烟分拣到各自的传送带上，烟条进入装箱系统的缓存带上，由装箱机完成装箱作业，并将装箱完成的周转箱输送到 DPS 系统拣选工位，此时系统自动判断是否需 DPS 系统参与拣选，如需 DPS 系统参与拣选，则 DPS 系统指示灯亮，同时各货格中的电子标签显示拣选数量，人工按指引拣选，完成后确认；如不需 DPS 系统参与拣选，周转箱则直接前往分拣出口。将周转箱装到托盘上，并备货到发货暂存区，分拣完成。

3. 自动装箱、自动合单

自动装箱、自动合单负责接收从自动分拣系统（通道分拣机、塔式分拣机）分拣出来的条烟。条烟通过各自的主线皮带送到本系统的自动装箱线，由塔式分拣机分出来的条烟从上层进入，由通道机分拣出来的条烟从下层进入，按订单的先后顺序进行自动装箱。然后判断该周转箱所对应的订单是否需要补充 C 类品牌的烟，如果配送箱需要去 C 类电子标签拣选区域补充 C 类品牌的烟，则系统控制停放器落下且升降机构落下，该配送箱直接进入电子标签拣选输送线，完成对 C 类品牌的烟的补充，并箱过程完成；如果配送箱不需要去 C 类电子标签拣选区域补充 C 类品牌的烟，则周转箱按信息的指令有序进入缓存线等待与电子标签合单的周转箱。

（节选金涧，孙壮志，赵汝雄，等的《北京烟草物流中心卷烟自动分拣系统》，中国物流与采购网）

章节思考题

1. 快速消费品行业配送特点和信息化方案。
2. 冷链物流行业配送特点和信息化方案。
3. 医药行业配送特点和信息化方案。
4. 家电行业配送特点和信息化方案。
5. 烟草行业配送特点和信息化方案。

参考文献

[1] 齐二石，方庆琯. 物流工程［M］. 北京：机械工业出版社，2006.

[2] 吴清一. 物流管理［M］. 北京：中国物资出版社，2005.

[3] 黄中鼎. 现代物流管理学［M］. 上海：上海财经大学出版社，2004.

[4] 李万秋. 物流中心运作与管理［M］. 北京：清华大学出版社，2003.

[5] 俞仲文，陈代芬. 物流配送技术与实务［M］. 北京：人民交通出版社，2001.

[6] 丁立言，张铎. 物流配送［M］. 北京：清华大学，2002.

[7] 李玉民. 配送中心运营与管理［M］. 北京：电子工业出版社，2007.

[8] 刘祺昌. 物流配送中心管理技术［M］. 北京：机械工业出版社，2007.

[9] 汝宜红. 配送管理［M］. 北京，机械工业出版社：2005.

[10] 张志乔. 物流配送管理［M］. 北京：人民邮电出版社，2010.

[11] 许胜余. 物流配送中心管理［M］. 成都：四川人民出版社，2002.

[12] 朱华. 配送中心运作与管理［M］. 北京：高等教育出版社，2008.

[13] 何明珂. 电子商务与现代物流［M］. 北京：经济科学出版社，2002.

[14] 林自葵. 物流信息系统［M］. 北京：北京大学出版社，2004.

[15] 江少文. 配送中心运营实务与管理［M］. 上海：同济大学出版社，2008.